요한 하위징아

요한 하위징아

빌렘 오터스페어 지음 | **이종인** 옮김

연암서가

지은이 **빌렘 오터스페어** Willem Otterspeer

네덜란드 레이던 대학 '대학의 역사' 교수인 오터스페어는 2003-2004년 미국 하버드 대학에서 에라스뮈스 강의 교수를 역임하였고, G. J. P. J. 볼란트의 전기로 유레카 상을 수상하였다. 현재는 네덜란드 현대 작가인 빌렘 프레데릭 헤르만스의 전기를 집필중이다.

옮긴이 **이종인**

1954년 서울에서 태어나 고려대학교 영어영문학과를 졸업하고 한국 브리태니커 편집국장, 성균관대학교 전문번역가 양성과정 겸임교수를 역임했다. 현재 인문사회과학 분야의 전문번역가로 활동 중이다. 옮긴 책으로『중세의 가을』, 『호모 루덴스: 놀이하는 인간』, 『평생독서계획』, 『루스 베네딕트』, 『문화의 패턴』, 『폴 존슨의 예수 평전』, 『신의 용광로』, 『게리』, 『정상회담』, 『촘스키, 사상의 향연』, 『폴 오스터의 뉴욕 통신』, 『고전 읽기의 즐거움』, 『폰더 씨의 위대한 하루』, 『성서의 역사』, 『축복받은 집』, 『만약에』, 『영어의 탄생』 등이 있고, 편역서로『로마제국 쇠망사』가 있으며, 지은 책으로는『번역은 글쓰기다』, 『전문번역가로 가는 길』, 『번역은 내 운명』(공저), 『지하철 헌화가』 등이 있다.

요한 하위징아

2013년 1월 10일 초판 1쇄 인쇄
2013년 1월 15일 초판 1쇄 발행

지은이 ㅣ 빌렘 오터스페어
옮긴이 ㅣ 이종인
펴낸이 ㅣ 권오상
펴낸곳 ㅣ 연암서가

등록 ㅣ 2007년 10월 8일(제396-2007-00107호)
주소 ㅣ 경기도 고양시 일산서구 대화동 2232번지 장성마을 402-1101
전화 ㅣ 031-907-3010
팩스 ㅣ 031-912-3012
이메일 ㅣ yeonamseoga@naver.com

ISBN 978-89-94054-30-8 03920
값 18,000원

그것은 진지한 땅 위에 서 있는 진지한 집이다.

그 혼합된 공기 속에서 우리의 모든 충동들이 만나서

일일이 인식되고 운명이라는 겉옷이 입혀진다. 적어도

이렇게 하는 절차는 앞으로 영원히 없어지지 않으리라.

왜냐하면 누군가가 자신 속의 허기를 놀라게 하여

좀 더 마음이 진지해질 것이고, 그리하여 그 허기와 함께

이 땅으로 기울어질 것이기 때문이다. 그는 과거 한때

이 집 속에서 현명해지는 것이 적절한 일이라고 배웠던 것이다.

그토록 많은 망자들이 그 주위에 묻혔더라도 말이다.

—필립 라킨의 시 「교회에 가기」에서

저자 서문

내가 글 읽는 방법을 배운 것은 하위징아로부터였고, 하위징아는 내가 최초로 발간한 간행물의 주제이기도 했다. 그러니 내가 장래 언젠가 그의 평전을 쓰리라는 것은 그때 이미 결정된 사항이었다. 내가 이 책을 구상하게 된 것은 2003년에 하버드 대학의 에라스뮈스 교수로 1년간 체류하면서였다. 그 대학에서 나의 주된 업무는 하위징아에 대하여 강의하는 것이었고, 그로 인해 자연스럽게 그에 대한 나의 생각을 정리해 볼 기회를 잡게 되었다. 그리고 레이던으로 돌아와 나는 지난 여러 해 동안 구상해 오던 책을 쓰려고 틈만 나면 각종 자료와 메모 작업을 했다.

그런 과정에서 나는 엄청난 문헌이 내 앞에 놓여 있다는 것을 발견했다. 네덜란드는 자국 고전 작가들의 작품 발간과 관련하여 통상적으로 그리 관대한 편이 아니지만, 하위징아는 이 점에 관하여 그리 불평할 형편은 아니다. 그의 사망 직후에 전집이 발간되었고(전9권, 1948-1953), 또 그 후에는 상당한 분량의 서간집(전3권, 1989-1991)이 여기에 추가되었다. 하위징아는 오늘날 전 세계적으로 널리 읽히고, 또 논평되는 저자이다. 네덜란드에서는 서간집의 편집자들인 레온 한센Léon Hanssen, 베셀 크룰Wessel Krul, 안톤 반 데어 렘Anton van der Lem이 하위징아의 저작에 대한 현대적 접근에 박차를 가했다. 반 데어 렘이 발간한 새로운 관련 서지(『요한 하위징아 관련 서지Inventaris van het archief van Johan Huizinga』, 레이던, 1998)는, 그의 저서가 여전히 번역되고 있음을 보여 준다. 또 해외에서 새로운 연구서들이 속속 나오고 있다. 가령 독일에서는 크리스토프 슈트루프Christoph Strupp가 『요한 하위징아, 문화사로서의 역사학Johan Huizinga, Geschichtswissenschaft als Kulturgeschichte』(2000)을 펴냈다.

이런 책들은 하위징아를 다룬 문헌들을 모두 제시하고 있다. 따라서 나는 이 책에서 방대한 관련 서지를 또다시 나열하여 내용을 중복시키는 것이 불필요하다고 판단했다. 나는 그 관련 서지를 모두 읽었고, 또 참고했다. 그런 점에서 이 책은 독창적인 주장을 담고 있지는 않다. 독창성이라고 한다면, 내가 하위징아를 읽은 독법讀法 정도가 독창적이라고 할 수 있다. 그래서 이 책의 원제는 『하위징아 읽기Reading Huizinga』가 되었는데, 가령 재닛 맬컴Janet Malcolm이 『체호프 읽기Reading Chekhov』(2004), 혹은 윌리엄 트레버William Trevor가 『투르게네프 읽기Reading Turgev』라고 그들의 책에 제목을 붙인 것과 비슷한 전통을 따른 것이다.

이 책을 쓰는 동안 나의 제자들과 토론하면서 즐거워했던 행복한 추억들이 떠올랐다. 가령 케임브리지 대학에서는 에드워드 우크Edward Wouk와 토론한 것이 즐거웠고, 레이던 대학에서는 테오도르 둔켈그륀Theodor Dunkelgrün과 대화를 나눈 것이 감명 깊었다. 나는 하버드 대학에 근무하는 네덜란드 사람인 휘호 반 데어 벨덴Hugo van der Velden의 열성에도 감사드리고 싶다. 또 이 책을 영어로 번역해 준 베벌리 잭슨 Beverly Jackson의 협력은 정말 의미 깊은 체험이었다. 그녀의 꼼꼼함과 스타일 덕분에 번역본은 더욱 훌륭한 책이 되었다. 하위징아 자신도 늘 좋은 번역자를 만난 것은 아니었는데, 내게 이런 축복이 내려진 것을 고맙게 생각한다. 이 책으로 인해, 아직도 영어권에 소개되지 못한 하위징아의 훌륭한 저작들이 많다는 것을 널리 인식시킬 수 있다면, 저자로서는 커다란 행운일 것이다.

차례

들어가는 글

요한 하위징아: 고전을 써낸 작가

네덜란드 문화는 고전을 써낸 작가들도 별로 없고, 문화의 전당에 오를 만한 밤하늘의 별 같은 문인도 없고, 대학의 커리큘럼에 자주 등장하는 살아 있는 집단 기억 같은 저자들도 없으며. 이런 점을 감안할 때, 요한 하위징아의 저서들이 전 세계에서 지속적으로 애독되고 있는 것은 주목할 만한 일이다. 일찍이 하위징아 자신이 "고전이라는 것은 아직도 읽히고 있는 책"이라고 정의한 바 있는데, 이런 의미에서 하위징아는 몇 안 되는 네덜란드의 고전 작가들 중 한 사람이다. 네덜란드 문화는 고전의 반열에 오른 책들이 별로 없고, 그 숫자도 자꾸 줄어들고 있다. 고전을 써낸 작가라는 관점에서 볼 때, 하위징아와 어깨를 겨룰 수 있는 네덜란드 작가는 물타툴리Multatuli, 루이스 쿠페루스Louis Couperus, 빌렘 엘스호트Willem Elsschot, 빌렘 프레데릭 헤르만스Willem Frederik Hermans 정도이다.[1]

네덜란드 역사가 중에서 가장 유명한 요한 하위징아는 다른 역사가들과 어깨를 나란히 하는 것보다는 역사가가 아닌 다른 작가들과 비교되는 것이 훨씬 자연스럽다. 그의 작품은 역사서로 읽히기보다는 일련의 우화寓話로 더 잘 읽힌다. 사실 그를 역사가라고 생각하고서 그의 작품을 읽는 사람들은 그의 작품에서 어떤 일관성을 발견하기가 어렵다.

그의 가장 잘 알려진 네 편의 저작, 『중세의 가을』(1919), 『에라스뮈스』(1924), 『내일의 그림자 속에서』(1935), 『호모 루덴스』(1938)에서, 하위징아는 이 작품 순서대로 각각 역사가, 전기작가, 문명비평가, 인류학자의 목소리를 내고 있다. 위에서 일관성을 발견하기 어렵다고 했지만, 실제로 그의 작품은 다른 어떤 역사가 못지않게 일관성을 갖고 있다. 그것은 소재보다는 주제의 일관성이라고 할 수 있다. 오늘날까지 하위징아는 노벨 문학상을 탈 수 있는 지근거리까지 접근한 유일한 네덜란드 작가이다. 그를 작가로 생각하고 그의 저작을 읽는 독자들만이 하위징아 저서의 지속적인 가치를 알아볼 수 있다.

저지대 국가에 사는 사람들은 태생적으로 높은 곳을 싫어하는 기질을 갖고 있다. 이 때문에 하위징아의 명성은 곧 물타툴리와 마찬가지로 좀 더 관리 가능한 수준으로 평가절하가 되었다. 하위징아의 사망 직후에 얀 로메인Jan Romein과 기타 인사들, 그리고 심지어 하위징아의 친구인 C. T. 반 발컨뷔르흐C. T. van Valkenburg 등은 하위징아가 천재는 아니라고 주장하고 나섰다. 또 다른 친구인 헤리트 얀 헤링Gerrit Jan Herring은 하위징아에게 "일말의 천재성"을 부여하기는 했지만 그 이상의 칭찬은 하지 않았다. 하위징아 사망 이래 역사학은 여러 하위 분야들로 가지를 쳐나갔고, 이 분야들의 전문가들은 하위징아가 오늘날 우리에게 가르쳐줄 것은 더 이상 없다면서 이런 암시를 풍긴다. 오히려 하위징아의 명성이 보다 위대하고 보다 익명적匿名的인 역사학의 발전에 장애가 되고 있다는 것이다.

"하위징아의 학문적 경력"이라는 제목으로 논문을 쓴다면 아마 흥미로운 글이 될 것이다. 하위징아의 학문에 대하여 로메인이나 피터르 게일Pieter Geyl 같은 역사가들뿐만 아니라 후배 역사가들도 그들 자신의 명성을 높이기 위해 하위징아의 학문은 끝났다고 선언하고 나섰다. 가령 역사의 "사회주의적 비평"을 들고 나온 로메인이 좋은 사례이다. 그는 하위징아가 영광을 독점한 "저 부르주아 서클"의 대변인이었다고 확신한다. 로메인은 이렇게 썼다. "사정이 그렇기는 하지만, 하위징아가 국내와 해외에서 얻은 명성 나아가 존경은 이런 부르주아 측면을 강조하는 해명을 필요로 하며, 그렇다고 해서 그런 측면을 용서해 줄 생각은 조금도 없다." 이런 글을 쓴 걸 보면 로메인은 카이사르를 칭찬하러 온 것은 아닌 게 확실하다.(하위징아의 권위를 인정하지 않는다는 뜻—옮긴이)[2]

하위징아는 어떤 신문에 기고한, 위대한 독일 역사가 랑케Ranke에 관한 글에서 '클래식(고전)'이라는 단어를 정의한 바 있다. 그는 그 글을 쓸 당시 독일의 문헌학 대회에서 네덜란드로 막 돌아온 참이었는데, 독일 체류를 아주 편안히 여긴 듯하다. 사실 그 자신이 학문의 초창기에는 문헌학자로 훈련을 받았고, 그래서 그 분야 학자들의 환대는 그에게 소중한 것이었다. 그는 후에 역사학 교수로 자리를 얻었고, 또 역사학 논문을 많이 썼지만 문헌학에 대한 애정은 여전히 남아 있었던 것이다. 하지만 기사 내용은 그게 전부가 아니었다. 그는 일찍이 독일 유학 시절에 알았던 독일을 재발견했고, 저 "온유한 라인 강 분위기"를 다시 느꼈다. 만찬 후에 한 연사가 일어나 만찬 테이블 주위에 랑케의 후손과 친척 여섯 명이 참석했고, 또 랑케 전집을 출간한 출판사 사장도 함께 했다고 말했다. "나는 그 순간 순수하고 진정한, 정신적 성인 숭배의 분위기가 아직도 살아 있다는 것을 목격했다."[3]

역사에는 성인들과 영웅들이 가득하다. 적어도 하위징아의 눈에는 그렇게 보였다. 그의 저작에는 그가 존경하는 사람들, 그가 멋지다고 생각하는 사건들, 그가 동참하고 싶어 하는 현상들이 가득 들어 있다. 그는 문화의 카산드라Casandra(트로이의 멸망을 예언한 트로이의 비관적 예언녀-옮긴이)였지만 동시에 자기 자신을 낙관주의자라고 불렀다. 그는 역사의 어두운 측면을 알고 있었지만 그것을 빛의 그림자라고 생각했다. 그는 미덕과 악덕에 따라 세상을 구분하는 것을 좋아했다. 우리는 하위징아의 저서에서 처방 없는 묘사는 없고, 대조對照 없는 역사는 없다는 것을 발견할 것이다.

바로 이 점 때문에 하위징아는 랑케에게 매력을 느꼈다. 랑케 저서의 중심에는 유럽 사회에서 발견되는 라틴 문화와 튜턴(게르만 민족의 하나로 지금은 독일, 네덜란드, 스칸디나비아 등 북유럽 민족-옮긴이) 문화의 대비가 있었다. 하위징아는 랑케의 입장을 이렇게 요약한다. "이 사회는 중세가 획득한 세속-교회 사이의 보편성에서 생겨난 것이다. 튜턴 민족은 보편 국가에 대한 저항을 대표한다. 첫째, 황제는 교황에게 반대했고, 뒤이어 발생한 종교개혁은 오래된 통일성을 단절했다." 하위징아가 랑케 역사학에서 매력을 느낀 것은, 오래된 통일 유럽이 맹렬한 적대주의로 분열해 나가고, 정반대 가치들이 상충하는 과정을 탁월하게 묘사했다는 점이었다. 바로 이 상충과 대비에서, 랑케 역사학의 다채로운 비전과 충실한 이야기들이 생겨난다.

아울러 랑케 역사학의 보수적이면서도 보존적인 접근 방식도 하위징아의 마음을 사로잡았다. 옛것의 갱신, 로마 정신(Romanitas)의 부활, 로마-기독교 유럽의 조화로운 통일성에 기여하려는 랑케 역사학의 열망도 매혹적인 것이었다. 하위징아는 랑케의 청년기 저작에서 발견한 어떤 글을 인용했다. 그것은 고대의 위대한 정신과 현대의 정신을 잘 융합시켜 가장 심오한 사상을 만들어내려는 비전이었다. "그렇게만 된다면 가장 멋지고 장엄한 조화가 이루어져 하나의 어조, 하나의 호흡, 하나의 단어가 실현되지 않겠는가!"[4] 그러면서 하위징아는 이렇게 덧붙였다. "하지만 인간의 사상과 행동은 무한히 다채롭고 다면적인 성격을 갖고 있다. 위대한 랑케는 온 세상을 관찰하면서 이런 점을 늘 의식했다."

마지막으로 하위징아는 사소한 것에서 위대한 것을 보는 랑케의 능력을 찬양했다. 랑케는 그것을 "순간의 영원화(Gestaltung des Moments)"라고 불렀다. 하위징아에 의하면, 랑케가 다룬 역사적 인물들은 '문자 그대로 하나의 상징'이었다. 그는 그 인물들을 몇 마디의 말 혹은 단 하나의 동작으로 묘사했다. 가령 신하 접견 중에 무심하게 껍질을 벗겨낸 단풍나무 가지를 흔들면서 파리를 쫓아내는 카를 4세Karl IV의 손동작이 그런 경우이다.

하위징아는 랑케에 대하여 불만이 없는 것은 아니었다. 랑케의 문체는 너무 매끄러워서 하위징아를 초조하게 만들었다. "그것은 끝없는 아다지오였다. 동작, 색깔, 화려함은 있었지만 속도는 없었다. 심지어 전쟁 행위도 올림픽 게임이나 학자들의 토론 같은 방식으로 진행되었다. 랑케는 동시대의 두 역사학자, 즉 열광적이고 신들린 듯한 칼라일Carlyle과 미슐레Michelet와는 정반대되는 스타일이었다. 하지만 랑케는 심지어 연구 조사 분야에서도 이 두 사람보다 나았고, 나머지 분야에 대해서는 말할 것도 없다. 미슐레는 벼락을 내리고, 칼라일은 태풍을 불러온다. 그러나 랑케는 창조하고, 질서를 부여하고, 통치한다. 그는 열정을 뛰어넘은 사람이다."[5]

이렇게 말하는 하위징아는 실은 자기도 모르게 자화상을 그리고 있다. 그가 랑케의 장점이라고 말한 특질들은 실은 저자 하위징아의 특징을 그대로 보여 주는 것이다. 대립과 해소, 대조와 조화, 이것들은 하위징아 저작의 씨실이며 날실이다. 이것들에 깃들어 있는 리듬은 역사와 문화의 특징이기도 하다. 하위징아 역사학은 열정과 수용收容, 신비주의와 과학적 방법론을 뒤섞는다. 그 누구보다도 하위징아는 역사의 진실속에 허구虛構의 흥분을 주입할 줄 안다. 영원히 사라져 버린 것은 오늘날에도 여전히 가치를 갖고 있고, 자그마한 세부사항처럼 보이는 것이 실은 엄청난 중요성을 갖고 있다. "모든 사물에는 놀라운 기적이 깃들어 있다." 하위징아는 자신이 좋아하는 미국 소설가 너새니얼 호손Nathaniel Hawthorne에 대하여 이렇게 썼다.

미국의 문학평론가 에드먼드 윌슨Edmund Wilson은 호손 소설에는 움직임이 별로 없는데 이것은 저자의 은둔자 생활과 관련이 있다고 진단했다. 그러면서 이렇게 말했다. "호손이 다루는 전통적이고 안정된 세계의 중심에는 역사적 에피소드들을 이상화하고, 그 에피소드들의 꿈에서 판타지를 만들어내려는 경향이 있다. 또 인간의 생활, 인간과 자연의 관계, 신과 우주의 관계를 명상하려는 경향이 있다. 철학적으로 사색하거나 황홀하게 명상하다가, 미국의 의미와 약속에 대하여 충동적인 예언을 내놓으려는 경향이 있다." 이 문장에서 미국을 네덜란드로 바꾸면 모든 말이 하위징아에게 그대로 적용될 수 있다.

동시에 그런 몽상적인 측면이 하위징아 저작을 향해 쏟아지는 비판의 핵심이기도 하다. 하지만 이 책은 그런 비판을 다루지 않는다. 그런 주제와 관련해서는 이미 많은 책들이 나와 있다. 이 책은 또한 역사가 하위징아를 다루지도 않는다. 이 주제에 대해서도 많은 연구서와 논문들이 나와 있다. 내가 이 책에서 집중하고자 하는 분야는 작가 하위징아이다. 나는 그가 써낸 가장 훌륭한 저작들에만 집중할 생각이다. 그의 저작의 일부 약점들—종종 발견되는 놀라운 모순적 사항들, 때때로 답답하게 느껴지는 무거운 문장 스타일 등—은 하위징아를 클래식으로 만들어 주는 특징이 아니다. 이 책은 무엇이 하위징아를 클래식(고전) 작가, 아직도 읽히는 작가로 만들어 주는지, 그것만 집중적으로 파고들 계획이다.

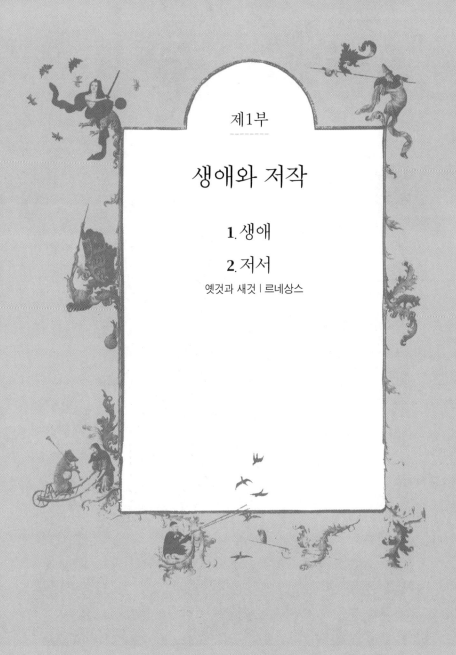

제1부

생애와 저작

1. 생애

2. 저서

옛것과 새것 | 르네상스

장 푸케, 〈성 스테파누스와 함께 있는 에티엔 슈발리에〉, 가멜데갈레리, 국립박물관, 베를린.

생애

요한 하위징아는 내성적인 기질이었다. 그는 자신의 스승이었던 동양학자 헨드릭 케른Hendrik Kern에 대해서 이렇게 말했다. "그 학자는 자신의 개인적 퍼스낼리티를 전혀 언급하지 않았다." 하위징아는 어쩌면 이 말을 하면서 그 자신을 묘사한 것인지도 모른다. 히지만 그는 열정적인 사람이기도 했다. 이 열정은 학문의 외투 밑으로 손쉽게 감추어졌다. 하위징아 인생의 본질은 학문 연구에 바친 열정에서 찾아볼 수 있다. 그의 인생은 학문적 열정으로 일관한 것이었다. 그는 한 평생 학자 생활의 근본적 모순사항들과 그런 사항들을 잘 견제하는 형식을 연구하며 보낸 인물이었다.[1]

이런 모순적 사항들 중, 최초이면서 가장 중요한 것은 하위징아가 태어난 고향과 관련이 있다. 네덜란드 작가 중에서 아니 역사가 중에서 향토의식을 하위징아처럼 강력하게 간직한 사람은 없다. 중세의 농노들을 가리켜 "글라에바 아드스트릭티glaeba adstricti"라고 하는데, 곧 자신의 땅에 예속된 사람들이라는 뜻의 라틴어이다. 이런 이미지가 어린 소년 한Han(요한의 애칭)과 만년의 하위징아에게 그대로 적용된다. 그의 현실 인식과 세계관은 1차적으로 고향 흐로닝언 시市 그리고 2차적으로 그

마을을 둘러싸고 있는 오멜란덴Ommelanden 농촌 지역에 의해 형성되었다. 이런 도시와 농촌의 대조는 그 후에 옛것과 새것, 중심과 변방 등 더폭넓은 대조를 형성하는 기반이 되었다. 그리고 훨씬 더 폭 넓은 관점에서 볼 때, 그의 저작에서 핵심을 이루는 주제인 대조, 가령 영원과 변화의 대조는 바로 이 도시와 농촌이라는 최초의 향토적 대조에서 생겨났다.

하위징아의 가문은 오멜란덴 출신이다. 하위징아 가문의 어린아이들이 할아버지 집 마당에서 프리슬란트Friesland 출신의 사촌들과 뛰어놀때, 각자의 애향심이 종종 불꽃을 튕겼다. 하위징아와 그의 형은 사촌들이 '당신'을 가리키는 말의 프리시아 사투리인 jou와 jimme를 사용할때마다 경멸감을 느꼈다. 하지만 하위징아 형제들은 사촌들의 애향심을 눈치 채지 않을 수 없었다. "사촌들은 우리가 흐로닝언 사람임을 자랑스럽게 여기는 것보다 더 강력하게 그들의 고향을 자랑스럽게 생각했다…… 나는 그 당시 우리 집안 이름이 프리슬란트 가계에서 온 것임을 알지 못했다. 설혹 그걸 알았다고 하더라도, 나의 흐로닝언 정체성과 애향심이 길고 복잡한 과정을 거쳐 최근에 만들어진 것을 분명하게 의식하지는 못한 상태였다. 프리슬란트라는 원래의 향토적 특성이 그런 과정을 거치면서 밑으로 가라앉아 사라진 반면, 프리시아 소년들의 경우, 향토애의 남아 있는 부분에 원초적 부족 의식을 그대로 간직했던 것이다."[2]

흐로닝언과 프리슬란트의 대조는 오멜란덴이 원래 프리시아의 일부였다는 사실에 의해 더 나빠지기도 하고 더 좋아지기도 한다. 이러한 대조는 하위징아의 향토심에 유대감의 열기를 불어넣어 주는가 하면 상실의 향수를 안겨주기도 한다. 하위징아는 흐로닝언 대학의 교수가 된 후이렇게 썼다. "블리에Vlie와 로베르스Lauwers 사이에 사는 프리시아 사람들은 진정으로 존경할 만한 사람들이다. 그들은 예전의 땅을 그대로—혹은 일부를—소유하고 있는 유일한 게르만 부족이다. 그들은 옛 이름을 그대로 간직한 채 카이사르의 시대에서 오늘날에 이르기까지 그들의 땅을 간직하고 있다." 하지만 소유와 상실은 서로 연결된 것이다. 중세 초기에 오멜란덴의 프리시아적 특성은 사라졌고, 하위징아는 이것을 문화적 상실이라고 말했다. 새로 이주해 온 색슨 부족은 프리시아 문화를 별로 채택하지 않았으나 그렇다고 해서 그들만의 문화를 가져온 것도 아니었다. "이들 지역은 그 고유의 대중문화에 건조하고 맥빠진 특성만 덧붙였다"라고 하위징아는 썼다. 그런 사실은 그를 울적하게 했다.[3]

요한 하위징아는 1872년 12월 7일 네덜란드 북부 지방 도시인 흐로닝언에서 태어났다. 그 당시 흐로닝언은 인구 4만 2천의 소도시로서 오래된 성의 성벽을 부수면서 막 근대화가 진행되는 중이었다. 흐로닝언은 편도 철도에 의해 접근 가능했고, 시내에서는 사람들이 마차를 타고서 이동했다. 가스나 전기는 아직 없었고 사회는 엄격한 신분 계급으로 나뉘어져 있었다. 그 도시에는 대학이 하나 있었고 교수들은 엘리트 계급이었다. 요한이 태어난 집안도 그런 계급에 속했는데, 그의 아버지가 흐로닝언 대학의 생리학 교수였기 때문이다.[4]

하위징아의 어린 시절에 커다란 영향을 주었던 사람은 아버지가 아니라 메노파 목사였던 할아버지 야콥 하위징아Jacob Huizinga(1809-1894)였다. 할아버지는 목사답게 "성스러운 감정"이 충만한 사람이었고, 치열한 자기반성과 엄격한 성경적 실천이 삶의 핵심이었다. 야콥은 일기를 쓰면서 자신의 한평생을 그런 식으로 관리했다. 그는 무려 60년 동안 충실하게 일기를 써왔다. 끈질긴 인내와 고집스러운 사랑을 발휘하면서, 손자들에게 하느님에게 가까이 다가가야 할 필요성을 역설했다. 하지만 야콥은 자신의 아들들이 그런 삶의 길에서 벗어나는 것을 지켜보아야 했다. 할아버지는 주위의 사람들이 그의 말을 경청하지 않고 건성으로 듣는다는 것을 끊임없이 의식했다. "아, 나에게 공감하는 자가 어디에 있는가? 정신과 영혼이 나와 똑 같다고 볼 수 있는 자가 어디에 있는가?"

그의 맏아들이며 요한 하위징아의 아버지인 디르크 하위징아Dirk Huizinga(1840-1903)는 집안의 가장 큰 말썽꾼이었다. 그는 암스테르담의 메노파 신학교로 유학을 갔으나, 현대신학, 자연과학, 오래된 항구, 젊은 여배우들에 매혹되었다. 그는 1학년 학기말 고사 3주 전에 독일로 도망쳐서 외인부대에 들어가거나 아니면 자살하겠다고 위협하는 편지를 아버지에게 보냈다. 아버지는 말썽꾼 아들을 쫓아가 스트라스부르크에서 따라잡았고, 부자는 솔직한 대화를 나누었다. 그 대화는 아버지에게는 고통이었고 아들에게는 위안이었다. 당시 디르크에게 남아 있는 것은 엄청난 노름빛과 몸 안의 매독이었다. 디르크는 그 후 부채는 갚았으나, 수치요법水治療法과 현지의 돌팔이 의사에 이르기까지 온갖 치료를 받았음에도 불구하고 매독은 떨쳐내지 못했다. 그는 새로운 학문 방향을 정하고 흐로닝언 대학에 들어가 의학을 전공했다. 이것 때문에 그는 신앙에 대해서 돌이킬 수 없는 회의감을 느끼게 되었다. 이런 태도를 목격하고 심한 실망감을 느낀 아버지는 일기에 이렇게 적었다. "내가 한때 우상으로 여겼던 아이가 이제는 가장 지저분한 진흙 속으로 떨어졌구나." 이것은 방종한 행동을 가리키는 것이 아니라, 아들의 물질주의적인 인생철학을 암시하는 것이다. 디르크는 신앙 대신에 화학 원소를, 종교적 성찰 대신에 경험적 관찰을 더 중시했다. 이러한 맞바꿈으로 일찍 교수직에 취임하여 장래가 보장되는 자리를 잡았으나 매독은 여전히 몸 안에 남아 있었다. 부친 디르크를 가끔씩 엄습해 오는 고통과 편두통은 요한의 유년기에 어두운 그림자를 드리웠다.

하지만 그 이상의 영향은 없었다. 하위징아나 그의 두 살 위 형 야콥 Jakob(1870-1948)은 매독의 영향을 별로 받지 않은 것 같다. 요한이 열한 번째 생일에 받고 싶어 했던 선물—또 그의 아버지가 "관대하게 받아들이리라"고 생각했던—목록은 시계, 증기 엔진, 주석 병정兵丁들이 들어 있는 박스, 세계 지도, 책들 등이었다. 이런 목록은 인색함이나 근심 걱정과는 거리가 먼 것이고, 또 아버지의 관대함을 보여 주는 것이다. 이런 선물 목록은 매일 꼼꼼하게 일기를 썼던 할아버지의 근검절약과는 대조되었다. 할아버지는 낡은 『소년 통신Kindercourant』 잡지가 장난감 성채나 마술 장치가 들어 있는 박스와는 비교가 안 될 정도로 좋은 선물이라고 말했다. 이런 선물을 받았다는 것은 근심 걱정 없는 유년 시절을 보여 주는 것이다. 하위징아는 외출과 여행을 자주 했고, 그리하여 조국 네덜란드의 아름다운 풍경에 대하여 일찍 눈뜨게 되었다. 하위징아는 사망 직전 『17세기의 네덜란드 문명』이라는 저서에서 이런 글을 썼다. "나는 1880년의 어느 날에 대하여 생생한 기억을 갖고 있다. 아버지와 함께 기차 여행을 하던 중이었는데 아버지는 암스테르담 근처에서 자안 강을 가리키며 나에게 차창 밖을 내다보라고 했다. 거기에는 백여 개의 풍차들이 서 있었다."[3]

할아버지와 아버지는 나름대로 하위징아에게 영향을 미쳤다. 할아버지는 손자가 올바른 길을 걸어가기를 간절히 바랐고, 그런 만큼 그런 방향으로 교육을 많이 했다. 75세의 야콥은 동전 모으기가 취미인 12세의 한에게 작은 메달을 선물로 주었다. 그 선물에는 할아버지가 쓴 훈계의 말이 달려 있는데 다음과 같았다.

"모든 미덕들 중에서 가장 으뜸은 진실이다. 따라서 늘 진실을 말하고 행동할 수 있는 용기를 가져야 한다. 그러면 너는 선량하고 훌륭한 사람이 될 것이다. 무슨 일이든 화를 내면서 하지는 말아라. 무슨 일이든 시간을 들여야만 강인한 힘, 신중함, 지혜를 얻게 된다. 어떤 사람의 마음속으로 들어가는 열쇠를 얻고 싶으면 그 사람에게 그의 가장 친한 친구들은 누구냐고 과감하게 물어봐라. 네가 가장 너의 마음에 드는 하인을 발견하고 싶으면 네가 너 자신의 하인이 되어라. 칭찬을 받는 것은 좋은 일이나, 칭찬 받을 만한 자격을 갖추는 것이 더 좋은 일이다. 훌륭한 인품을 가진 사람은 그런 인품을 천부적으로 받아 가지고 나온 게 아니라 노력, 시행착오, 기도를 통하여 그런 인품을 획득한 것이다. 평화를 방해하는 것은 무엇이든 물리치고, 사랑하는 마음을 갖게 해주는 것은 뭐든지 받아들여라."

우리는 이 훈계의 말이 없었더라면 하위징아의 생애를 충실하게 이해하지 못했을 것이다.

아버지는 하위징아에게 할아버지와는 종류가 다른 진실, 즉 과학의 진실을 가르쳐주었다. 아버지의 학문적 노력은 생명의 기원─죽은 물질에서 생명이 생겨나는 즉각적인 현상─을 파헤치려는 독창적 연구에 집중되었다. 디르크 하위징아의 이론은 발표된 직후 엄청난 공격을 당하여 추락했지만, 그래도 그에게 잠깐 동안의 명성과 레이던 대학의 명예 박사학위를 가져다주었다. 학문 연구와 관련하여 아버지는 하위징아에게 명확한 모범을 보였다. 즉 학문 연구란 꼼꼼한 조사와 폭넓은 연구라는 것을 일러주었다.

할아버지와 아버지의 영향은 서로 모순되었지만 중요한 것이었다. 이 두 영향력의 갈래는 하위징아의 유년 시절부터 대조의 틀을 만들어주었고, 이것이 평생 동안 하위징아의 사고방식에 영향을 미쳤다. 즉 과학 대 종교, 이성 대 감성, 개인 대 공동체, 변화와 영원 등이 하위징아의 중요한 화두가 된 것이다. 물론 이런 개념들은 중고등학생이 이해하기는 어려운 것이었지만, 하위징아는 그런 것들을 수면 아래에서 천천히 받아들였다. 이것은 그가 세례 받기로 결심한 사건에서 여실히 드러난다. 세례식을 통하여 18세의 요한은 할아버지의 종교 공동체에 합류했지만, 그가 세례식 후에 써놓은 신앙 확인서는 아버지에게서 물려받은 계몽 정신을 보여 준다. 할아버지는 손자의 세례식을 기쁜 마음으로 받아들였지만 동시에 실망도 느꼈다. 손자의 신앙 확인서는 "종교와 도덕의 근원에 관한 철학적 탐구서" 처럼 보였기 때문이다. 예수와 메노파를 공손한 어조로 논의하고 있지만, "내(할아버지)가 막 시작하는 메노파 신자에게서 바라고 싶은 그런 신앙 확인은 완전 결여되어 있었다."

한편 종교와 철학은 요한이 조부祖父로부터 물려받은 강렬한 열정을 완전히 해소시켜 주는 통로는 되지 못했다. 이 열정은 하위징아를 우울한 소년으로 만들었고 때때로 격심한 조울증 증세를 동반했다. 이렇게 만든 저변의 요인으로는 아버지의 질병(매독)이 아들들에게 전염되지는 않을까 하는 우려가 있었다. 형 야콥은 정신적으로 불안정했고 형이나 동생 요한이나 둘 다 한쪽 귀가 먹었는데 매독의 후유증으로 의심되었다. 특히 부친이 재취하면서 낳은 이복동생 헤르만Herman(1885-1903)은 이런 유산의 고통을 이기지 못하고 사진 현상액을 마셔 자살했다.

또 다른 요인도 있었다. 할아버지나 아버지나 일찍 아내를 잃었다. 야콥은 일곱 번째 아이를 낳은 후에 아내가 죽었고, 디르크는 결혼 4년만에 아내와 사별했다. 할아버지는 죽은 아내를 이상화하면서 그 후 내내 혼자 살았고, 아버지는 아내와의 사별을 학문 연구로 완전 승화시켰다. 할아버지 야콥은 재혼할 의사가 아예 없었고, 죽은 아내가 그의 마음속에서 완전무결한 여인으로 각인되어 경건한 생활로 인도하는 완벽한 길잡이가 되어 주었다. 디르크는 상처 후 2년 만에 재혼했고, 시의원 선거에 입후보했으며, 기초 과학에서 대중 과학으로 관심 분야를 전환했다. 할아버지는 하느님에게서 위안을 얻는 반면, 아버지는 계몽사상에서 인생의 활력을 얻었다.

어린 요한의 눈에 각인된 여성의 이미지는 성스러움과 부재不在라는 두 가지 특징으로 규정되었다. 요한은 여자를 천상에서 사는 존재라고 생각했고, 이런 여성의 이상화는 아버지의 질병이 성욕에 찍어놓은 재앙의 낙인 때문에 더욱 강화되었다. 하위징아는 열정(구체적으로 성욕)과 그 성취(열정의 해소) 사이에서 아주 팽팽한 긴장을 느끼게 되었다. 그는 1897년 니체의 『도덕의 계보학』에서 "욕정과 순결은 반드시 배치되는 것은 아니다. 모든 훌륭한 결혼, 모든 진실한 사랑은 이런 대조를 초월한다"는 문장을 노트에다 옮겨 적었다.

하위징아가 평범한 소년이 아닌 것은 분명하지만, 그렇다고 해서 불운한 유년 시절을 보낸 것은 아니다. 아버지가 재혼한 만나 데 콕Manna de Cock(1847-1910)은 훌륭한 아내였고, "아이들에게 비할 데 없는 사랑과 관심을 베풀어 준" 어머니였다. 한은 집에 있는 것을 좋아했고 엄청나게 많은 책을 읽었다. 그가 좋아하는 책은 역사적 모험소설과 동화였다. 이런 동화와 모험소설들은 그저 읽기만 하고 끝나는 것이 아니라 집 안에서 연극으로 공연되기도 했다. 하나의 장기적인 관점에서 보자면 하위징아의 유년 시절은 일종의 오래 끄는 가면무도회 같은 것이었다. 하위징아가 즐겨 기억하는 것으로는 1879년 늦여름에 벌어진 행사가 있다. 이 당시 흐로닝언 대학의 학생회는 1506년 동프리슬란트의 에트사르트Edzard 백작이 흐로닝언 시에 입성하던 행렬을 재연했다. 하위징아는 후에 이 행사의 세세한 부분, 가령 그날은 바람이 많이 불어서 깃대가 부러졌고, 에트사르트 백작이 입은 갑옷이 아주 화려하게 번쩍거렸다는 것까지도 다 기억했다. 그는 회고록에서 이렇게 썼다. "이 입장식을 재연하면서 나는 과거와 첫 번째 연결고리를 맺었는데 그것은 아주 단단하면서도 지속적인 것이었다."[6]

실제로 한은 좀 괴상한 아이였다. 적어도 그의 친구들은 하위징아를 그렇게 생각했다. 친구들은 하위징아가 장난감 성채를 구축하고 장난감 병정들을 전투 대형으로 배열하는 놀이에 함께 끼었다. 하지만 곧 하위징아는 집에 놀러온 친구들을 헷갈리게 만들었다. 친구들은 플로리스 5세Floris V나 무이덴Muiden 성채 같은 장난감에 익숙해져 있었는데, 하위징아는 자신이 꾸며낸 엉뚱한 기사와 성채와 모험 이야기들을 꺼냈던 것이다. 이런 점에서 그는 형 야콥과 더 잘 어울렸다. 그는 형과 함께 귀족 문장紋章의 세세한 부분을 논의했고 가문家紋, 가문 윗부분의 장식, 문장 테두리 장식 등에 대하여 논쟁을 벌였다. 하지만 그의 친구들은 이런 문장을 따분하게 여기면서 팽이 놀이나 공기돌 놀이를 더 좋아했다.[7]

동화와 역사를 뒤섞는 이런 호고성好古性의 기질은 하위징아 집안의 과거가 가세하여 또 다른 차원을 덧붙여 주었다. 가령 아버지와 새 어머니의 동혼식(결혼 15주년) 행사 때 하위징아의 집안에 벌어진 행사가 좋은 사례이다. 먼저 노래가 인쇄된 종이가 배부되었고, 모두들 노래를 불렀다. 이어 할아버지 야콥의 일기에 따르면, "아주 옛날풍의 복장과 화장을 한 요한"이 가내의 무대에 올라 피터 하위징아 바커Pieter Huisinga Bakker의 생애 중 한 장면을 연출했다. 하위징아 바커는 18세기의 암스테르담 출신의 상인으로 하위징아 가문의 족보를 편찬한 인물이었다. 형 야콥과 여자 사촌은 집안의 조상들 역할을 맡았다. 할아버지 야콥은 화관으로 장식되었고 신혼 부부(하위징아 아버지 부부)는 고대에서 가져온 선물을 받았다. 이 결혼 기념 축제는 호메로스Homeros(형 야콥이 분장)와 아나크레온Anacreon(기원전 6세기의 그리스 서정시인. 요한이 분장)이 뮤즈 여신들 중의 하나(여자 사촌이 분장)와 함께 축하의 노래를 부르는 것으로 끝났다. 물론 그 노래의 가사는 하위징아가 쓴 것이었다.

하위징아의 호고적 기질은 형과 함께 시작한 동전 수집에서도 잘 드러난다. 하위징아는 회고록에서 이렇게 썼다. "어떻게 오래된 동전에 대하여 관심을 갖게 되었는지 잘 기억이 나지 않는다. 여섯 개 한 조로 된 동전, 은화, 그리고 1500년이나 그 이전 시대로 소급하는 동전도 있었다. 우리는 "교황 지지자가 되느니 차라리 투르크인이 되겠다"라는 글이 적힌 베거Beggar 메달, 1672년의 공성전에 나온 종이로 만든 비상 동전, 1814년 흐로닝언 대학 창립 2주년을 기념하기 위해 만든 메달('이것이 기억 속에서 오래 지속되기를'이라는 라틴어 명문이 새겨진 것) 등이 우리의 수집품에 들어 있었다." 하위징아 형제에게 수집한 가장 멋진 동전은 1884년의 가내 가면극 때 어떤 삼촌이 준 것이었다. 그것은 경건왕 루이Louis 시절에 나온 데나리우스denarius 은화로서, 훈싱고Hunsingo의 지하에서 발굴한 것이었다. 중세와 흐로닝언이 꿈의 은화에 의해 결합되었다![8]

베르너 케기Werner Kaegi는 이 데나리우스 은화 얘기를 하면서 하위징아의 "이름 말하기를 좋아하는 경향"과 관련 있다고 했다. 가문이든 장소든 독특한 이름들은 어린 한을 크게 매혹시켰다. 하위징아는 귀족의 뿌리와 이름을 지나치게 좋아하는 경향이 자신의 은밀한 열등감과 관련된다고 말했다. "나는 메노파 목사들과 오멜란덴 출신의 소농들에게서 태어난 평민 후예라는 사실을 경멸했다." 이름 말하기의 마법은 둑과 운하, 도시와 마을에게도 확대 적용되었다. 하위징아는 호메로스가 그리스 선박들의 이름을 외우는 것처럼 그런 장소들의 이름을 줄줄

외었다.

　이런 경향은 단어와 어원에도 적용되었다. 중등학교 시절 요한은 언어학에 특별한 매력을 느꼈다. 그의 스승 얀 테 빙켈Jan te Winkel은 좋은 선생님이 되기에는 너무 학자 기질이 강한 분이었다. 빙켈 선생은 네덜란드어 hebben(소유하다)과 라틴어 habeo(소유하다)가 어떻게 연관되느냐는 질문을 받고서, 게르만어의 제1음운 변화로 그 변화의 과정을 설명해주었다. 요한은 어떻게 라틴어 pater(아버지)가 네덜란드어에서 vader가 되고, 또 라틴어 caput(머리)가 hoofd가 되는지 알게 되었다. "나는 이런 지식이 너무나 매력적이라고 생각했고, 그때부터 언어학을 공부해야겠다고 마음먹었다."

　이렇게 하여 언어학과 역사학이라는 새로운 대조가 생겨났다. 하지만 언어학에 대한 열정이 역사학에 대한 열정을 완전히 대체하지는 않았다. "내 마음과 상상력은 중세에 집중되어 있었다. 하지만 중세에 대해서 아는 것이 그리 많지 않았다. 단지 풍성하면서도 막연한 동경을 갖고 있었는데 기사들이나 그들의 투구 깃털과 관련된 상상은 아니었다. 나는 열네 살 무렵에 내가 그림으로 그렸던 한자 동맹 도시의 항구를 막연하게 상상했다." 역사가 하위징아는 어떤 책이 그의 상상력에 불을 질렀는지 기억해내지 못했다. 중요한 것은 독서와 그림 그리기가 어린 하위징아에게 이미 결합되어 있었다는 것이다. 그는 그림에 분명 소질이 있었고 드로잉을 자주 그려 중급학교 친구들이나 대학교 친구들, 그리고 나중에는 대학 동료들이나 왕비들을 즐겁게 해주었다. 이런 소질 때문에 그는 아주 시각적인 네덜란드 역사가가 되었다.[9]

　한편 고등학생 하위징아는 언어학과 역사학의 대조를 별로 힘들이지 않고 극복했다. 초등학생 때 동화와 역사를 잘 뒤섞었고, 중등학교 때

이성과 종교를 잘 혼합시킨 것과 같은 과정이었다. 그는 레이던 대학으로 진학하여 셈 언어들을 전공할 계획이었으나 결국 흐로닝언 대학에 들어가 네덜란드 문학을 공부했다. 그렇지만 비교 언어학, 역사 문법, 신화학, 아랍어 등에 대하여 깊은 관심을 유지했고, 심지어 다른 학부의 교수들 강의도 즐겨 들었다. 이런 과목들은 막 학자로 발돋움하던 그의 갈증을 어느 정도 해소시켜 주었다. 당시 흐로닝언 대학에서 산스크리트어는 필수 과목이었는데 위대한 동양학자 야콥 사무엘 스파이어Jacob Samuel Speyer가 가르쳤다. 하위징아는 이 교수 덕분에 언어학을 평생 사랑하게 되었다. 하위징아는 신성한 산스크리트 문자의 "아름답고 시적인 형태"에 크게 매혹되었고, 그 언어를 더욱 깊이 있게 알고 싶어서 불교 연구에 매진했다.

동시에 그는 학생 활동에도 적극적으로 뛰어들었으나 약간의 거리감이 있었다. 그는 학생회에도 가입했고 가입과 동시에 동급생들과 함께 공연 전용 클럽을 형성했으며, 그 이름을 하위징아 식으로 "북쪽의 마구간 혹은 푸른 말의 기사들"이라고 명명했다. 이 공연에는 "아주 매혹적인 마리는 시인의 가슴을 깨트리네"라고 노래하는 음유시인 역할도 있었지만, 하위징아가 그걸 자신이 해보겠다고 주장하지는 않았을 것 같다. 그는 아마도 자기 자신을 이렇게 명명하기를 더 좋아했을 것이다. "불타는 가슴을 가진 기사, 국왕의 서기." 이 시기에 그는 「흑기사」라는 드라마의 초고를 썼는데, 지금은 등장인물들의 명단만 남아 있다. 그는 또한 학생활동의 필수인 위원회 활동에도 많은 시간을 바쳤다. 그 위원회 활동 중 가장 중요한 것은 1894년의 대학 창립 기념 가면극 행사였다. 학생회의 반응은 실망스러울 정도로 차가웠고, 또 일부 학생들은 가면극 행사는 낡아빠진 것이라는 의견을 내놓았다. 하지만 하위징아는 평소의 그다운 스타일로 반응했다. 그는 그날 저녁 만찬 모임에서 이렇게 말한 것으로 전해진다. "그렇지만, 학우 여러분, 우리는 거의 사라져가고 있는 멋진 것을 마지막으로 전달하는 사람이라는 자부심을 가져야 하네."

하지만 그가 과거를 가장 많이 발견한 것은 문학 분야에서였다. 학생 시절 그는 그의 평생 독서생활에서 가장 위대한 작가로 여기는 단테를 알게 되었다. 그는 가지고 다니는 공책의 여백에다 이렇게 적었다. "기억하는 것보다 더 큰 고통은 없다(Nessun maggior dolore che ricordarsi)." 하지만 그는 셰익스피어도 읽었고, 그 밖의 영국과 이탈리아의 르네상스 작가들도 읽었다. 동시에 그는 '1880년 운동' 그룹의 '열성 지지자' 였다. 창의적인 시인, 산문가, 화가 등으로 구성된 이 그룹은 '예술을 위한 예술'이라는 원칙을 주장했고, 이들이 선호하는 스타일에는 인상주의가 들어 있었다. 그는 회고록에서 이렇게 썼다. "이 그룹은 우리에게 과학을 예술보다 훨씬 밑에다 놓으라고 가르쳤다. 존재의 심연에서 진정한 인생을 찾으라고 권했고(이것은 커다란 축복이었다), 정치나 그 비슷한 분야는 신경 쓰지 말라고 했다(이것은 큰 실수였다)."[10]

'1880년 운동' 내에서 벌어진 예술 대 사회, 아방가르드 대 사회주의 같은 대립적 논쟁은 하위징아 자신의 마음에서도 그대로 벌어졌다. 후기의 보수적(자유주의적) 하위징아에게서 초기의 심미적 사회주의자를 찾아낸다는 것은 아주 어려운 일이지만, 하위징아를 진정으로 이해하려는 사람은 이런 찾아내기를 해야 한다. 하위징아가 겉보기에 서로 양립할 수 없는 듯한 부분들(사회에 뿌리를 둔 예술, 사회에 봉사하려는 엘리트)을 가지고 이루어낸 특별한 전체, 이것을 파악하려는 눈이 필요하다. 이런 혼융 작업에서 그의 스승 노릇을 한 사람은 얀 베트였다.

얀 베트Jan Veth(1864-1925)는 하위징아보다 8세 연상이었고, 그 시대의 가장 중요한 초상화가였다. 그는 『새로운 안내De Nieuwe Gids』잡지가 배출해낸 가장 중요한 미술평론가였다.[11] 그는 '1880년 운동' 내에 깃들어 있는 여러 긴장 사항들을 조화로운 예술적·사회적 이상으로 전환시킨 탁월한 사람이었다. 이런 점에서 그는 하위징아를 위하여 진정한 "새로운 안내"가 되어 주었다. 후일 하위징아는 베트의 전기를 쓰면서 1880년 세대로부터 멀어지는 이정표를 가리켜 준 사람이라고 묘사했다. "그는 내 마음이 내게 말하는 것을 확인해 주었다. 인상주의만이 창의성으로 가는 유일한 길이 아니며, 새로운 것을 포용하기 위해 옛것을 반드시 포기해야 하는 것은 아니라고 확인해 주었다…… 누군가가 당신의 어깨를 잡으며 당신을 일으켜 세우고서, 등을 툭툭 치고 앞으로 세게 밀면서 '저쪽이야'라고 말하는 것 같았다."[12]

하위징아 자신도 새로운 방향의 표준 교범이라고 할 만한 것을 내놓았다. 그는 또다시 정반대의 것들을 융합하는 형태를 제시했다.

1890년경에 네덜란드의 예술과 문학 분야에서 벌어지기 시작한 정신적 대격변은 '1880년 운동' 지도자들의 과도한 개인주의와 인상주의에 대한 반발에서 생겨난 것이다. 또 더욱 분명한 스타일과 확신성, 새로운 방향과 믿음에 대한 과감한 주장 등도 그런 대격변에 일정하게 기여했다. 1880년대가 문학(특히 시)에 의해 주도된 반면, 1890년대는 시각 예술가와 건축가, 음악가, 사회사상가와 역사가 등이 전면에 나섰는데, 이는 결코 우연의 일치가 아니다. 물론 주도권은 건설적인 정신의 소유자들이 잡았다. 그렇지만 그 노력들은…… 일면적인 것도 아니고 단 하나의 사항에 집중된 것도 아니었다. 그들은 사회주의와 신비주의라는 양극단을 향해 손을 내뻗었다. 하

지만 두 그룹 모두 예술과 사회, 기념비적인 예술을 표어로 내세웠다.[13]

이 문장은 젊은 하위징아가 헨리에테 롤란트 홀스트Henriëtte Roland Holst의 저서에서 발견되는 심미적 사회주의를 아주 진지하게 수용했다는 것을 보여 준다.[14] 그는 1938년에 발표된 글(「Terugblik」)에서 빌헬미나 여왕 치하의 네덜란드 40년을 회고하면서 다음과 같이 썼다. "사회주의는 19세기 후반 네덜란드 지식인 사회에서 두 가지 독립된 형태로 영향을 미쳤다. 하나는 실용적이고 정치적 형태이고, 다른 하나는 이론적이고 미학적인 형태이다."

하위징아가 마음이 쏠린 것은 사회주의의 미학적 형태였다. 젊은 여왕에게 적용된 말은 하위징아에게도 적용할 수 있다. "젊은 여왕은 많은 희망과 기대감을 갖고 있었음에 틀림없다!" 제1차 세계대전의 발발로 그 희망이 산산조각 난 이후에도, 하위징아와 롤란트 홀스트의 우정은 금가지 않았다. 사회주의의 정치와 자유주의의 정치가 서로 헤어져 다른 길을 갈 때에도, 두 사람을 한데 묶었던 '내면적 기질'은 여전히 존재했다.

흐로닝언 대학을 졸업한 후 하위징아는 하를렘의 고등학교에 역사학 교사로 들어가 1897년에서 1905년까지 근무했다. 교사 시절의 마지막 2년 동안 그는 암스테르담 대학에서 고대 인도 문학과 문화사 강사를 역임했다. 그는 후일 이 시기를 가리켜 "저 투명한 세월"이라고 말하기도 했다. 이 무렵 단테의 평생 애독자인 하위징아는 얀 베트에게서 그의 베르길리우스Vergilius를 발견했고, 마리아 핀센티아 스호렐Maria Vincentia Schorer(일명 마리)에게서 그의 베아트리체를 만났다.(베르길리우스와 베아트리체는 단테의 『신곡』에 등장하는 인물로 베르길리우스는 단테를 지옥과 연옥으로 안내하고, 베아트리체는 천국에서 단테를 맞이한다-옮긴이) 하위징아는 1892년 새

어머니의 소개로 새어머니 친구 딸인 5세 연하의 마리아를 소개받았다. 마리아는 미델뷔르흐 시장 딸이었고 음악에 재주가 있었고, 하위징아가 꿈꾸었으나 가지지 못한 모든 것을 갖고 있었다. 그녀는 하위징아에게 상류 중산층의 생활 스타일과 따뜻한 교육적 환경을 줄 수 있었다. 스호렐 가문은 19세기 초 빌렘 1세 왕에 의해 귀족으로 승급했고, 미델뷔르흐 교외에 토른블리에트Toornvliet라는 멋진 별장을 소유했다. 음악과 미술, 도시의 건축과 전원의 교향곡이 하나의 종합 문화로 합쳐져서 마리를 중심으로 회전했다. 두 사람은 1902년에 결혼했다. 같은 해, 두 사람은 피렌체 사람 단테의 망명지였던 라벤나Ravenna를 방문했고, 하위징아는 이런 소감을 적었다. "그 여행은 나로 하여금 장엄함의 개념을 더 잘 이해하게 만들었다." 하위징아 부부는 브뤼헤에서 개최된 플랑드르 원시파 화가들의 주요 전시회를 함께 관람했다.

종교와 철학의 분야에서도 저 투명한 세월이 있었다. 하위징아는 그의 사촌 멘노 테르 브라크Menno ter Braak에게 1938년에 이런 글을 써서 보냈다. "나는 기독교의 어떤 특정 종파를 받아들이지는 않았으나, 기독교의 도덕을 인간사의 최고 지배 원칙으로 받아들여야 한다는 확고한 믿음을 갖게 되었습니다. 「내가 걸어온 역사학의 길(Mijin weg tot de historie)」이라는 논문에서 이렇게 적었다. "고대 인도의 세계는 내가 볼 때 너무 멀리 떨어져 있다. 그래서 단테, 고딕 건축, 성 프란체스코로 대표되는 서양의 중세보다 그리 매력적이지 못하다." 이렇게 하여 하위징아의 시선은 동양에서 서양으로, 번쩍거리는 화려함에서 조용한 아름다움으로, 형태의 강조에서 단순함으로 이동하게 되었다. 한편 그는 그 자신의 행복을 스스로 주관하는 자가 되었다. "나의 다섯 아이들이 태어나던 저 투명한 세월에, 나의 정신은 무엇보다도 바흐와 슈베르트의 음악 속에서 살았다. 그보다 애호하는 정도가 떨어지기는 하지만 모차르트, 베토벤, 브람스도 좋아했다. 그리고 내 시야에 들어오는 모든 시각적 예술을 좋아했다."

그의 아들 레온하르트Leonhard는 이 시기의 생활, 특히 토른블리에트 Toornvliet 별장에서의 생활을 적어 놓았다. 그의 아버지는 별장 이름의 기원을 설명해 주었다. 그 이름은 성탑(toren)이나, 별장 뒤를 흐르는 작은 시내(vliet)와는 아무 상관이 없었다. 그것은 '분노(tooren)'로부터 '달아나다(vlieden)'라는 단어의 합성어였다. 그곳은 아무런 분노 없이 편안히 살 수 있는 생활의 터전이었다. 레온하르트는 그곳에서 유유자적하는 아버지의 스케치를 그렸다. "나는 아버지가 우리 어린이들을 위해 중산모를 쓰고 채찍을 든 조련사라고 생각했습니다. 우리는 소리치는 호랑이 혹은 다루기 어려운 말들이 되어 홀 안에서 아버지 주위를 빙빙 돌았습니다…… 아버지는 언제나 쾌활했습니다. 어머니와 우리 애들은 꽃피는 정원에 있었고, 식탁에서는 끝없이 농담이 흘러나왔으며, 각종 파티나 생일 축하 파티 때에 아버지는 즐거움을 만들어내는 원동력이었습니다."

어머니에 대해서 레온하르트는 주로 어머니의 음악을 듣는 일이 많았다고 회상했다. "피아노 연주하는 소리는 음악실에서 흘러나왔습니다. 페터 반 안로이Peter van Anrooy가 어머니와 함께 연주하기 위해 자주 찾아왔습니다. 우리는 잠자지 않고 깨어 있거나 아래층으로 살금살금 걸어 내려가 그 음악을 들었습니다. 디너파티가 있는 날이면 크리스털 식기류와 사람들의 대화 소리가 낭랑했습니다. 우리 어린애들이 커다란 홀을 내려다보는 오락실의 유리창에 찰싹 달라붙어 있었던 광경이 지금도 눈앞에 훤합니다. 우리는 유리에 코를 바싹 대고서 그 화려한 광경을 단 하나도 놓치지 않으려 했습니다. 아버지와 어머니는 음악실에서 손님을 받은 후, 부부 동반의 손님들과 함께 식당으로 들어섰습니다. 우리는 나직이 노래 부르곤 했습니다. '팔에 팔을 끼고서. 정말 따뜻해 보이네.' 그렇다고 해서 그 광경을 바라보던 우리의 외경심이 그만큼 줄어들었다는 뜻은 아닙니다."[15]

하위징아에게 있어서, 이런 개인적인 전원곡은 정치적 견해에도 그대로 반영되었다. 그는 1938년 빌헬미나 여왕의 즉위 40주년을 맞이하여 과거를 되돌아보며 이렇게 썼다. "얼마 지나지 않은 과거에 네덜란드 사람들이 환상에 가까운 믿음에 빠져드는 정신적 경향을 보였다. 그들은 더 좋고 안전한 국가 제도가 지금 형성 중이라고 생각했다. 그래서 네덜란드는 1차 평화협상과 2차 평화협상을 모두 주최하는 영예를 안았다. 헤이그에는 먼저 중재 법원이, 이어 평화 궁전이 그리고 마지막으로 국제사법재판소가 설립되었다. 휘호 데 흐로트Hugo de Groot(그로티우스)의 국제법 정신이 법학자들인 토비아스 아세르Tobias Asser와 코르넬리스 반 볼렌호벤Cornelis van Vollenhoven에게서 다시 한 번 활짝 꽃피어난 것 같았다. 네덜란드의 군사력은 소규모이지만 20세기의 폭풍우를 모면했고(안전한 평화주의가 안겨주는 기만적 증거이긴 하지만), 다들 탐내는 해외 재산도 그대로 유지했다. 이어 국제연맹이 생겨나서 이 나라의 희망적 기대를 더욱 지속적이고 견고한 틀 속에 다지게 되었다. 국제연맹이 네덜란드보다 더 강력한 옹호자를 발견하지 못하는 것은 그리 놀라운 일도 아니다."[16]

그러나 1914년 한 해에 제1차 세계대전이 발발하여 평화와 안전의 꿈을 산산조각 내버렸고, 아내의 사망은 지상 낙원을 앗아갔다. 개인적 행복과 정치적 낙관이 일거에 하위징아의 손에서 떨어져나갔다. 막내인

다섯째 아이를 낳고 얼마 되지 않던 1913년 4월, 아내 마리가 암 진단을 받았다. 희망과 절망이 교차하는 시기를 보낸 후 그녀는 아직 38세가 되지 않은 젊은 나이로 사망했다. 페터 반 안로이와 그의 부인에게 보낸 1914년 7월 21일의 편지는 아주 짧으면서도 가슴을 찢는 것이었다. 그 편지에서 하위징아는 그날의 소회를 이렇게 적었다. "오늘 저녁 종말이 닥쳐왔다네, 아무런 의식意識도 고통도 없이."[17]

제1차 세계대전 이전이냐 이후냐, 마리의 죽음 이전이냐 이후냐, 이것은 여러 가지 대조적인 사항들로 이루어진 하위징아의 일생에서 하나의 뚜렷한 분수령이 되었다. 하지만 여기에서조차 그 대조 사항들은 서로 뒤섞였다. 당시 하위징아는 대작 『중세의 가을』의 집필에 10년째 매달려 오고 있었다. 이런 주위 환경 때문에, 그는 『중세의 가을』의 초판 (1919) 서문에서 "당초 내가 이 책을 집필하면서 구상했던 것보다 더 음울하고, 덜 평온한 이미지를 그 저녁 하늘에 입힌 것이 아닌가 하는 느낌도 든다"고 적었고, 또 "죽음의 그림자가 그의 작업에는 늘 깊은 그림자를 던진다"고 말했다. 그는 그처럼 달콤한 행복을 맛보았던 곳으로부터 일정한 거리를 두었고 아내 사망 직후 그곳을 떠났다. 1915년 하위징아는 지난 10년 동안 네덜란드 역사 겸 일반 역사 교수로 일해 온 흐로닝언 대학을 떠나 레이던 대학으로 자리를 옮겼다. 이 대학에서는 오로지 일반 역사만 강의했다.

하지만 1914년 이후에도 하위징아의 생활에는 별 변화가 없었다. 그는 자녀들에게 예전과 똑같은 아버지였으며, 열성적으로 생일 파티와 성 니콜라스 축일 파티를 열었고, 웅변조의 농담시와 풍자시를 써냈다. 그는 아이들을 위해 연극 대본을 쓰고, 또 연출했다. 연극 제목은 "날카로운 기억력을 가진 애완견 코르넬리스: 3막으로 된 코미디"(1915년 크리스마스 휴일), "세 가지 소원을 성사시킬 수 있는 소용돌이 인간, 오래된 주제에 바탕을 둔 우화극, 5개 장면으로 구성" (1916년 겨울, 공연되지는 않음), "성 니콜라스의 기적", "어려운 때를 만난 마법사" 등이었다. 그는 좀 더 진지한 연극 대본도 썼는데, 1916년에 집필한 "전쟁이 끝난 후"가 그런 경우이다. 이 연극은 상선을 지휘하는 영국 선장의 이야기인데, 선장은 자신의 아들을 죽인 독일 유보트의 장교와 평화협정을 맺는다. 그의 아들 레온하르트는 "완전히 눈물을 짜내는 극본"이라고 말했으나, 이 극본 속에서 작가는 어린아이이면서 몽상가의 마음으로 돌아간다. 동시에 하위징아가 이 모든 것을 얼마나 힘들게 감당하고 있는지는 레온하르트의 다른 이야기에서 여실히 알 수 있다. 하위징아 친구의 딸인 비네 데 시터Bine de Sitter가 마리 사후에 그의 집안을 대신 돌보아주겠다고 찾아왔을 때, 하위징아는 비네를 돌려보냈다. 그런 가정 관리자가 있으면 돌아간 어머니에 대한 아이들의 추억이 희미해질까봐 두려워했던 것이다.[18]

1920년에 맏아들 디르크가 갑자기 사망한("저 두 번째의 끔찍한 충격……") 후에 연극 대본을 쓰는 것은 그만두었다. 그러나 하위징아는 여전히 언어의 대가였고, 남은 네 아이들과 도시 이름 맞추기 게임 같은 독특한 게임을 하면서 놀았다. 하위징아는 언제나 많은 친구를 사귄 사람이었다. 그 면면을 살펴보면, 얀 베트, 페터 반 안로이, 리하르트와 헨리에테 롤란트 홀스트 부부, '마법사' 안드레 졸레스André Jolles, 다른 마법사인 인류학자 브로니슬라프 말리노프스키Bronisław Malinowski, 에라스뮈스 학자인 P. S. 알렌P. S. Allen, 산스크리트 학자인 실뱅 레비Sylvain Lévi, 경제학자 겸 정치학자인 루이기 에이나우디Luigi Einaudi, 정신의학자인 C. T. 반 발컨뷔르흐C. T. van Valkenburg, 법학자인 코르넬리스 반 볼렌호벤Cornelis van Vollenhoven("케스 씨") 등이었다. 레온하르트는 반짝

안드레 졸레스

거리는 저녁 파티, 다마스크 천, 크리스털 식기류, 낭랑한 대화, 영어에
서 러시아어로 건너뛰는 토론, 프랑스어로 시작하여 결론은 아랍어로
나버리는 일화 등을 생생하게 기억했다.[19]

이 모든 친구들 중에서 안드레 졸레스가 가장 특별했다. 하위징아는
회고록에서 "졸레스는 재주가 많은 조숙한 천재였다"라고 적었다. 졸레
스는 여행도 널리 했고, 책도 많이 읽었으며, 중세에서 현대에 이르기까
지 예술과 문학에 대하여 방대한 지식을 갖추고 있었다. 절반은 예술가
인 졸레스는 실패의 잔을 마지막 찌꺼기까지 마신 사람이었다. 졸레스
는 뛰어난 천재였지만—레온하르트는 하위징아 가문의 사람들이 졸레
스가 다녀간 후에 집안 전체가 집단적인 지적 후유증을 겪었다고 회상
했다—하위징아의 도움에도 불구하고 네덜란드 내에서 교수 자리를 잡
지 못했다. 그는 독일로 흘러가 거기서 세월을 죽이다가 자신이 '크라
우트kraut'(독일인에 대한 경멸적 표현)가 되어 나치의 부역자가 되는 게 아닐
까 걱정했다. 하지만 졸레스는 너무 오만하여 대중을 의식하면서 자신

의 저서를 쉽게 다시 쓸 생각을 하지 않았다. 그의 저서 『단일한 형태 *Einfache Formen*』는 하위징아에게 상당한 영향을 미쳤는데, 그의 사후에 프랑스 번역본이 나와서 구조주의를 연구하는 독자들의 손에 들어갔다. 하지만 그의 학문적 관심사는 하위징아와 나란히 달렸고, 그런 만큼 그가 하위징아와의 생활을 "평행한 생활"이라고 한 것은 타당한 얘기였다. 그렇지만 1933년 졸레스는 1896년부터 지속되어 온 하위징아와의 40년 우정을 청산했다. 하위징아가 아니라 그가 먼저 우정을 내팽개쳤다. 하위징아는 나치를 아주 싫어했지만 친구에 대한 의리를 소중하게 여겨 졸레스와의 우정을 계속 유지해 왔던 것이다.

같은 해인 1933년, 나치에 대한 하위징아의 증오심을 아주 분명하게 보여 주는 사건이 발생했다. 이 해에 하위징아는 레이던 대학의 학장이 되었다.

하위징아는 당시 학장 자격으로 '국제학생서비스'의 회의 장소로 레이던 대학 강당을 내주었는데, 독일측 대표단의 단장 요한 폰 레어스 *Johann von Leers*가 『결단의 요구: 유대인을 쫓아내라!*Foderung der Stunde: Juden raus!*』라는 팸플릿의 저자라는 것을 알게 되었다. 그 내용은 대표적인 반 유대인 선동가 율리우스 슈트라이허*Julius Streicher*의 주장과 거의 비슷했다. 하위징아는 폰 레어스를 회의실로 불러서 그가 문제의 팸플릿의 저자인지를 물었다. 그렇다는 대답이 나오자, 하위징아는 악수조차 하지 않으면서 그 단장에게 당장 대학 구내에서 철수하라고 요구하여 관철시켰다. 이 때문에 외교적 스캔들이 발생했고, 대학 이사회와 갈등을 빚었으며, 하위징아로서는 아주 고통스럽게도 독일 역사학자들과 불화를 겪게 되었다. 당시 히틀러 눈치를 보던 독일 역사학계는 '민족적 명예'를 너무 중시한 나머지 조그마한 양심의 용기도 발휘하지 못했다.

요한 하위징아

이 혼란스러운 시기는 하위징아의 학문이 무르익어가는 시기이기도 했다.

그 동안 하위징아는 중세 후기에서 12세기로, 그리고 르네상스로 연구 분야를 계속 넓혀나가면서 문화 이론과 문화 비평을 서로 연결시켰다. 그리하여 하위징아는 네덜란드 내에서는 물론이고 해외에서도 저명한 학자로 평가되었다. 그는 국내에서는 네덜란드 왕립 한림원의 회원이 되었고, 권위 높은 잡지 『안내De Gids』의 편집인이 되었으며, 왕실 공주의 사부가 되었다. 국외적으로는, 옥스퍼드 대학의 명예박사 학위를 받았고, 국제지적협력위원회의 위원으로 위촉되었으며, 노벨 문학상 후보에 지명되기도 했다. 그는 여행을 별로 하지 않았고("여행은 마음을 넓혀 주지 못한다"), 독서도 드물게 했다("나의 문학 지식은 오로지 단편적인 지식들로 구성되어 있다").

하위징아는 한 평생 시계처럼 정확한 삶을 살았다. 오전에는 글을 쓰고 오후에는 강의나 강연에 나가고, 저녁에는 각종 언어의 문법책을 읽었다. 이런 식으로 공부하여 그는 십 수개의 언어를 터득했다. 영어, 독일어, 프랑스어는 아주 잘했고, 약간의 정도 차이가 있지만 이탈리아어, 스페인어, 포르투갈어, 러시아 어를 말할 수 있었으며, 라틴어, 그리스어, 히브리어, 올드 노스어, 산스크리트어, 아랍어는 읽을 수 있었다.

그리고 마치 마법처럼 그에게 사랑이 다시 찾아왔다. 하위징아가 혼자 산 지 20년이 되어 가던 1937년의 일이었다. 암스테르담 상인의 딸이고 가톨릭 신자인 아우구스테 쉴빙크Auguste Schölvinck는 가정 관리자겸 비서로 하위징아의 집에 와서 산다는 조건으로 입주했다. 당시 구스테(아우구스테의 애칭)는 젊고 상냥한 28세의 처녀였다. 그녀가 집에 온 지 2주가 지나자 하위징아는 그녀에게 운전사 겸 다른 일도 관리해 줄 수 있겠느냐고 요청했다. 또 착한 딸 겸 영원히 내가 사랑할 수 있는 그런 여자가 되어 달라고 부탁했다. 그녀는 혼쾌히 수락했다. 이렇게 하여 65세의 노학자의 가슴에 새로 생긴 애인에 대한 열정의 불이 당겨졌다. 그가 나중에 써 보낸 편지들에서 발견되는 "나의 상냥하고 위대한 당신", "나의 사랑스럽고 사랑스러운 아기" 등의 표현은 그런 열정을 잘 보여 준다.

우리는 여기에서 다시 한 번 욕정과 순결, 에로티시즘과 자기절제의 양극단이 아슬아슬한 균형을 이루고 있음을 발견한다. 하위징아가 파리에 학술 출장을 떠났을 때 구스테는 "나의 온 생애와 모든 것을 교수님에게 바쳐서 아무 구분이 없는 관계가 되고 싶다"는 간곡한 내용의 편지를 보냈다. 그는 파리의 호텔 방에서 이 편지를 받았는데, 그 후 목욕을 마치고 나면 몸에 파우더를 바르고 향수를 뿌리는 것을 잊지 않았다고 한다. 그는 아흐레 뒤에 레이던으로 돌아와 그녀의 방으로 올라갔다. "거기서 나는 그녀를 발견했다. 그것에 대해서는 더 이상 말이 필요 없다. 그녀의 존재에서 풍겨 나오는 향기에 대해서 나는 굳이 말로 표현할 필요를 느끼지 못했다." 그로부터 몇 달 뒤, 하위징아는 그렇게 말하고 싶지는 않았지만, 성 니콜라스 축일에 요청해서 받은 선물인 '목욕 후 바르는 파우더'에 몇 줄의 농담시를 적었다. "내 몸과 주위에 향기로운 파우더를 뿌리고서 당신에게 다가가 그 향기를 마시리." 동시에 그는 이렇게 적었다. "나의 사랑하는 여인, 나는 당신을 내 품안에 안고서, 아주 순수하고 성스러운 마음으로, 당신에게 친밀한 키스를 보냅니다. 이런 내 심정을 적절히 표현할 말을 알지 못합니다."[20]

하위징아의 친구들은 그를 놀리며 농담("중세의 짝짓기")을 터트렸다. 그렇지만 전쟁의 위기와 위협은 점점 더 커졌고, 하위징아의 문화비평 저서들은 계속 집필되었다. 그는 레이드세 호우트Leidse Hout에서 "아주 행복한 나날"(J. C. 블룸)을 보냈다. 그 후 제2차 세계대전이 터지면서 하위징아는 자신이 인류 역사상 가장 불운한 세기에 살고 있다고 확신했으나, 그래도 구스테와의 사이에서 딸 라우라Laura("나의 어리고 착한 로르트예")가 태어났다. 세인트 미힐스헤스텔St Michielsgestel에 연금된 것도 그의 기백에 영향을 미치지 못했다. 하위징아 부부는 나치에 의해 데스테흐De Steeg로 격리 조치되었고, 그는 그곳에서 남은 생애 18개월을 보냈다. 그는 그곳에서도 연구의 일손을 놓지 않고 부지런히 『부서진 세계』의 원고를 손보았는데 그 책을 아내 구스테에게 헌정하면서 이렇게 썼다. "내 생애의 마지막 7년을 행복의 빛으로 가득 채워 주었고, 조국의 적들이 내게 강제 부과한 유배 생활을 견디게 해준 여인에게 이 책을 바친다." 그는 조국의 해방을 간절히 기대하면서, 1945년 2월 1일, 자신이 평소 써놓은 간단한 기도문 11개의 윤리적 믿음을 그대로 간직한 채 사망했다.

2

저서

하위징아를 '클래식' 작가로 만드는 것은 그의 저서 전편에 깃들어 있는 조화로운 균질성이다. 그의 저작에서 반드시 발견되는 일관성은 마치 그의 인생 전체에 투영되어 있는 듯하다. 물론 하위징아는 발전의 여러 단계를 거쳐 갔다. 정치적으로 그는 사회주의적 입장에서 자유주의적 입장으로 옮겨갔고, 심미적 경향은 서서히 윤리적 경향으로 대체되었으며, 종교적 터전에 대한 추구는 마침내 그가 말한 "이 세상에서 기쁨을 취하기"로 마무리되었다. 하지만 본질적인 측면에서 하위징아의 인생에는 발전이라는 것이 없었다. 적어도 직선적 의미의 발전은 없었다는 얘기다. 발전보다는 '번데기'의 관점에서 보는 것이 더 좋다. 이것은 하위징아가 아주 존경했던 문화사가인 야콥 부르크하르트Jacob Burckhardt가 제시한 비유였다. "역사는 내가 볼 때 가장 높은 의미의 시詩이다." 부르크하르트는 대학 교수로 근무하던 시절 한 친구에게 이렇게 썼다. "나는 그것을 일련의 번데기 과정이라고 보며, 인간의 정신이 거듭하여 새롭게 계시되는 것이라고 본다. 나는 여기 세상의 가장자리에 머물면서 모든 사물의 원천을 향하여 양팔을 내뻗는다. 이 때문에 나에게 역사는 순수시이며, 우리는 그저 바라보기만 하여도 그것을 획득할 수 있다."[1]

아콥 부르크하르트

　이 인용문은 하위징아 저서의 심오한 일관성을 이해히는 중요한 열쇠이다. 그 저서를 자세히 들여다보면 언어학자에서 문헌학자가, 문헌학자에서 역사학자가, 그리고 역사학자에서 문명비평가가 마치 번데기처럼 생겨나는 것을 볼 수 있다. 주의 깊게 관찰하는 독자는 비평가가 언어학자 밑에 어른거리고, 역사가가 언제나 문헌학자 뒤에서 서성거린다는 것을 발견한다. 『중세의 가을』과 『호모 루덴스』의 핵심 사상은 고대 인도 문학에 대한 하위징아의 초기 연구에서 발견할 수 있다. 『중세의 가을』과 『미국의 개인과 대중』은 서로 한 짝을 이루고, 『중세의 가을』과 『17세기의 네덜란드 문명』은 서로 거울 이미지이다. 『호모 루덴스』는 『내일의 그림자 속에서』에 못지않게 문명 비평서이다. 이러한 하위징아 저작의 일관성은 두 개의 뚜렷한 주제를 살펴보면 더욱 분명하게 드러나는데 첫 번째 주제는 옛것과 새것의 대비이고, 두 번째 주제는 다시 소생한다는 개념, 즉 르네상스이다.

옛것과 새것

하위징아 저작의 핵심적 씨앗은 그가 쓰려다 만 박사 논문의 초고 "빛과 소리의 연구에 대한 제안서"[2]에 이미 들어 있다. 하위징아는 1896년 흐로닝언 대학의 언어학자인 B. 시몬스B. Sijmons에게 그 제목으로 박사 논문을 쓰겠다고 제안했다. 그는 흐로닝언 대학을 졸업하고 라이프치히 대학에 6개월간 유학 가 있던 1895-96년의 겨울 학기에 이 논문을 구상했다. 이 박사 논문은 결국 집필되지 않았다. 지도 교수는 그 연구에 별로 학문적인 장점이 없다고 지적했고, 하위징아 자신도 나중에 그 주제가 너무 거대하다고 인정했다. 그렇지만 이 논문의 초고는 언어의 기원에 대하여 여러 가지 반짝이는 아이디어들을 보여 준다. 하위징아는 언어가 시와 마찬가지 과정을 통하여 생겨난다고 보았다. 시나 언어나 감각적 인상들의 서정적 결합이라는 것이다. 이런 다감각(多感覺, synaesthesia)이야말로 언어의 요람이라고 하위징아는 일찍부터 생각했다.

하지만 이 직접적으로 느껴진 감각적 언어는 침식되는 경향을 갖고 있다. 박사 논문 제안서에서 하위징아는 "언어란 사라져버린 은유의 사전들"이라는 독일 소설가 얀 파울Jean Paul의 말을 인용했다. 시 속에서 태어난 언어는 곧 공리적인 성격을 갖게 된다. 그리하여 언어는 문학에서만 예전의 화려함을 회복한다. 하지만 이런 침식된 형태에서도 우리는 여전히 예전의 연상을 추출해낼 수 있다. 거의 먼지가 되어 가는 잿속에서도 원래의 불꽃이 여전히 살아나듯이 말이다. 박사 논문 제안서의 제출자는 자신 있는 어조로 말한다. "나는 아이스킬로스Aeschylus의 드라마에서 나오는 은유를 어떤 다른 언어의 일상생활 표현에서도 찾아볼 수 있다. 그 일상적 표현도 아이스킬로스와 동일한 연상에 바탕을 두고 있기 때문이다. 이것은 언어의 서정적 기능이 전 세계 어디서나 똑같다는 것을 보여 준다."[3]

제안서는 이 거창한 서문 너머로까지 발전되지는 않았다. 그렇지만 하위징아가 나중에 실제로 제출한 박사 논문은, 다소 규모가 축소된 상태로, 동일한 주제를 다룬다. 이번에 그는 문헌학적 주제를 선택했다. 산스크리트어 교수인 스파이어의 조언에 따라, 고대 인도 드라마에 나오는 한 인물, 즉 익살꾼 혹은 비두샤카에 집중했다. 하위징아의 결론은 인도 드라마가 일반적으로 알려진 다른 희곡들보다 훨씬 오래되었다는 것이다. 고대 궁중에서 공연된 인도 드라마는, 대중적 형태의 연극에서 발전했기 때문이다. 귀여운 바보인 비두샤카vidūshaka는 원래 "어린아이 같은 취미를 가진 조잡한 광대"였는데, "인도 익살극의 초창기 형태"를 계승한 것이다.[4]

여기에서도 하위징아는 언어학자 시절에 그러했던 것처럼, 문헌학자 이상의 연구 태도를 보인다. 그는 연구 대상인 어떤 현상을 좀 더 독창적인 관점에서 표현하고자 한다. 그는 언어학자 겸 문헌학자이지만 동시에 그 밑에 역사학자의 모습을 갖추고 있다. 하지만 그는 이런 유보사항을 내건다. 좀 더 오리지널하다고 해서 그것이 반드시 더 오래된 것은 아니다. 오히려 오리지널한 것은 시간의 개념이 없다. 우리는 아래의 페이지들에서 이런 패턴을 자주 만나게 될 것이다. 처음에는 옛것과 새것의 대조가 있었다. 하지만 일단 이러한 대조가 설정되면, 하위징아는 그것을 보다 넓은 조망권 속에다 집어넣는다. 가령 새것을 옛것의 재현으로, 또 옛것을 영원한 변화의 상태로 파악하는 것이다.

하위징아는 이제 문헌학자에서 역사학자로 변신하면서 두 번째 번데기에서 나왔다. 1903년 암스테르담 대학에서 고대 인도 문학의 무급 강사로 가르칠 때, 그는 '일반 문명사'의 관점에서 이 주제를 연구하겠다고 말했다. 동시에 그가 교원으로 근무하던 하를렘 고등학교에서는 그 도시의 중세 법원의 판본들을 아주 꼼꼼하게 연구했다. 거대함과 미세함이 뒤섞인 이런 연구 태도는 좀 모순되는 것처럼 보이나 실제로는 그렇지 않다. 하를렘의 판본들을 꼼꼼히 살펴보는 이런 역사학의 태도는 하위징아의 언어학적 제안 못지않게 이상적理想的인 것이다. 해당 연구 주제는 도시들의 기원에 관한 이론을 수립하려는 것인데, 여기서 우리는 언어의 기원에 매혹된 하위징아를 생각하게 된다. 단지 그것(도시의 기원)을 문헌학적 수단을 통하여 추구하는 것이다. 이 근원 판본은 커다란 성공을 거두었고, 하위징아는 이 덕분에 흐로닝언 대학의 교수 자리를 얻었다. 하위징아는 하를렘 시의 조례들이 발전해 온 과정을 헤르토헨보슈 시와 뢰버 시 등의 조례 발전 과정을 소급 추적하여 파악했는데, 이 방식은 곧 문헌학의 계보 수형도樹型圖와 비슷하다.

그는 문헌학자에서 역사학자로 발전해 갔지만 대조적인 사항들을 함께 작업하는 그의 심리적 DNA는 불변이었다. 하를렘 시의 중세 역사를 다룬 책에서는, 옛것과 새것, 근원과 파생이 논의를 촉진시킬 뿐만 아니라, 그것들이 한데 뒤섞이면서 원인과 결과가 병합되어 옛것이 새것으로 변화한다. "도시의 틀 속에서, 오래 전에 시작된 발전이 무르익어 만개하고, 동시에 새로운 생명이 미래 세기들을 위해 태동하는 것이다." 이러한 사상이 하위징아의 조례들에 아주 날카롭게 표현되어 있다. 하위징아는 하를렘을 "어머니이면서 딸"이라고 묘사한다. 이 도시가 홀란트 다수 지역의 어머니이면서 동시에 헤르토헨보슈 시와 뢰버 시의 딸이라는 것이다.[5]

흐로닝언 대학의 역사 교수로 취임하자, 하위징아는 그 대학의 창립

100주년을 기념하는 역사책을 써달라는 주문을 받았다. 이 책의 제목은 "창립 3세기에 들어가는 대학의 역사 1814-1914"였다. 이 책에서도 하위징아는 똑같은 연구 패턴을 반복했다. 이 책은 대학 창립 축하행사 도중에 널리 배포되었는데, 하위징아는 축하행사 때 행한 연설에서 이렇게 말했다. "학문의 역사에서 똑같은 외침이 반복하여 들려옵니다. 그것은 단테의 지옥에서 구두쇠와 낭비자가 서로 부딪치는 외침입니다. 즉 '보존하라' 혹은 '내버려라'의 외침인 것입니다. 왜 당신은 내게 소중하고 신성한 것을 내던지고 그 자리에 당신이 발견한 주제넘고 불경한 새것들을 집어넣는가? 새것들이란 다 불경하지 않은가. 왜 당신은 내가 증오하는 죽은 교리에 그토록 매달리는가? 그 교리들은 나의 젊고 활기찬 생각들을 질식시키지 않는가! 표어는 변화이되, 그 싸움은 예전 그대로인 것이다."[6]

한편 하위징아는 벌써 여러 해 동안 그의 대작 『중세의 가을』의 초고를 작업해 오고 있었다. 그것은 신체와 정신, 죽음과 삶, 꿈과 현실, 형식과 내용, 이미지와 말 등 여러 가지 대조사항들로 충만한 책이었으나 궁극적으로 모든 것이 중세와 르네상스라는 궁극적 대조로 귀결되는 책이었다. 여기에서도 또다시 옛것과 새것의 대립이 등장하며, 하위징아는 다시 한 번 마법의 기술을 발휘하여 새것을 옛것으로 만들어 놓는다. 즉 르네상스라는 시기는 중세와 더 공통되는 점이 많지, 근대와 더 많이 공통되지 않는다는 것이다. 동시에 중세 후기는 "앞으로 다가올 것의 전령이 아니라, 사라져가는 것의 마지막 단말마"라는 것이다.[7]

하위징아는 자신이 제기한 문제를 원만한 변증법의 도움으로 해결했다. 『중세의 가을』은 원래 그 시대의 맥락 속에서 반에이크Van Eyck 형제의 미술을 살펴보려는 의도에서 출발했다. 당시 거의 모든 사람들이 반에이크 형제의 리얼리즘, 모든 세부사항을 사실적으로 정확하게 그리는 태도를 새로운 어떤 것, 르네상스의 전조라고 해석했다. 하위징아 또한 그런 리얼리즘을 눈여겨보았으나 그건 테크닉의 문제에 지나지 않는다고 보았다. 내용의 관점에서 살펴보면, 반에이크 형제의 예술은 중세 후기의 세계관을 고스란히 반영한다. "반에이크의 예술에 이르러, 성스러운 사물에 집중하던 회화는 세부를 묘사하는 자연주의의 단계로 올라섰다. 엄밀한 미술사의 관점에서 보자면, 이것은 자연주의의 시초이지만, 문화사의 관점에서 보면, 중세 후기의 결말을 의미한다."[8]

『중세의 가을』은 1919년에 출간되었다. 이 책의 가장 기이한 점은 하나의 서문에서 더욱 발전하여 한 권의 책이 되었다는 것이다. 하를렘에서 하위징아는 역사가일 뿐만 아니라 네덜란드인이 되었다. 그때 이후 그의 출발점은 언제나 네덜란드 역사, 특히 17세기 네덜란드 역사였다. 흐로닝언 대학의 교수로 취임하여 그가 첫 번째로 쓰려 했던 책도 17세기 네덜란드 문명사였다. 조국의 역사를 깊이 이해하기 위하여 그는 부르고뉴 문화, 데보티오 모데르나devotio moderna(중세 후기에 네덜란드에서 벌어진 종교 부흥 운동을 가리키는데 보통 새로운 신앙으로 번역된다―옮긴이), 네덜란드에 미친 휴머니스트의 영향을 파고들었다. 이렇게 17세기 네덜란드 문명사를 연구하다가 관심의 폭이 넓어져서 『중세의 가을』을 쓰게 되었다. 하위징아가 구상한 네덜란드 문명사는 마침내 구체화되었으나 1941년에 가서야 『17세기의 네덜란드 문명』으로 출간되었다. 그래서 하위징아가 네덜란드의 역사가로서 처음 쓴 책이 그의 마지막 책이 되었다. 하위징아 저작을 관통하는 일관성이라는 주제를 이처럼 잘 보여주는 사례도 없을 것이다.

이런 일관성이 하위징아의 책 『미국의 개인과 대중』에서는 잘 드러나지 않는 것처럼 보이나 실은 그렇지 않다. 그는 이 책을 쓰기 위해『중세의 가을』의 집필을 잠시 중단했고, 그리하여 이 책은 이 대작보다 1년 전인 1918년에 출간되었다. 부르고뉴가 네덜란드와 관계 있는 것처럼, 미국은 유럽과 관련이 있다. 다시 말해 새로운 미국과 오래된 유럽이라는 관점에서 옛것과 새것의 대비가 있다. 하위징아는 1917년 독일에 선전 포고를 하여 유럽을 재앙으로부터 구해 준 미국에 강한 호기심을 느껴서 이 책을 쓰게 되었다. 그가 이 책을 집필한 방식을 살펴보면,『미국의 개인과 대중』은 대조를 그 핵심 주제로 삼는다는 점에 있어서『중세의 가을』의 온전한 상대역이 된다.

하위징아가 미국에 대하여 강한 인상을 받은 것은, 그 나라 국민의 "엄청난 생활 의지"였다. 그들은 "이 세상과 현재 혹은 가까운 미래에 집중하는 국민"이었다. 이에 비해 유럽은 죽은 문화와 낡은 영웅들에 너무 몰두했다. 그렇다고 해서 너새니얼 호손이 단테를 연상시킨다는 사실에 영향을 주지는 않는다. 하위징아는 미국의 원시적 종교성과 순진한 감상성에서 중세의 공동체적 정신을 발견했다. 사실을 털어놓고 말하자면, 미국의 "시장"은 이탈리아의 중세 도시의 포데스타podesta(도시 행정관)와 무엇이 다른가? 미국의 "산업 자본이 만들어낸 주식회사"와 중세 유럽의 "영주와 봉건제" 사이에는 현저한 유사점이 있지 않은가? 미국의 클럽이나 협회의 형성은 유럽의 종교 단체의 형성과 비슷하지 않은가? 세상을 달빛 속에 잠긴 한적한 대성당("세상은 많은 상징의 관념들로 지어진 대성당")으로 인식하는 중세 후기의 사상과, 현대인이 "물질과 사회적 테크놀로지의 완벽한 수단"에 속절없는 노예가 되었다는 사상 사이에는 고통스러운 유사점이 있지 아니한가?

이렇게 하여『미국의 개인과 대중』은『중세의 가을』과 같은 성질을 가진 역사서일 뿐만 아니라 동시에 문화 비판의 형태를 취한다. "조직체는 기계화한다." 하위징아는 불안한 어조로 말했다. "그것이 현대 문명의 발전에서 치명적인 순간이 된다." 기계화 과정은 처음에 수송, 농업, 관리, 재단 등 경제 분야를 정복한다. 이어 사회, 언론 미디어, 민주과정 전반에 스며든다. 특히 하위징아는 정치의 기계화와 정당의 상업화를 자세하게 논평하면서 민주주의의 테크놀로지가 민주주의 그 자체를 해체한다는 걸 보여 준다. "물질이 지배하고, 정신은 추방되었다." 『미국의 개인과 대중』 속에 나오는 이런 문장은 『내일의 그림자 속에서』의 첫 문장으로도 손색이 없다.[10]

하지만 『내일의 그림자 속에서』는 1935년이나 되어서야 집필되었다. 『중세의 가을』을 출간한 후에, 하위징아는 주로 중세와 근대 초기의 연구에 매달렸다. 그는 단테, 셰익스피어, 잔 다르크, 휘호 데 흐로트 등에 대하여 글을 썼다. 그는 『중세의 가을』의 속편으로 12세기 연구서를 쓸 계획도 있었다. 12세기는 그가 좋아하는 시대였고 중세, 나아가 유럽 문화의 절정이었다. 하지만 그는 "고딕 시기 이전의 사상가들" 세 명, 즉 알랭 드 릴Alain de Lille, 존 오브 솔즈버리John of Salisbury, 아벨라르Abelard에 관하여 논문을 발표하고서 그 이상으로는 나아가지 못했다. 이어 "에라스뮈스의 해"로 공표된 1924년에 에라스뮈스 전기를 펴냈다.

어떤 미국인의 요청으로 집필된 『에라스뮈스』는 당초 네덜란드어로 발간될 것도 아니었으나, 그 이전의 연구 덕분에 별 힘들이지 않고 집필할 수 있었다. 하위징아는 중세에서 근대로의 전환에 깊은 관심을 갖고 있었고, 이런 관심은 『중세의 가을』의 출간으로 충족되지 않았다. 오히려 『에라스뮈스』의 출간을 전후하여 그는 16세기 연구에 몰두했다. 가령 『안내De Gids』 잡지에 「르네상스의 문제」(1920), 「르네상스와 리얼리즘」(1929) 같은 논문을 발표했다. 『에라스뮈스』는 이제는 낯익은 대조의 패턴을 보여 준다. 하위징아는 근대와 전통 사이에서 동요하는 에라스뮈스를 묘사했고, 그리하여 우리는 에라스뮈스를 그 둘이 뒤섞인 형태로 이해하게 되었다. 그것은 에라스뮈스 인생의 비극이었다. "그는 그 누구보다도 새롭게 다가오고 있는 것들을 명확하게 본 사람이었다. 옛 것을 상대로 싸우면서도 새것은 받아들이지 못하는 사람이었다. 그는 오래된 교회에 심각한 상처를 입힌 다음, 그 교회 안에 남아 있으려 했다. 종교 개혁과 휴머니즘을 있는 힘을 다해 외치다가 종교개혁을 포기했고 휴머니즘도 어느 정도 포기한 사람이었다."[11]

『에라스뮈스』를 발간한 이후 11년이 지나가서야 진정으로 하위징아를 유명하게 만든 책 『내일의 그림자 속에서』(1935)가 발간되었다. 물론 이 중간에 하위징아는 논문들을 묶은 논문집 『10편의 논문』(1926)과 『문화사의 탐구』(1929)를 펴내기도 했다. 『중세의 가을』은 네덜란드 내에서는 문학 연구가들의 칭찬을 받았고, 해외에서는 주로 칸토로비치 Kantorovich와 블로흐Bloch로 대표되는 역사학계의 아방가르드 학자들로부터 인정을 받았다. 하지만 『내일의 그림자 속에서』는 유럽 지성계의 주류에 직접 호소하는 걸작이었다. 하위징아는 이 책에서 이 전의 논문집에서 다루었던 언어학적·역사적 주제들, 또 『미국의 개인과 대중』에서 다루었던 아이디어들을 좀 더 깊이 있게 천착했다. 『내일의 그림자 속에서』는 하위징아가 『중세의 가을』에서 길게 다루었던 동일한 과정을 묘사한다. "하나의 동일한 과정에서, 현대 문화는 그 까마득한 꼭대기로 올라가는가 하면, 그 쇠퇴의 씨앗을 배태한다." 하지만 이런 과정에서도, 옛것이 새것을 소생시킬 수 있다는 확신이 없었더라면, 그는 현대적 질병의 목록, 현대의 "정신적 고통의 진단"을 시도하지 않았을 것이다.[12]

3년 뒤인 1938년에 『호모 루덴스』가 출간되었다. 역사가 하위징아는 일반 문명사의 언저리에서 파악되는 문헌학적 탐구사항들을 놓치지 않았다. 이 책은 동양과 서양에서 발견되는 문화적 공통분모, 원시에서 현대로 이행하는 문화의 발전 단계를 탐구한다. 모든 문화에는 놀이가 선행한다는 점에서, 문화의 핵심은 놀이에서 파악될 수 있다고 본다. 문화는 놀이로서, 또 놀이 속에서 탄생한다. 동시에 이 책은 『내일의 그림자 속에서』의 서곡으로 읽어볼 수도 있다. 왜냐하면 하위징아는 현대가 놀이의 존재 이유를 취소시켰다고 보기 때문이다. 『호모 루덴스』는 그의 저작들에서 등장하는 모든 주제들을 다루고 있다. 이 책은 중세와 현대의 문화·역사적 연구의 맥락과 틀을 제시할 뿐만 아니라, 예전에 다루었던 언어학적 작업을 다시 꺼내들고 있다. 언어와 문화를 통합된 전체로 파악할 필요가 있기 때문에 언어학이 다시 등장한 것이다.

마지막으로 제2차 세계대전 중에 그는 최후의 책—원래는 그의 최초가 되었어야 할 책—인 17세기 네덜란드 문명사에 관한 책이 출간되었다. 여기에서도 우리는 다시 한 번 옛것과 새것의 대비를 발견한다. 이 책은 『중세의 가을』과 똑같은 주장을 펴고 있다. 르네상스나 네덜란드 공화국이나 실제로 중세적 노선에 따라 형성되었다는 것이다. 네덜란드의 "연합주州들"은 "보수적 혁명"에 의해 형성되었다. 경제 구조와 정치 제도의 관점에서 보자면, 네덜란드 공화국은 시대착오적인 것이었다. 그것은 자유에 바탕을 둔 중세 후기 형태의 연속체였으나, 그 공화국 주위에서는 중상주의와 중앙집권주의라는 새로운 교리가 판을 치고 있었다. 하지만 문화적 관점에서 보자면, 그 정반대(실제로는 시대착오가 아니었다는 뜻—옮긴이)가 진실이라고 하위징아는 진단했다. "정치적으로 볼 때, 루브스테인Louvestein 제도는 낡은 것이었다. 하지만 문화의 관점에서 볼 때, 그 제도의 주창자들은 그 시대의 가장 근대적인 사람들이었다."[13]

르네상스

대비와 타협을 서로 놀이시키면서 글을 써나간다. 하위징아의 저작은 이렇게 정의해 볼 수 있다. 그에게 있어서, 옛것과 새것의 대비는 자연스럽게 옛것과 새것의 정체성이라는 문제를 유도한다. 그가 이 놀이를 처음으로 진지하게 제시한 것은 대중 강연인 "불교의 연구와 평가에 대하여"(1903)에서였다. 그는 역사가가 과학, 예술, 윤리의 세 가지 방식으로 역사를 가공할 수 있다고 말했다. 이어 예술과 윤리의 접근 방식을 르네상스(소생)와 르베유reveil(각성)의 관점에서 차별화했다. 역사의 영향력은 너무나 크기 때문에 사람들은 새로운 사상을 오래된 틀 속에서 주조하기를 바란다는 것이다. 그리하여 옛것이 새것이 되는 것이 르네상스이고, 새것이 옛것이 되는 게 르베유라는 얘기이다.[14]

  그러면서 하위징아는 이런 질문을 스스로 던진다. 현재 유럽에서는 『바가바드기타Bhagavadgîtâ』가 널리 번역되어 유통되고 있고 어디에서나 '아트만atman'이나 '카르마karma' 같은 말들이 사용된다. 그렇다면 인도 문화(옛것)가 새 유럽에 불러일으키는 이런 관심은 르네상스인가 아니면 르베유인가? 우리(하위징아의) 시대의 '전원적·퇴폐적 말놀이'는 창조적 동화를 가리키고, 명상과 재탄생에 대한 관심은 종교적 영감을 가리키는 것인가? 결론적으로 하위징아는 그렇지 않다고 생각한다. 고대 인도 문학과 철학의 수용은 너무 일방적으로 예술 편향 혹은 감상주의 편향이어서, 이런 진단을 내릴 수 없다는 것이다. "조용한 사원들에 내려앉은 아지랑이 같은 석양, 혹은 아주 멀리 떨어진 곳에 있는, 반짝거리는 눈 덮인 산봉우리, 이런 것들을 쳐다보는 게 우리의 마음을 황홀하게 한다." 그러나 불교의 도덕적 측면은 유럽에서 거의 수용되지 않았다. 한때 공포와 슬픔의 씨앗을 뿌리고, 연민 혹은 절망을 불러일으켰던 불교가 쇠퇴하여 순수한 미학적 요소로 굳어졌다. "경건한 교화敎化 혹은 지시를 위하여 말해지고 구축된 것이지만 우리는 그 중 예술적 화려함만 평가한다."[15]

하위징아의 개인적 관점에서 보자면 이 문제는 훨씬 복잡하다. 그는 처음에 인도 예술의 아름다움과 그 신비주의의 심오함에 깊이 감동되었다. 인도 건축의 "육중한 장엄함", 인도 미술의 "화려하면서도 말없는 행렬", 인도 전설과 신화의 "과시와 허영"은 하위징아를 매혹시켰다. 하지만 시간이 흘러가면서 그 모든 것이 시들해졌다. 그가 볼 때, 불교의 내재적 기조음基調音은 "행동, 아름다움, 사랑"과 관련되는 모든 것을 "무감각하게 포기하는 것"이었다. 하위징아는 카르마의 개념에 윤리적으로나 논리적으로나 강한 거부감을 느꼈다. 은총이 아무런 역할도 못하는 징벌의 교리는 그가 볼 때 저급한 교리였다. 죄를 저지르는 자의 연속성은 부정하면서, 죄의 연속성은 인정한다는 것은 비논리적이었다.(이 문장은 앞에 나온 '아트만'과 '카르마'의 비판이다. 아트만은 "자아"로 번역되는데 불교에서는 모든 인간에게 자아라는 것은 없다고 가르치고, 카르마는 "죄업"이라고 번역되며 이 카르마 때문에 인간의 영혼은 윤회를 하게 된다. 이와 관련하여 하위징아의 의문은, 죄지은 사람이 있다 한들 그 사람의 자아라는 것은 없는데, 어떻게 그 자아 없는 사람의 영혼이 윤회할 수 있는가, 하는 것이다―옮긴이)

여기에 고대 인도의 예술이 고도로 형식주의적인 예술이라는 점도 감안되었다. 하위징아는 형식주의를 불교문화의 기본적 특징으로 보았다. 이 형식주의는 미학에만 국한되는 것이 아니라, 좀 더 자세히 들여다보면 불교의 도덕과 훈련, 그 가르침과 철학에도 스며들어가 있다. "모든 사물의 본질을 추상적으로 명상하는" 불교에는 뭔가 메마른 특질이 깃들어 있다. 그런 비본질적인 추상화는 훨씬 더 원시적인 생의 공포를 아주 세련되게 변형시킨 변종에 불과하다, 라고 하위징아는 진단했다.

이것은 그에게 생에 대한 아주 중요한 통찰을 가져다주었다. 외부적인 것, 외면적인 것들이 형식을 지배하게 되면, 이것은 문화에 아주 중요한 단계가 오고 있는 신호라는 것이다. 그는 이런 단계를 다른 지역에서도 발견했다. "생각의 본질적 힘을 압도하면서 추론의 기술만 발달하는 현상은, 불교에만 발견되는 현상은 아니다. 이것은 정신적 문화의 특정한 수준과 연계되어 있다. 가령 그리스의 소피즘과 중세의 스콜라주의에서도 발견된다. 따라서 그것을 추론 능력의 의도적 남용이라고 볼 것이 아니라, 인간의 이성이 발달하는 과정에서 생겨나는 어떤 독특한 단계라고 보아야 한다. 어떤 문화적 환경의 맥락 속에서 그런 단계가 생겨난다." 하위징아는 『중세의 가을』에서 그 단계(지배적인 형식의 탄생—옮긴이)를 추적하는데 우리는 이것을 뒤에서 살펴볼 것이다.[16]

하지만 이게 전부는 아니다. 카르마가 원시적이고 공포스러운 허깨비에서 생겨난 것처럼, 인도 철학은 원시적이고 주술적인 마법의 의례 속에서 생겨났다. 이런 종교적 실천들을 세련된 불교의 변증법이 정밀하게 가다듬어 주었다. 하위징아는 철학이 "원시 부족민들의 수수께끼 시합에서 생겨났다"고 보았고, 또 문화가 경쟁과 놀이에서 생겨난다고 진단했다. 앞에서 이미 살펴보았지만, 이것이 『호모 루덴스』의 주장이다. 고대 인도 문화는 하위징아에게 르네상스는 아니었지만, 그의 사상을 정립시켜 준 생의 형식이었다.[17]

그는 역사가로서 "르네상스의 문제"에 끊임없이 매혹되었다. 하위징아는 이렇게 물었다. 17세기 네덜란드는 르네상스와 종교개혁의 결과인가, 아니면 네덜란드의 황금시대는 중세에 뿌리를 둔 것인가? 중세는 르네상스를 위한 예비 단계인가, 아니면 르네상스는 역사학계가 생각하는 것보다 훨씬 더 중세적인가? 르네상스는 순전히 역사적 개념인가, 아니면 훨씬 더 폭넓은 의미를 갖고 있는가? 르네상스의 의미는 순전히 미학적인 것인가, 아니면 윤리적인가? 전반적으로 볼 때, 르네상스는 역사학계의 실천 범위를 넘어서는 삶의 양상이 아닐까?[18]

이런 질문들은 하위징아의 독특한 관점을 보여 준다. 기존에 르네상스에 대하여 두 가지 관점이 있었다. 하나는 르네상스의 윤곽이 너무 어둡게 그려졌다는 것이다.(중세는 암흑시대, 르네상스는 광명시대) 또 다른 하나는 너무 느슨하게 그려졌다는 것이다.(르네상스의 빛은 이미 중세에도 있었다) 이런 관점들은 하위징아에게 중요한 문제였고, 그는 이 문제를 동료 역사가들과는 다르게 보면서 이런 두 가지 주장을 폈다.

첫째, 그는 중세를 르네상스의 하부 개념으로 보는 게 아니라, 정반대로 르네상스를 중세에서 찾아봐야 한다고 생각했다.

둘째, 그는 시대 구분이라는 개념에 정면으로 도전했다. "서양의 중세와 근대를 구분하는 근본적 분할선들을 살펴볼 때, 그 구분이 중구난방이라는 것이다. 어떤 사람은 중세와 르네상스를 구분하고, 어떤 사람은 르네상스와 17세기를 구분하고, 어떤 사람들은 르네상스 또한 세분하여 그 출발 시기를 1세기 앞당겨 13세기로 잡는가 하면, 아니면 뒤로 늦춰 18세기로 잡는다."[19]

더욱 중요한 것은, 르네상스나 종교개혁 같은 용어들이 하위징아로 하여금 "정신적 갱신을 의식하게 만드는 아주 오래된 씨앗"에 눈뜨게 했다는 것이다. 이런 용어들의 기원은 신약성경의 "부활" 개념인데, 이것은 다시 구약성경의 시편이나 예언서들의 "갱신" 개념에서 나온다. 고전을 연구하든 성경을 연구하든 휴머니스트(인문주의자)들은 갱신이라는 공통적인 영감을 공유했다. 하위징아는 이렇게 썼다.

"휴머니스트들을 사로잡은 사상은 공통된 단일 표시를 갖고 있었다. 그들 중 어떤 사람은 다른 사람보다 더 독실한 신앙을 가졌을 수도 있지만 이는 그리 중요하지 않다. 모든 휴머니스트들이 오래된 독창적 순수성을 동경했다. 그들의 내부로부터 그들 자신을 새롭게 하겠다는 동일한 열망이 있었다. 그들의 열망은 원시 기독교로 돌아가는 것일 수도 있고, 카토Cato와 스키피오Scipio 시절의 고상하고 잘 다스려진 로마 공화국일 수도 있고, 완벽한 시가와 재발견된 예술을 가진 라틴 정신일 수도 있었다. 그 동경이 구체적으로 어떤 것이 되었든 우리는 시간을 거슬러 올라가려는 욕망을 발견한다. 즉 renovatio(갱신), restitutio(복구), restauratio(회복)인 것이다."[20]

시간을 거슬러 올라가는 것, 이것이야말로 하위징아가 바라는 것이다. 하위징아는 무엇보다도 12세기로 거슬러 올라가고 싶어 했다. 12세기야말로 또 다른 보다 매혹적인 르네상스의 시기였다. 1930년대 후반에 그는 『중세의 가을』과 한 짝을 이루는 저서를 쓰기 위해 12세기 관련 자료를 수집했다. 그 저서는 중세 후기의 무겁고 어두운 시대에 대비되는 12세기의 가볍고 반짝거리는 시대상을 보여 주는 책이 될 터였다. 하위징아는 1935년 아벨라르 논문에서 "12세기는 그 어떤 시대보다 창조적이고 획기적인 시기였다"고 적었다. 바로 이 시기에 서구의 기독교 문명은 결정적 형식을 구축했다. 각성이나 개화 같은 단어는 15세기의 르네상스보다는 12세기의 르네상스에 더 잘 적용된다. "그 시대는 멜로디가 명확한 음조나 생생한 리듬으로 변했고, 태양이 구름을 뚫고 빛났다."[21]

12세기에는 새롭지 않은 것이 없었다! 서정시와 서사시의 새로운 형태, 기사와 궁정 매너, 새로운 건축과 조각, 새로운 수도원과 새로운 신비주의, 새로운 대학과 새로운 군주제, 봉건제와 교회의 자유 등 모든 것이 새로웠다. 이런 것들이 모두 함께 흘러들어 "꽃피는 형식으로 피어났다." 그것은 발랄한 흥분, 혼란, 불안정이 공존하는 위대한 시대였고, 위대한 창조성의 시대였다. 하위징아는 자신이 소중하게 여기는 모든 것을 그 시대에서 발견했다. 그에게 영감을 주는 모든 것이 이 시대에서 발견되었고, 다른 시대와 한번 비교해 볼 것을 유혹했다. 소생과 영감이라는 인간의 의식이 아주 모범적으로 활짝 피어난 시대, 그것이 12세기였다.

하지만 이미 위에서 말했듯이, 하위징아가 12세기에서 얻은 영감은 책으로 나오지 못했고, 알랭 드 릴, 존 오브 솔즈버리, 아벨라르, 이렇게 세 학자의 초상화를 그린 논문들만 남아 있다. 세 사람 모두 고전 고대에 맥이 닿아 있고, 고전 문학에 능통했으며, 일견 아주 초창기의 휴머니스트들처럼 보인다. 하지만 진실은 그와는 정반대이다. 그들의 저작은 고전의 중요성을 힘주어 평가절하한다. "무엇이 소생했는가? 고전 고대 그 자체인가? 분명 그건 아니다. 그럼 고전적 형식인가? 그 형식은 죽었고 그 죽은 상태로 남아 있어야 마땅하다. 새로운 감각이 그것을 채워야 한다. 그것이 중요하다." 따라서 이 세 명의 고딕 이전 시기의 사상가들을 한데 묶는 것은 고전 문학이 아니라 "구속拘束의 결여缺如"였다. 그들은 사상의 자유를 지녔고, 그런 자유가 그들의 시대 이후에는 존재하지 않았다. 그들은 여러 가지 특질을 한데 종합한 반면, 후대 사상가들은 분리시켰다.

가령 알랭은 시인 겸 신학자였고, 시학과 신학의 창조적 형식은 서로 긴밀하게 연결되어 있었다. 그의 시적 이미지와 신학적 개념들은 하나의 단일한 전체를 형성했다. 존은 학자 겸 외교관이었고, "기사도적 서기(chivalric clerk)"였다. 그의 저서는 "고대의 자유정신이 스며든 고상한 기독교"를 널리 전파했다. 아벨라르는 "학자들 중의 음유시인이었고…… 순회 기사였다." 그는 스콜라주의를 기사도 정신에 연결시켰고, 대학을 논쟁의 장소로 바꾸어 놓았으며, 토론을 의례적인 싸움으로 변모시켰다. 이 세 명은 무엇보다도 신앙과 상상력, 사상과 느낌 등 서로 대조적인 것에서 원시적 단일성을 이끌어낸 사상가였다. 옛것과 새것, 엄격한 형식과 치열한 열정, 이교주의와 기독교 정신 등이 이들에게 와서 하나로 융합되었다. 하위징아가 볼 때 12세기는 르네상스이면서 르베유였다.(기사도적 서기는 기사도 정신을 숭상하는 학자라는 뜻으로 사용된 것이다. 서기clerk와 학자scholar는 같은 뜻이다. 하위징아는 『중세의 가을』 3장에서 중세의 두 기둥이 기사와 학자라고 말한 바 있는데, 이 말은 뒤에 가면 밝혀지지만 하위징아 자신에게도 해당된다—옮긴이)

하위징아가 12세기를 경쟁의 관점에서 보았다는 것은 1915년 레이던 대학 교수 취임 강연, "인생의 역사적 이상들"에서 분명하게 드러난다. 그는 인간이 과거 속에 투영한 어떤 뛰어난 업적을 지칭하면서 '인생의 역사적 이상들'이라는 용어를 사용했다. 과거의 완벽함을 보여 주는 첫 번째 이상적 사례는 황금시대의 개념이다. 또 다른 이상적 사례는 복음주의적 가난이다. 이것은 특별히 12세기가 만들어낸 개념이다. 복음주의적 사례는 실제적 존재의 차원을 획득하지 않으면 실천적 가치를 발휘하지 못한다. 다시 말해 그리스도의 성스러운 모습과 역사적(실제로 존재한) 모습이 강조되어야 한다. 이것은 12세기 전에는 강조되지 않았다. 12세기에 이르러서야 예수와 부유한 젊은이의 비유가 경쟁의 스토리로 등장했고, 비로소 다음과 같은 예수의 말씀이 구체적 명령이 되었다. "네가 완전한 사람이 되려거든, 가서 너의 재산을 팔아 가난한 이들에게 주어라."(마태복음 19장 21절) "성 베르나르에 의해 각성된 예수 가르침의 실천은 르네상스였다. 그리고 3세기 뒤인 15세기에 토마스 아 켐피스 Thomas à Kempis가 성 베르나르St Bernard의 사례를 들면서 그것을 다시 가르친 경우는 르네상스의 르네상스였다."[22]

하위징아는 이러한 사항들이 르네상스의 개념에 별도의 의미를 부여한다고 보았다. 그는 레이던 대학 교수 취임 연설의 제목을 "르네상스에 관하여"라고 해도 무방하다고 했다. 그리고 세 번째 이상은 전원생활의 개념이었다. 전원생활의 칭송은 그 후 "일련의 르네상스"를 낳았다고 하위징아는 진단했다. "아우구스투스 황제 시절에 로마의 시인들이 농경시를 쓴 것이 하나의 르네상스요, 후기 그리스의 전원 로맨스가 탄생한 것이 또 다른 르네상스이며, 샤를마뉴 황제의 궁정에서 다소 멋없는 한량들이 티르시스Thyrsis와 다모에타스Damoetas의 옷을 입고서 전원생활을 흉내내고 알쿠앵Alcuin이 뻐꾸기 소리를 칭송한 것이 또 다른 르네상스이다." 이러한 패턴은 네 번째 이상인 기사도의 개념에도 적용될 수 있다. "12세기에 생활의 재현적 형식으로 생겨난 기사도는 르네상스의 특징을 보여 주는데, 낭만적 과거를 의식적意識的으로 다시 살려 낸 것이다. 그 기원이 고전 고대인가, 샤를마뉴 시대인가, 혹은 아서 왕의 원탁의 테이블인가 하는 것은 무관한 문제이다." 이렇게 하여 14세기의 기사단은 12세기와 13세기의 기사단을 재창조한 것이며, 15세기의 기사단도 마찬가지로 생각할 수 있다.[23]

하지만 이러한 인생의 이상들이 일련의 반복적인 르네상스로 다시 나타나게 만드는 내적 요인은 무엇인가? 그것은 형식이 내용을 지배한

토마스 아 켐피스

다는 것이다. 다시 말해 이상은 형식으로 구체화된다는 것이다. 그것(이
상)은 그러한 이상을 정의定義하는 사회에는 너무 고상한 것이어서 실제
로 적용하지는 못하고 형식으로만 존재한다. 그것은 아름다운 의복의
찢어진 틈새로 보이는 허위虛僞이다. "말하자면 형식은 끊임없이 메말
라간다. 사람들이 최대한의 허위와 자기기만 속에서 생을 살아간 시대
들이 끊임없이 있었다. 그런 시대 다음에는 반작용의 시대가 왔다." 현
실은 환상인 것이다. 실제 생활 속에서 목동과 기사의 허구를 유지하자
면 "전례 없는 규모의 허세"를 부려야 한다.(하위징아는 『중세의 가을』에서
더 나은 삶으로 가는 세 가지 길로서, 1)현재의 세상을 외면하는 부정의 길, 2) 이 세상
을 개선하여 완전함으로 나아가는 길, 3) 꿈의 땅을 통과하여 나아가는 길, 이렇게 세
가지를 들었다. 이 중 제3의 길은 삶을 화려한 색깔로 채색하고 빛나는 환상의 꿈나라
에 살면서, 이데아(이상)의 황홀 속에서 현실의 가혹함을 망각하는 것이라고 했다. 중
세의 기사도나 전원생활은 이런 허세가 있어야만 유지 가능하다는 뜻이다—옮긴이)

여기서 하위징아는 불교 연구로 눈을 돌려, 불교가 논리를 초월하는 추론의 기술이라고 보았다. 그는 자신이 불교에서 발견한 형식주의를 이제 유럽의 맥락에서도 발견한다. 그렇지만 고대 인도 문화와 유럽 문화 사이에는 중요한 차이점이 있다. 그것은 유럽 문화가 반복과 소생(르네상스)의 특징을 갖고 있다는 것이다. 유럽에서 형식주의는 전향적 움직임의 한 부분이다. 그것은 대조사항들을 만들어내고 다시 대조사항들은, 말하자면, 타협과 화해를 요구한다. 형식주의는 오로지 서유럽에서만 새로운 형식을 가져오는 형식들을 창조해냈다. 하위징아는 이러한 형식들이 변모하는 현상, 즉 일련의 연속적인 르네상스에 깊은 관심을 기울였고 여기에서 방법론적 실천을 발견한다.

그 외에 다른 것들도 있다. 인생의 역사적 이상들(황금시대, 복음주의적 가난, 전원생활, 기사도)은 15세기의 르네상스, 즉 고전 고대가 새로운 형태로 되살아난 시기에 폐기되었다. 이렇게 된 것은 역사적 양상(각 시대의 역사적 특징—옮긴이)이 이상보다 더 중시되었기 때문이다. 여기서 하위징아는 놀라운 역설에 봉착한다. 15세기 르네상스는 그리스·로마의 고전 고대를 객관적으로 완벽한 것, 모든 시대가 우러러보며 경쟁해야 하는 것, 달리 말해서 절대적 권위를 가진 것으로 보았다. 여기서 하위징아는 이런 주장을 편다. "만약 르네상스가 그런 것이라면," 중세는 본질적으로 끝나지 않은 것이다. 그런 르네상스의 견해는 중세에도 널리 퍼져 있었다. 비록 대부분의 중세 독자들이 그리스·로마의 고전을 원전으로 읽지는 못하고 번역본으로 읽었다는 단점은 있었지만 말이다. 15세기 르네상스 시기에 고전 고대에 몰두했던 사람들은 르네상스의 역사적 성격을 점점 더 강하게 의식하게 되었다. "고전 고대를 통하여 사람들은 역사적으로 사고하는 방법을 배웠고, 일단 이런 역사적 사고방식을 갖게

단테 알리기에리

되자, 보편적이었던 인생의 역사적 이상들을 포기할 수밖에 없었다."[24]

이것은 놀라운 관찰이다. 하지만 더욱 놀라운 것은, 하위징아가 그런 관찰사항을 받아들이지 않았다는 것이다. 그는 인생의 이상들을 포기할 수가 없었다. 하위징아를 매혹시킨 것은 계승과 발전이 아니라, 반복과 소생이었다. 이것은 그가 어떤 일정 지점까지만 역사가 노릇에 충실했다는 뜻이다. 달리 표현하자면, 그는 역사에서 보편적 인간성의 요소를 제거하기를 거부했다. 그는 하나의 모범, 영감, 이상이 되지 못하는 역사는 거부했다.

그의 입장은 이렇게 요약할 수 있다. 반복은 문화의 법칙이고, 경신은 인간의 과업이다. 이 소생은, 원래 선량한 것 혹은 신성한 것의 새로운 탄생이다. 하위징아는 평생 독서하며 살아오는 동안 가장 위대한 작가라고 생각했던 단테의 저작에서 이런 통찰을 얻었다. 실제로 이것(반복은 문화의 법칙, 경신은 인간의 과업)은 중세 사상의 전 분야, 구석구석에 스며들어가 있었다. "구약성경의 사실들은 신약성경의 사실들을 암시하고 예시한다. 세속 역사의 사실들도 똑같은 패턴을 보인다." 이러한 사고방식은 여러 대조적 사항들을 더 높은 조화 속에서 종합하게 해준다. 하위징아는 이렇게 썼다. "이런 사고방식은 만화경萬華鏡의 방식으로 무질서한 입자의 덩어리들을 혼용하여 아름답고 균형 잡힌 형상을 만들어낸다."[25]

그것은 하위징아를 아주 매혹시키는 사고방식이었다. 개인의 고통과 미덕을 개인의 특수성으로부터 떼어내어 인간의 보편적 영역으로 편입시키는 사고방식이었다. 이런 보편성은 종교적 차원을 획득하고, 그래서 하위징아의 저작에는 종교적 영감이 짙게 드리워져 있다. 하지만 종교적 모티프보다 더 깊은 힘은 시적 충동이고, 하위징아에게 강하게 작용한다. 그는 종교란 궁극적으로 보편성을 향한 경쟁이며, 사물의 본성에 대한 모방이라고 믿는다. 모방과 경쟁, 묘사와 규범, 한때 있었던 것과 앞으로 영원히 있을 것, 이런 두 가지 것들의 중간쯤 어디에 하위징아가 스스로에게 부과한 학자적 임무가 놓여 있다. 바로 이것 때문에 그의 내면 깊숙한 곳에서는 역사가보다 시인이 자리잡고 있다.

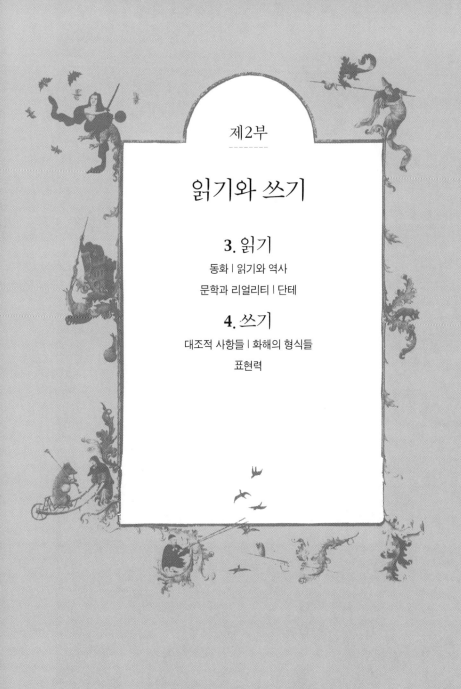

제2부

읽기와 쓰기

얀 반에이크,
《서재에 앉아 있
성 히에로니무스
1435년경.
디트로이트 시청

읽기

하위징아는 『중세의 가을』에서 이렇게 썼다. "인생을 즐겁게 만드는 것은 예전과 똑같다. 독서, 음악, 미술, 여행, 자연의 감상, 스포츠, 패션(의상), 사회적 허영(작위 훈장, 명예직, 모임), 감각의 충족 등이다." 하위징아는 한평생을 통하여 독서의 습관이 사라지지 않았다. 그에게 독서는 필수 일과였다. 하위징아는 집을 사랑하고 그의 고향과 고국의 역사 연구에 집중한 사람이었지만, 독서를 할 때만큼은 먼 지방을 배회했다. 암스테르담 대학에서 무급 강사로 불교를 가르치던 시절, 그는 문명사의 광대한 주변을 탐구하는 것을 좋아한다고 말했다.[1]

하지만 탐구자로서 독서를 할 때에도 그의 독서는 언제나 고향 쪽으로 돌아온다. 하위징아는 무엇인가를 기억하는 사람처럼 독서를 한다. 루디 쿠스브뢰크Rudy Kousbroek는 보들레르Baudelaire의 시 「조응」을 그의 논문 「상징의 숲」에서 논의하면서, "문학적 상상은 우리에게 깊은 영향을 주어 회상의 특질을 지니게 한다"고 말했다. "반복적인 것의 추구는 어쩌면 우리의 가장 근본적인 충동일지 모른다." 독서는 우리가 이미 알고 있는 것(비록 그것이 베일에 가려져 있고 암호로 은폐되어 있을지라도)을 찾아나서는 과정이다. 그것은 우리가 잊어버린 중요한 어떤 것을 찾아나서는 과정이다. 하위징아는 독서에 대하여 이런 비유를 했다. 독서는 유배당한 자가 자신의 고국을 바라보면서 느끼는 감정을 환기시키는 행위이다. 여기서 우리는 다시 한 번 하위징아의 핵심 주제인 반복과 경신을 발견한다.(보들레르는 「조응」에서 "자연의 상징이 숲"이라는 유명한 말을 했음—옮긴이)

인생의 중년을 훨씬 지난 시점인 1932년에 하위징아는 독서에 관한 에세이를 한 편 썼다. 그는 특유의 대조를 내세우며, 책들은 "친구이며 적이다"라고 말했다. 현존하는 책들은 어마어마하게 많기 때문에 적이다. 하지만 이런 풍성함이 선택의 자유를 가져다준다. "읽기(lezen)는 그 어원에 있어서나[3] 행위의 성질에 있어서 선택하기, 골라내기, 수집하기, 뽑아내기이다. 자유 의지를 잘 드러내는 행위를 든다면 읽기를 들어야 할 것이다." 이와 비슷하게, 하위징아는 역사 쓰기(역사에 관해 저술하기)도 읽기, 수집하기 혹은 야생화를 따기라고 생각한다. 읽는 사람 겸 수집하는 사람의 자유는 곧 역사의 열린 맥락으로 이어진다. 각각의 꽃은 꽃다발 전체의 외양을 바꾸어 놓는다.[4]

읽기는 쓰기와 마찬가지로 창조적 행위이다. 만약 어떤 작가가 독자에게 어떤 다른 리얼리티를 불러일으켰다면, 그것은 부분적으로 독자 자신의 성취이다. 그 리얼리티는 책 안에 있는 것이 아니라 책 뒤에 있다. "독자는 저자의 부름에 반응하여 저자를 길의 중간쯤에서 만나는 것이다."[5]

이 때문에 조용한 독서가 엄청난 열정을 환기할 수 있다. 1921년, '단테의 해'에 하위징아는 탄식했다. 단테에 대하여 혐오와 망각 사이를 왕복하는 일반 판결이 내려져 있어서, 그런 판결로부터 단테를 가까스로 살려내야 한다는 것이다. 마찬가지 현상이 셰익스피어와 렘브란트에게도 벌어진다면서 하위징아는 그 이유를 이렇게 진단했다.

셰익스피어, 렘브란트, 단테를 거부하려는 충동에는 동일한 이유가 도사리고 있다. 그것은 비상한 것(extravagant)에 대한 혐오감, 엄청난 현장성에 대한 공포심 때문이다. 여기서 비상한(extravagant)라는 단어는 일상생활 중의 희석된 의미로 받아들여질 것이 아니라, 라틴어의 구체적 의미 속에서 파악되어야 한다. extravagant는 라틴어 extra(밖으로)와 vagari(돌아다니다)가 결합되어 만들어진 단어로서, "마음의 밖으로 벗어나가다" 라는 뜻이다. 고전주의를 신봉한 여러 세기들은 이런 빗나가기를 싫어했다. 갑자기 독자를, 하나의 외침, 하나의 단어를 가지고 마음 밖으로 끌고 나가 아득히 먼 곳으로 데려가는 시인을 용납하지 않으려 했다. 고전주의의 세기들은 화려하고 명확한 동그라미 안에서만 인생과 아름다움을 논하려 했고, 그 동그라미를 벗어나는 행위를 용납하지 않았다. 또 그 세기들은 독자에 대하여 wuwaardigheid(공손하게 당신이라고 말하기), 즉 일정한 거리를 유지하기를 바랐고, 그와 반대로 독자의 손, 멱살, 가슴을 부여잡고 독자에게 직접 호소하는 시인을 용납하지 않았다.[6]

wuwaardigheid(공손하게 당신이라고 말하기)라는 하위징아의 신조어는 프랑스어 vousvoyer(상대방을 너라고 부르지 않고 당신이라고 부르며 공경하기)와 비슷한 것으로서, 아직 네덜란드어 사전에는 수록되지 않은 신조어였다. 그러나 여기서 눈에 띄는 점은 하위징아의 어조가 아주 맹렬하고 직접적이라는 것이다. 하위징아는 평소에는 온화하면서도 초연한 인상을 주는 사람이었는데 말이다. 그런 어조는 그가 이런 형식적인 단어를 선택한 이유를 설명해 준다. 그 형식성이 그의 격렬한 어조와 좋은 대조를 이룬다. 하프시코드의 소리와 지휘자 구스타브 레온하르트Gustav Leonhardt의 지휘를 들어보면 왜 바흐Bach가 때로는 보노Bono(아일랜드의 가수 겸 그룹 U2의 보컬리스트-옮긴이)보다 더 열정적인지 이해할 수 있다.

동화

하위징아는 어릴 적에 동화를 좋아했고 이 취미를 평생 유지했다. 그는 특히 한스 안데르센Hans Andersen을 좋아했다. "내가 걸어온 역사학의 길"이라는 짧은 자서전에서 이렇게 말했다. "나는 어릴 적에 동화를 좋아했고, 오늘날에도 여전히 좋아한다. 특히 간단한 동화를 가장 좋아하는데 안데르센의 「오래된 집」, 「도깨비와 야채상」을 사랑한다." 그는 고등학생 시절에 안데르센의 달[月] 관련 동화들 중 하나를 주제로 학생회에 나가 연설을 했다. 하를렘에서 고등학교 교사로 일하던 시절에도, 잠들기 전에 안데르센의 동화를 한 편씩 읽곤 했다.

「도깨비와 야채상」이라는 동화는 하위징아가 독서를 어떻게 생각하는지 생생하게 보여 준다. 이 동화는 아주 부유한 야채상의 집에서 하숙하는 아주 가난한 학생에 관한 이야기이다. 어느 날 그 학생은 약간의 치즈와 양초를 사기 위해 아래층으로 내려갔다가 가게 주인이 "시가 가득 실려 있는 낡은 책"의 책장을 뜯어서 야채를 싸고 있는 것을 발견했다. 그래서 학생은 치즈는 사지 않고 그 일부 찢겨져 나간 책을 사서 작은 방으로 돌아왔다. 그가 방에서 그 책을 읽는 동안 집안의 도깨비가 그를 염탐한다. "하지만 그가 책을 읽는 동안 방이 곧 환해졌다! 그 책에서 선명한 빛의 줄기가 솟아올라 엄청나게 큰 나무가 되었다. 그 나무는 학생 위로 빛을 뿜는 가지들을 넓게 펼쳤다. 나무의 잎사귀는 모두 초록

한스 안데르센

이었고, 모든 꽃은 미녀의 얼굴이었다. 어떤 얼굴은 검고 반짝거리는 눈을, 어떤 얼굴은 아주 투명한 푸른 눈을 가졌다. 나무에 매달린 모든 열매는 별처럼 빛났고 방안에는 노래가 가득했다."[7]

동화의 꿈나라에는 언제나 등장하는 단골 요소들이 있다. 그 중 한 요소는 소망 충족인데, 이것이 동화라는 장르를 만들어내는 아버지이다. 동화 속의 모든 것은 행복한 결말을 향하여 내달린다. 왕자는 왕국을 얻고, 젊은 농부는 공주와 결혼하고, 가난한 사람은 엄청난 재산을 얻는다. 재채기할 때마다 금화를 뱉어내는 당나귀, 아무리 꺼내도 비워지지 않는 돈 주머니, 저절로 음식이 준비되는 식탁, 소원을 말하면 재빨리 들어주는 부싯깃 통 등이 반드시 등장한다. 폭군은 반드시 징벌을 당하고, 가혹한 보호자는 큰 코를 다치고, 나쁜 왕은 왕국을 잃으며, 쾌활한 농부가 그 왕국을 넘겨받는다. 힘없고 압박받는 사람들, 가령 느림보 잭, 신데렐라, 엄지손가락 톰, 어린아이를 둔 불쌍한 어머니 등은 구제

되고 사회 내에서 버젓한 지위를 획득한다. 마치 거짓말처럼.[8]

안데르센의 「작은 인어」나 그림 형제의 「두 형제」에서 행복할 결말
이란 결국 무엇인가? 혹은 그림 형제의 또 다른 동화―어리석은 동생에
게 몸을 떠는 방법을 가르쳐주려는 똑똑한 형의 동화―를 예로 들어보
자. 똑똑한 형은 마침내 성공하지만, 뼈와 시체를 가지고서 동생을 떨게
만드는 것이 아니라, 작은 물고기가 든 통을 가져와 동생의 배에다 풀어
놓음으로써 목적을 달성한다. 이것은 행복한 결말인가? 동화의 핵심은
소원이 성취되는 결말 부분이 아니라, 그 결말에 다가가는 과정이다. 주
인공이 자기 앞에 제시된 엄청난 도전에 맞서서 싸워나가는 것이다. 주
인공은 보물, 왕국, 아내를 얻자는 것이 아니라, 그런 모험을 해내가는
과정을 즐긴다. 혹은 자신의 순수한 마음을 증명하고자 한다.

바로 이 때문에 동화는 날카로운 대조가 핵심이다. 아름다운 사람은
선량한 사람이고, 또 승리한다. 반대로 사악한 사람은 추악하며, 결국
패배한다. 동화 세계의 가벼움과 화자話者의 쾌활함은 행위의 통상적 기
준을 초월하여 어떤 행위든 관대하게 보아 준다. 그래서 도둑의 두목,
대담한 양복쟁이, 노골적인 사기꾼이나 협잡꾼들도 게르만 사람들의 심
성을 녹여 버리며, 결국 관대한 주인공들의 행복에 한몫 끼게 된다. 동
화의 잔인성에 대해서도 같은 얘기를 할 수 있다. 구타, 살인, 못 박힌 통
속에 사람을 집어넣기 등 잔인한 얘기가 엄청 많이 나온다. 그렇지만 이
러한 소행은 동화 속의 도덕을 시비 거는 자료가 되지 못한다.

동화의 도덕은 행동하기, 즉 위험한 여행을 수행하기에 있다. 그 어
떤 것도 주인공을 다치게 하지 못한다. 이 때문에 독자는 동화 속의 사
건들이 실제 사건과는 다르게 전개된다는 느낌을 갖는다. 가령 농부의
느림보 아들, 양복쟁이, 쾌활한 군인이 공주, 왕국, 엄청난 재산을 차지

했다고 하자. 그 경우, 독자의 즐거움은 모든 사람들에게 이런 행복한 결말이 찾아온다는 소망 충족에서 나오는 것이 아니다. 즐거움은 오히려 유독 그 사람 가령 농부의 느림보 아들, 양복쟁이, 쾌활한 군인에게만 행운이 벌어졌다는 예외 사항에서 나온다. 바로 이 예외사항이 동화에 마법적인 힘을 준다. 동화 속에서 발견되는 강렬한 행복은 보편적 타당성으로 결정되지 않는다. 오히려 독자와 그 특별한 주인공과의 동일시, 누구나 은밀하게 품고 있는 소망, 촛불 켠 방안에서 활짝 꽃핀 빛의 나무 등으로 결정되는 것이다.

더욱이, 세상은 실제보다 더 멋진 곳으로 분식粉飾되지도 않는다. 동화의 핵심에는 가혹한 현실이 그대로 존재한다. 증오와 질투, 불안정한 삶과 잔인한 인간 등이 아주 자세히 묘사된다. 물론 이런 사항들은 자상함과 환대, 직접 느껴진 부드러움과 충성심 등과 대조를 이루는 것이 일차적 목적이지만, 그래도 가혹한 현실이 그대로 등장한다. 그런데 이 자상함과 환대, 직접 느껴진 부드러움과 충성심 등이야말로 혼란한 세상을 투명하게 만들고, 무거운 인간의 체험을 가볍게 만들어 주는 힘이다. 벌어지게 되어 있는 일은 벌어지고, 또 이미 벌어진 일은 벌어진 것이다. 하지만 그 사건 뒤에는 좀 더 시적이고 심오한 세상이 있다. 동화에서는 이런 세상이 가시적可視的으로 드러나고, 동화의 독자나 청자는 그것을 믿어 준다.

동화는 반드시 "현실성 없는 얘기"는 아니다. 물론 동화는 어린아이를 위한 이야기이다. 동화라는 장르가 알려진 이래, 어린아이들이 주된 독자층이었다. 하지만 중요한 것은 독자나 청자의 나이가 아니라, 그들이 이 얘기를 진실이라고 믿는다는 사실이다. 미국의 시인 윌리스 스티븐스는 『필요한 천사*The Necessry Angel*』에서 이렇게 말했다. "세상을 있는 그대로 보기 위해서 때때로 우리 눈앞에 상상의 세계를 들이댈 필요가 있다." 판타지는 사람들 사이에서 그리고 문화 속에서 어느 정도 시간이 흐르면 그 효과가 희미해진다. 하지만 어린아이들과 시인은 그렇지 아니하다. 많은 독자들도 여전히 판타지를 간직한다. 작가들은 그들이 창조해낸 인물이 죽음을 맞이하면 눈물을 흘리고, 많은 독자들 또한 그 작가들과 함께 눈물을 흘린다.

이렇게 하여 우리는 동화의 기본적 특징인 변신을 생각하게 된다. 한 형태에서 다른 형태로 변하는 것은 스토리를 끌고 가는 힘이다. 잘려진 양손은 나중에 다시 손목에 붙여지고, 목을 베인 어린아이들은 나중에 다시 소생한다. 녹슨 램프가 막강한 부적이 되고, 절구공이와 약절구가 여자 마법사의 날개달린 수레가 되고, 거지가 마법사가 되고, 당나귀 가죽 옷을 입은 초라한 처녀가 황금빛 머리카락을 나부끼는 공주가 되고, 미운 오리새끼가 아름다운 백조가 된다. 어린아이는 갈가마귀가 되고, 오래 기다린 아들은 엄지손가락만큼 작아지며, 소녀는 피처럼 붉은가 하면 눈처럼 희다. 마찬가지로 동화는 어른을 어린아이로 변모시킨다. 하위징아를 잘 이해하려는 사람은 그가 동화 애독자라는 사실을 유념해야 한다.

읽기와 역사

읽기를 중시하는 하위징아의 태도는 그의 모든 저서 갈피갈피에서 발견된다. 그는 역사적 현실을 더 잘 파악하기 위하여 종종 문학의 도움을 요청한다. 레이던 대학 교수 취임 연설에서 그는 말했다. "역사가는 과거의 다양한 모습을 탐구하지만, 그 과거를 좀 더 생생하게 만들고자 한다면, 과거의 회화繪畫를 보아야 하고 과거의 문학을 읽어야 한다." 고대 인도 드라마의 문학적 의미를 논한 박사학위 논문에서 그는 이미 고대 인도 드라마를 "셰익스피어 당시의 영국 희곡"과 비교할 생각을 했다. 레이던 취임 연설에서는 이렇게 말했다. "우리는 시인들을 자문해야 한다. 셰익스피어의 사극이 우리에게 장엄함의 본질을 정의해 주도록 하자."[9]

하위징아는 자주 셰익스피어에게 자문했다. 그는 셰익스피어 사극에서 16세기에 네덜란드를 가리키는 이름이 부르고뉴Bourgogne(영어는 버건디Burgundy)라는 것을 발견했다. 셰익스피어는 "물 많은 버건디"라는 말을 종종 썼는데, 이 영국 극작가는 엘리자베스 여왕 시절의 네덜란드와 그 국민들의 진정한 모습을 파악하는 데 깊이를 보태 주었다. 셰익스피어는 독자들이 본델(Joost van den Vondel: 1587-1679, 네덜란드의 시인 겸 극작가—옮긴이)의 진정한 모습을 파악하는 데 도움을 주고, 또 궁정 연애의 한 짝이라 할 수 있는 15세기 우정관友情觀에 대해서도 환한 빛을 비춘다. 셰익스피어에게는 진정한 꿈의 요소가 있었는데, 하위징아는 중세의 꿈 모티프에서는 그런 것을 찾아볼 수 없다고 말한다. "기사도 개념의 문화적·역사적 의미를 원만하게 파악하기 위해서는," 하위징아는 썼다. "셰익스피어의 연극, 몰리에르의 연극, 그리고 현대의 '젠틀맨'에서 그것(기사도 개념)을 추적해야 한다."[10]

『중세의 가을』은 전체적으로 보아 문학적 암시가 풍부한 저서이다. 하위징아는 자신이 잘 아는 동양의 텍스트들을 자유롭게 인용한다. 중세 궁정 생활의 동화적 요소를 환기하기 위하여, 그는 『천일야화 Thousand and One Nights』의 칼리프를 등장시킨다. 중세의 사람들이 인생을 두려워하는 태도를 보고서 하위징아는 불교 철학을 연상한다. 『중세의 가을』에서 하위징아의 산스크리트어 연구는 진가를 발휘한다. "그 모티브에 있어서, 토너먼트는 인도 서사시에 등장하는 경쟁들과 아주 가깝다. 고대 인도의 서사시인 『마하바라타Mahā bhā rata』도 한 여자를 두고서 두 남자가 싸운다는 것이 핵심 주제를 차지한다." 카르투지오 수도회의 디오니시우스Dionysius는 황량한 암자에 앉아서 인간의 불공정에 대하여 자연이 복수를 요구하는 소리를 들은 것에 대하여 하위징아는 이렇게 썼다. "모든 죄는 아무리 하찮더라도 온 우주에 영향을 끼치는 것으로 인식되었다. 보살菩薩의 위대한 업적을 접하는 불교 문헌에서는 꽃비가 내리며, 눈부신 빛 속에서, 땅이 살며시 진동하고, 천사의 박수갈채가 들려오는 것으로 되어 있다. 마찬가지로 드니는 더 엄숙한 분위기 속에서 모든 복자, 의인, 천계, 자연의 요소, 비이성적 짐승, 무생물마저 불의에 소리 높여 비난하는 소리를 들었다고 기록했다." [11]

『중세의 가을』 첫 페이지에서, 그는 모피로 안감을 댄 관복, 아궁이 속의 환한 장작불, 음주와 농담, 부드러운 침대 등 중세의 즐거움을 열거하면서 그것을 좀 더 분명하게 설명하기 위하여 '영국의 장편소설들'을 인용하고 있다. 그는 일련의 문학적 비교를 제시한다. 궁정 사랑에 대해서는 베르길리우스와 오비디우스를, 잔인함에 대해서는 러시아 문학을 맞세운다. 인생에 대한 속절없는 경멸에 맞서서 바이런Byron의 생에 대한 열정을 내세우고, 에로티시즘의 자연스러운 유혹을 증명하기 위해 모파상Guy de Maupassant을 인용한다. 중세를 다룬 책에서 위스망스Huysmans와 위고Hugo 작품의 인용문을 발견한다는 것은 어느 정도 기대할 말한 일이지만, 중세 음식의 미각을 이해하기 위해 에밀 졸라Emile Zola와 아나톨 프랑스Anatole France를 읽어야 한다는 주장을 발견하는 것은 정말 기대하기 어렵다. 또 연대기 작가 샤틀랭을 더 잘 이해하기

위해 벨기에의 사실주의 작가 카미유 레모니어Camille Lemonnier를 참고
하라는 얘기 또한 파격적이다. 중세의 시 「사랑의 규약을 지키는 애인」
이 "라포르그와 베를렌과 직접" 관련 있다는 얘기는 몇몇 독자들의 눈
살을 찌푸리게 할 것이다. 아벨라르 관련 논문에서 기발한 주장을 하는
데 이 또한 보석처럼 반짝거린다. "아벨라르는 오스카 와일드Oscar
Wilde의 분위기를 갖고 있었음에 틀림없다."[12]

하위징아는 역사에 깊이를 주기 위해 또 대조를 부여하기 위해 문학
을 활용했다. 그는 역사에서 발견한 대조를 의인화하기에 적절한 작가
들을 찾아 나섰다. 이에 대한 좋은 사례가 아우구스티누스와 제롬(히에로
니무스)이다. 하위징아는 이 두 인물을 서로 대비시킨다. "이들은 서로 갈
등하는 두 타입의 지성이다." 이런 서로 다른 '종교적 기질'을 대비시킴
으로써, 하위징아는 기독교 사상의 발전을 좀 더 확고하게 파악한다.
"제롬은 금욕주의를 실천하고 문화의 결과물에 민감하게 반응하면서도
은둔주의를 지킨 인물이었다. 가령 문학, 개인적 동정의 관계, 개화된
사상, 여성적 사상의 형태, 양육의 필요성 등 문화적 요소 등에 민감하게
반응했지만 그래도 내적으로는 세련된 인물이었다. 아우구스티누스
는…… 당신도 그를 잘 알겠지만, 불타는 가슴과 절대적 인상을 가진 사
람이었다."[13]

하위징아는 에라스뮈스 전기에서도 같은 패턴을 사용했다. 여기서
그는 에라스뮈스와 루터를 대비시켰다. "에라스뮈스는 뉘앙스의 사람
이었다. 그에게는 개념들이 끊임없이 조정되고 변화되었다. 그래서 루
터는 그를 프로테우스라고 불렀다. 반면에 루터는 모든 사물을 지나칠
정도로 강조하는 사람이었다. 네덜란드인(에라스뮈스)은 혼란스러운 물
결을 관찰하는 반면 독일인(루터)은 산꼭대기에 시선을 고정시켰다." 하

위징아가 제롬과 에라스뮈스를 서로 비슷한 사람이라고 생각했음은 쉽게 알 수 있다. 그렇다 하더라도 그는 아우구스티누스와 루터의 열정을 제시하지 않으면 글을 써나갈 수 없었다.[14]

아리오스토Ariosto와 라블레Rabelais의 비교에서도 사정은 비슷하다. 『올란도 푸리오소Orlando Furioso』의 저자인 아리오스토는 하위징아의 마음을 사로잡았다. 다음은 하위징아의 논평. "아리오스토에게는 농담 혹은 엄숙함을 넘어서는 놀라운 장엄함이 있다. 그런 장엄함 속에서 기사도적 상상력과 고전적 표현이 결합한다." 아리오스토에게서는 리얼리티와 상상력이 서로 마찰하지 않고 매끄럽게 흐른다. "그는 직접적인 언어로 모든 것을 파악한다. 그는 베일로 감추거나 뉘앙스를 활용하지 않으며, 암시하거나 암유하지도 않는다. 그에게서는 모든 것이 투명하고, 긴급하고, 순수하고, 단순하게 드러난다. 마치 여름 하늘 같다."[15]

하지만 아리오스토에 대하여 불만이 없는 것은 아니다. 아리오스토는 에라스뮈스와 마찬가지로 "결코 비극적이지도 진정으로 영웅적이지도 않았다. 남을 매혹시키지만, 그 자신이 진정으로 무언가에 매혹되는 경우는 없다." 이 때문에 균형을 잡기 위해서라도 아리오스토는 라블레를 필요로 한다. 라블레는 과장, 초현실주의, 역설과 의인화의 장엄한 화신이었다. 이러한 대조가 하위징아 사상의 핵심이다. "라블레와 아리오스토는 르네상스의 두 대척점에 서 있다. 한쪽(아리오스토)은 조화, 안정, 평온함, 쾌활한 명징성이고 다른 한쪽(라블레)은 혼란함, 무질서, 카오스이다. 이런 양극단의 조합으로부터 미래 언젠가 파라켈수스Paracelsus 식으로 새로운 학문이 생겨난다. 그 안에는 세르반테스Cervantes, 벤 존슨Ben Jonson, 렘브란트Rembrandt의 씨앗이 숨겨져 있다."[16]

하위징아는 종종 단순한 대비로만 만족하지 않고 양극단을 연결시키

프랑수아 라블레

기 위해 제3의 인물을 제시한다. "미켈란젤로의 예술은 라블레와 아리오스토를 갈라놓는 틈새를 메워 준다. 그에게 이르러 멋지고 조화로운 스타일과 불안정하게 모색하는 초현실주의가 결합된다." 같은 얘기를 존 오브 솔즈버리와 아벨라르의 차이에 대해서도 말해 볼 수 있다. 이 두 사람에게서도 평온과 혼란, 균형과 부조화, 뉘앙스와 뉘앙스의 결핍이라는 대비가 발견된다. 동시에 하위징아는 "시간을 잘 지키는 중도적인" 존 오브 솔즈버리와 그 자신을 동일시했지만, 결국에는 아벨라르의 열정에 매혹된다. 또다시 "깊이를 추구하는" 제3의 인물이 등장하는데, 이 경우에는 토마스 아퀴나스Thomas Aquinas이다. "불안정하고 혼란스러운 12세기 사상에, 13세기는 체계적인 질서와 천상의 조화를 가져다주었다. 그리하여 성 토마스 아퀴나스의 시대는 황금 속에 상감된 다이아몬드 같은 사상 체계를 발전시켰다."[17]

하위징아는 18세기를 주름잡았던 볼테르Voltaire와 루소Rousseau에 대해서도 동일한 접근방식을 취했다. 볼테르는 고전주의의 주창자이지만 루소는 막 태동한 낭만주의의 선구자였다. 그렇지만 "볼테르-루소의 2 원성 위로 모든 것을 깊게 추구하는 괴테Goethe가 높이 솟아오른다." 괴테의 "낭만적 고전주의"는 "중심 잡기라는 참으로 어려운 문제"를 제시한다. 하위징아는 미국의 수필가인 에머슨Emerson과 시인 휘트먼에 대해서도 같은 진단을 내렸다. "월트 휘트먼Walt Whitman은 거칠고 야성적인 사람으로서 라블레 스타일이었고, 모든 종류의 사람들과 스스럼없이 어울렸다. 반면에 우아한 에머슨은 가장 세련된 학자들의 중심인물이었다." 이 두 사람은 "세상과 나 자신의 통합성"이라는 믿음을 공유했다. 이 사상을 수필가이며 시인이고 순수한 산문작가인 너새니얼 호손만큼 힘차고 순수하게 표현한 사람도 없었다. 하위징아는 호손에게서 동화 속의 아름다움을 모두 발견했다. 하위징아는 그에게 최상의 칭찬을 아끼지 않았다. "호손의 견해는 거의 단테의 견해와 일치한다."[18]

　이처럼 양극단의 대비를 찾아보는 사례들 중 가장 중요한 것은, 아마도 사상가 아리스토텔레스Aristotle와 이상가 플라톤Plato의 이원론일 것이다. 이 두 사상가는 신화적 형태의 사용, 대화적 사고방식, 소피스트들에 대한 반박, 음악의 중시 등 공통점이 많았고, 하위징아는 이런 공통점을 소중하게 여긴다. 하지만 두 사상가는 예술과 리얼리티의 관계에 대하여 아주 다른 견해를 취한다. 하위징아는 바로 이 점을 중시한다. 하위징아의 출발점은 아리스토텔레스의 미메시스mimesis 이론이다. 미메시스는 예술이 자연을 모방한다는 뜻이다. 하지만 "이 예술(art)은 현대적 의미의 예술이 아니다"라고 하위징아는 썼다. 이 예술은 "무엇 무엇을 따르다, 동일한 방식으로 행동하다"라는 의미이다. 그러면서 하위징아는 이런 결론을 내렸다. "이렇게 이해할 때 모방(미메시스)의 원칙은 자연을 경유하여 신神을 가리키는 것이다."[19]

플라톤은 정반대로 해석한다. 예술의 주체, 즉 아티스트는 인간이 아니고 신이다. 신은 인간들을 상대로 신의 놀이를 하고 있으며, 인간이 알지 못하는 가운데 신의 리얼리티를 만들어낸다. 그 결과 리얼리티, 즉 사물의 본질은 "더 순도 높은 꿀(Nijhoff)"의 매혹적인 향기를 갖게 된다. 인간은 신의 놀이를 놀아 주는 노리개라는 얘기는, 놀이가 아주 진지한 사업임을 의미한다. 루터Luther도 이와 비슷한 얘기를 했다. 모든 피조물은 신의 가면이고, 이 가면 뒤에서 숨겨진 신이 세상의 연극을 공연하는 것이다. 이어 하위징아는 이렇게 논평한다. "이런 심오한 이미지 속에서, 우리가 정의하려고 애썼던 대조가 진정으로, 또 돌이킬 수 없게 용해된다."[20]

이 이미지는 또한 아리스토텔레스와 플라톤의 대조를 용해시킨다. 왜냐하면 이제 중요한 것은 사물들의 본질이 아니라 '어떻게 사물들을 묘사하고 서술할 것인가'이기 때문이다. 우리는 리얼리티의 골수 핵심까지는 결코 뚫고 들어가지 못한다. '사물의 특성'은 우리가 할 수 있는 합리적이고 논리적인 생각의 범위를 벗어난 곳에 있다. 물론 예술은 어떤 특정한 '사물의 특성'을 전달하지만, 그것은 여전히 하나의 감각이다. 우리가 알고 있다고 생각하는 것들 대부분은 우리의 짐작에 불과하다. 따라서 우리가 하는 행동의 대부분은 무의식적인 것이며 때로는 우리의 훌륭한 판단에 위배된다. 사물들이 어떻게 존재하는가, 하는 문제는 하느님의 소관 사업이다. "우리의 모든 철학과 과학은, 아리스토텔레스를 연상시키는 단테의 온유한 권유에 도달할 뿐이다. 단테Dante는 이렇게 말했다. '죽어 없어질 인간들이여, 저것('저것'은 사물들의 있는 그대로의 모습을 가리키며, 『신곡』 연옥편 칸토 2, 37행에 나오는 말―옮긴이)에 만족하라.'"[21]

문학과 리얼리티

하지만 인간은 그 '저것'을 어떻게 재현해야 할까? 여기서 우리는 하위 징아의 핵심 문제에 봉착한다. 그의 모든 읽기는 이 문제를 중심으로 회전한다. "우리 모두는 뼛속 깊이 신플라톤주의자이기 때문에 문학을 하나의 본질주의라고 보는 것이며, 또 문학적 문화를 일반 문명을 넘어서는 하나의 집단적 엘리트 문화라고 보는 것이다." 이 때문에 하위징아는 자신이 연구하는 모든 시대, 지역, 문화 속의 문학을 열심히 읽는다. "문명의 주요한 시대들에 있어서, 문학은 그 시대에 통용되었던 인생의 이상을 완벽하게 표현한다. 단 낭만적 시대만 예외인데, 우리 유럽인들은 지난 150년 동안 이 낭만적 시대를 살아왔다."[22]

위에서 낭만적 시대는 예외라는 논평은 의미심장하지만, 그에 못지 않게 중요한 것은 우리 모두가 뼛속 깊이 신플라톤주의자라는 얘기이다. 하위징아는 때때로 신플라톤주의자들을 플라톤주의자라고 부르지 않고 리얼리스트라고 불렀다. 하위징아는 '리얼리즘'이라는 단어를 철학적 맥락에서 사용하는 것은 아니다. 철학적 맥락에서 리얼리즘(실재론)은 유명론(nominalism)과 반대되는 뜻으로 사용되는데, 하위징아는 유명론과는 무관하게 리얼리즘이라는 단어를 사용한다. 그는 양식화(stylization)의 반대되는 개념으로 리얼리즘을 사용한다. 이런 리얼리즘은 기독교 시대 도래 이전의 고대 이집트 세계, 17세기의 네덜란드 그림, 19세기의 프랑스 소설에서 발견된다. 따라서 그것은 어떤 특정한 시간이나 문명에 결부된 것은 아니고, 여기저기에서 나타나는 "우발적인 문화의 결과물"이고 곧 다시 사라져버리는 것이다. 그가 리얼리즘에 대비시키는 다른 두 용어, 즉 고전주의와 낭만주의도 문학적 분류나 예술-

미학적 개념이 아니라, 현실의 재현과 관련되는 핵심적 2분법을 파악하기 위해 사용하는 무시간적 용어이다.[23] (재현과 관련되는 핵심적 2분법 중 하나는 절제된 재현 곧 고전주의이고 다른 하나는 과장된 재현, 즉 낭만주의이다. 위에서 실재론은 보편 개념이 개체적인 사물들 이전에(ante rem: "사물의 앞에서"라는 뜻의 라틴어) 존재한다고 보는 반면, 유명론은 그런 보편 개념이 사물들 이후에(post rem: "사물의 뒤에서"라는 뜻의 라틴어)에 생겨난 것이라고 주장하는데, 유명이란 곧 그런 보편이 이름에 불과하다는 뜻이다—옮긴이)

의식적이건 무의식적이건 이들 용어는 하위징아의 문학적 선호를 보여 준다. 가령 그는 16세기 영국 문학과 19세기 프랑스 문학을 좋아한다. 이 두 문학이 비슷한 재현의 유형, 즉 척박한 현실과 아름다운 형식을 공유하는 것이 우연의 일치가 아니다. 셰익스피어만 하위징아의 마음을 사로잡은 것이 아니고 말로Marlowe, 존슨Jonson, 시드니Sidney, 개스코인Gascoigne 등도 그를 매혹시켰다. 동시에 그는 대학시절부터 프랑스 문학과 친숙했다. 주로 "그 당시에 새로 나온 프랑스 문인들"이었다고 그는 멘노 테르 브라크에게 쓴 편지에서 말했다. 그 작가들은 구르몽, 위스망스, 라포르그, 베를렌, 마테를링크, 발레리 등이었다. 이런 문학가들의 영향은 리얼리티를 바라보는 하위징아의 관점에 영향을 미쳤다. 그 관점은 『중세의 가을』에 가장 잘 표현되어 있다. "모든 사물이 그 즉각적인 기능과 발현 형식으로 존재 의미가 국한된다면(가령 저녁노을이 그저 저녁노을에 불과하고 그것이 중세의 가을을 가리키는 의미는 없다고 한다면—옮긴이), 그 사물은 곧 부조리하게 되어 버린다. 중세인이 볼 때 사물은 결코 사물 그 자체로 있지 않았다. 모든 사물은 나름대로 중요한 방식으로 피안의 세계를 향해 손을 내뻗고 있다."[24]

『중세의 가을』에서 하위징아는 이런 확신을, 그가 소중하게 여기는 프랑스 문학의 경우처럼 "상징주의"라고 불렀다. 이 용어는 19세기 프랑스 문학과 15세기 영국 문학에도 적용할 수 있다. 두 경우에, 실제와 이상 사이의 대비가 핵심적 요소이다. '모순이 조화롭게 용해되어 모든 것이 관계를 맺게 된다'라는 잘 정돈된 코스모스(세상)의 전제를 받아들임으로써, 두 나라의 문학은 이런 대조를 극복한다. 이러한 관계(대조되는 사물들이 조화되어 있는 관계)는 인과적인 것이 아니라 상징적인 것이다. 그것은 원인과 결과보다는, 의미와 목적을 중시한다. 모든 사물은 의미를 갖고 있고 그것(의미)은 세상의 질서에 기여한다. 그런 의미에서 부분은 전체를 반영한다. 이것은 중세의 상상력을 떠받치는 근본적 원칙일 뿐만 아니라 르네상스와 낭만주의의 원칙이기도 하다. 르네상스의 장엄한 스타일은 전체에 기반을 둔 것이라면, 낭만주의의 스타일 부재는 세부사항에 바탕을 둔 것이다. 르네상스는 형식을, 낭만주의는 실제를 중시한다.

이런 관점에서 볼 때, 하위징아는 두 가지 이유로 독서를 한다.

첫째, 그는 시대, 패션, 유행, 외양의 종합에 익숙해지기 위해 독서를 한다. 그런 시대, 패션, 유행, 외양의 배후에서 동시대인들은 그들의 씁쓸한 현실을 은폐하거나 견딜 만한 것으로 만든다. 문학은 현실을 미화함으로써 다큐멘터리적 성격을 획득하고 동시에 그 시대의 정신을 밝혀준다.

둘째, 이런 형식, 세련됨(maniera), 스타일 뒤에는 여전히 어떤 실제가 도사리고 있는데, 이 비양식화의 실제(non-stylized realtiy)가 독서의 이유가 된다. 이 때문에 스타일이 무엇인지 잘 아는 하위징아는 스타일 없는 어떤 것을 찾아 나선다. 베르메르Vermeer가 아무리 그 당시의 네덜란드 화단의 주류로부터 벗어나 있더라도 그는 여전히 네덜란드 화가이다.

"왜냐하면 그는 아무런 주장, 아무런 사상, 그 어떤 특정한 스타일을 갖고 있지 않기 때문이다." 하위징아는 구체적으로 미국 문학의 그런 경향(스타일 없는 스타일), 그리고 전반적으로는 낭만주의의 그런 경향에 깊은 감명을 받았다.[25]

이런 스타일 없음은 이국적이고 낯선 문학 형식들을 "완벽하게 이해할 수 있는 것"으로 만들어 준다. 예언자 마호메트와 관련된 전통적 텍스트인 『하디트Hadith』의 한 문장은 『에다Edda』에서 나오는 한 문장과 동일한 "실제적 효과"를 갖고 있다. 『하디트』는 예언자 마호메트의 감독 아래, 메디나 주변에 참호를 파는 행위를 묘사하고 있는데(땅 파는 사람들의 엉터리 시와 예언자가 먹은 보리죽 등), 그것은 에길 스칼라그림손Egill Skallagrímsson의 북구 영웅 서사시(그의 칼 다루는 솜씨, 그의 얼굴 표정 등) 못지않은 세부사항을 갖추고 있다. 이런 세부사항들은 허구가 아니라는 점에서 '진실'이고, 관찰의 직접적인 힘에서 흘러나오는 것이다. 하위징아는 15세기 플랑드르 원시적(문예부흥기 이전) 화파의 "꼼꼼한 관찰, 무제한적인 정교함, 치밀한 제작", "순수하고 신선하면서도 상고적尙古的인" 등에서도 이와 비슷한 세부사항을 발견한다. 이들 화가의 재현은 꾸밈도 없지만 그렇다고 해서 독창적이지도 않다. 모든 것이 현실로부터 직접 나온 것처럼 보이고, 바로 그런 이유로 해서, 그것은 무시간적無時間的인 것, 모든 사람들이 공통으로 가지고 있는 것이 된다.[26]

바로 이 때문에 하위징아의 시선은 오래 전부터 동화에 고정되어 있었다. 그는 호손, 라포르그Laforgue, 켈러Keller 같은 작가들에게서 바로 이 동화적 요소를 발견했다. 페르세우스Perseus, 미다스Midas, 헤스페리데스Hesperides 님프들의 황금사과, 프로세르피나Proserpina 등 그리스 신화를 다룬 호손의 『탱글우드 이야기Tanglewood Tales』와 『경이의 책

Wonder-Book』은 하위징아에게 햄릿, 로엔그린, 살로메 등을 다룬 쥘 라포르그의 『전설적인 도덕성』을 연상시켰다. 또 기독교의 유산을 다룬 고트프리트 켈러의 『일곱 전설 *Sieben Legenden*』을 연상시켰다. 호손을 읽으면서 하위징아는 "안데르센 동화의 어린아이 같은 부드러움과 순진한 감상성"을 느꼈다. 하지만 『탱글우드 이야기』의 저자를 평가하는 데 있어서 그보다 한 걸음 더 나아갔다. "그 유머는 아주 은근하고, 또 심오한 의미로 충만하기 때문에, 고대 신화들이 마치 따뜻한 새로운 빛에 감겨서 빛나는 것 같다. 그가 사물을 바라보는 시선은 거의 단테와 비슷하다. 이처럼 아주 어린아이 같은 어조 덕분에 그 이야기들은 진정한 동화가 된다. 호손은 현대의 신화 연구가 밝혀낸 것을 이미 체득한 것 같다. 동화는 내다버린 신화가 아니며, 신화는 양식화된 동화이다."[27]

단테

하위징아는 단테를 가리켜 가장 감동적인 독서 체험이라고 했지만, 정작 단테에 대해서는 놀라울 정도로 써놓은 게 없다. 그렇지만 단테 읽기에서, '애향심' 등 가장 중요한 개념들을 이끌어냈다. "단테처럼 자신의 고향과 국가에 대하여 깊은 유대감을 느끼는 시인도 없다." 하위징아는 1921년 단테의 해에 그렇게 썼다. "그는 영국의 셰익스피어, 심지어 스페인의 세르반테스보다 더 강력한 애향심을 풍긴다. 피렌체, 베로나, 라벤나의 거리를 걸으면 단테가 저절로 생각나는데, 다른 시인들의 거리를 걸을 때 과연 이런 느낌이 들까? 이탈리아는 그 외에 일천 가지의 이유들로 이 세상의 즐거움이다. 풍부하게 표현되어 있는 다른 많은 이탈리아의 정신으로부터 그 즐거움을 맛볼 수 있겠지만, 그래도 그 정신의

토마스 아퀴나스

가장 강력하면서도 깊이 있는 부분은 단테를 사랑하는 사람들에게만 알려져 있다."[28]

하위징아를 가장 매혹시킨 것은 단테의 리얼리즘이었다. "그 리얼리즘은 강력한 일관성을 갖고 있고 아주 힘차고 생생하고 환상적이다. 그리하여 단테의 작품은 문학적 리얼리즘을 측정하는 기준이 된다." 여기서 하위징아는 아리스토텔레스의 미메시스 이론을 기독교적 모방의 이론으로 심화시킨다. 그는 단테의 『신곡』 지옥편 칸토 11, 97-100행에 나오는 문장을 인용한다. 여기서 베르길리우스는 단테에게 이런 말을 한다.

그 말에 귀 기울이는 사람에게 철학은
여러 군데에서 이렇게 가르쳐준다.
자연은 신의 지혜와 신의 기술로부터
그 나아갈 방향을 취하는 것이다.[29]

토머스 모어

　하위징아는 이 문장이 예술적 리얼리즘을 한결 깊이 있게 설명한다
고 보았다. 이 때문에 토마스 아퀴나스는 "이미지"를 "재현"이라는 항
목 아래에다 넣었다. 리얼리즘은 겉으로 드러나는 외양뿐만 아니라 의
미도 중시한다. 단테는 물론이고 하위징아에게 있어서 리얼리즘은 의
미와 리얼리티(실제)가 결합된 하나의 이상이다. "그것은 기만적 모방을
추구하는 순진한 욕망과는 아주 다르다. 그것은 사물의 의미를 포섭하
는 리얼리즘이면서, 동시에 리얼리즘의 스콜라적 개념과 현대의 미학
정신 이라는 대립적 명제를 종합하는 리얼리즘이다."

　그 좋은 사례로서 하위징아는 유토피아의 교회 음악을 인용했다. 토
머스 모어Thomas More는 유토피아의 교회 음악이 자연스러운 감정을 노
래하기 때문에 "듣는 사람의 마음에 열정을 일으키면서 동시에 그 사람
의 가슴에 깊은 정서를 남겨놓는다"고 적었다. 바로 이것이 중세와 현
재의 대조를 용해시키는 것, 즉 무시간적 리얼리즘인 것이다. "모어의

아름답고 명료한 말들 뒤에서 우리는 모차르트와 베토벤, 그리고 영원한 유토피아의 음악을 듣는다. 그것이야말로 진정한 음악의 땅이다." 하위징아는 화가 뒤러가 말한 "자연의 원래 얼굴"이라는 말에서도 그것을 발견한다. 그것(영원한 유토피아)은 복수성에서 단수성으로, 세련됨에서 단순함으로, 스타일에서 스타일 없음으로, 자연에서 신으로 전환하는 것을 말한다.

이런 식으로 대립 명제들이 해소된다. "단테의 작품 속에서는 문학사의 모든 2분법들이 의미를 상실한다. 그가 이미 그것들을 용해했거나아니면 그것들을 모르기 때문이다. 주제와 처리 방식의 관계를 정의하기 위해 단테의 책을 펴드는 사람은 헛수고를 할 뿐이다. 그 둘(주제와 처리방식)은 작품 속에서 불가분의 관계이기 때문이다. 단테에게서 현실과허구를 구분하려는 사람은 실패하게 되어 있다. 형식과 내용을 구분하려는 사람도 마찬가지다. 성경, 고전, 낭만 등 후대의 시인들이 어떤 것을 선택할지 망설이게 되는 여러 재현의 분야들은 단테에게서 구분되지않는다. 그의 비전이 그 모든 것을 용해시켜 하나의 통일성을 이루는 것이다."[31]

쓰기

풍경, 사람, 사실 등은 시가 아니어도 때때로 시정을 풍긴다. 하위징아는 역사를 하나의 시라고 생각하여 그것을 문학의 한 형태로 보았다. 그는 직업으로서의 역사학에 별 관심이 없었고 언어를 무엇보다 중시했다. 그는 언어를 시적 정서가 풍부한 천연자원이라고 생각했다. 이 점을 제대로 이해하자면 하위징아 저서의 통일성을 그의 주된 특징으로 읽어야 한다. 물론 하위징아는 여러 발전 과정을 거쳐 갔고, 여러 해에 걸쳐 그의 스타일을 수정했다. 하지만 그것은 하위징아 전기가 다루어야 할 문제이다. 여기서 다루고자 하는 주제는 그 형식(스타일)의 지속적 성격인데, 보다 구체적으로 말해서 하위징아를 시인으로 다루는 것이다. 하위징아는 알프레드 드 뮈세Alfred de Musset의 서정시를 자주 흥얼거렸다. "우리들의 내부에는 젊고 힘찬 시인이 언제나 잠자고 있다는 것을 당신은 자주 생각하십시오."[1] 그의 논문들, 전기들, 연구서, 에세이 등은 모두 이런 노력의 결과물이다. 그것들은 하나의 유기적 전체를 이루는데, 그 속에서 스타일은 기계적 조종의 방식으로 작동하는 것이 아니라 시적(詩的) 과정으로 작동한다.[2]

알프레드 드 뮈세

대조적 사항들

하위징아의 글쓰기 스타일 중 가장 눈에 띄는 특징은 서로 대조적인 형용사를 즐겨 사용한다는 것이다. 가령 그는 한쪽에서는 "무거운", "검은", "날카로운", "높은" 같은 형용사를 쓰면서, 다른 한쪽에서는 "가벼운", "유동적인", "온화한" 같은 형용사를 사용한다.[3] 가령 bont(본트)라는 단어를 살펴보자. 이 형용사는 "여러 가지 색깔의", "다채로운", "다양한" 등의 뜻을 갖고 있다. 이 단어는 하위징아가 즐겨 사용하는 단어들 중 하나이다. 하지만 이 단어가 아주 빈번하게 innig(인니히)와 대비되는데, 이것은 "친밀한" 혹은 "깊은" 의 뜻이다. 본트와 인니히는 하위징아 당시에 널리 쓰이는 말이었고, 특히 '1880년 운동'이 애용하는 단어였다. 그가 이 두 단어를 대립시킨 다음 화해시키는 독특한 방식은 하위징아 문장의 은밀한 작동방식을 잘 보여 준다.

의미의 넓은 폭을 확보하기 위하여 그는 bont를 아주 다양하게 사용한다. 이 단어는 산스크리트어 드라마의 특정 스타일과 관련하여 자주구사된다. 산스크리트어 드라마는 "아주 엄격하게 선정된 소수의 의상으로 본트(놀라운) 효과를 낸다." 고대 불교 문헌은 "다양한 형식과 색상을 갖춘 본트(풍성한) 보물 창고이다." 또 중세의 무역을 서술할 때도 본트를 썼다. "중세 무역은 비좁은 틀 안에 갇혀져 있었지만, 그 틀은 아주풍성하고 본트(미묘)했으며, 고도로 발전되어 있었다."[4] 이것들은 초창기 사례이지만 아무튼 다양성을 나타내는 본트를 가지고 동시적 발전과과도한 발전, 충만함과 과도함, 형식과 관습, 승인과 거부 등을 표현하려는 의도를 읽을 수 있다.[5]

innig("친밀한" 혹은 "깊은")는 본트와 대비되면서 그 정반대를 의미한다. 그것은 통일성과 단순성을 전달한다. 고대 인도 드라마의 특징인"깊은 무드를 드러내는 서정적 개념"이다. 이런 서정적 특징을 갖추지못한 작품—그러니까 인니히하지 못한 작품—은 심리적 깊이가 없다."무한히 표현하고자 하는 욕망"은 "천박하고 로마네스크적인 것"으로경시되지만, 가벼운 터치의 표현 혹은 놀이하는 듯한 형식은 "깊은(인니히) 정서적 깊이를 창조"한다. 하위징아는 인니히를 밀접함과 좋은 솜씨, 미묘함과 폭넓은 수용성(受容性) 등으로 받아들인다. 그것은 서정적이거나 연극적인 형식으로 표현될 수 있으며 그림에서도 발견된다.[6]

'하를렘의 숲'에 가면 "가장 친밀한(인니히) 매력"을 느낄 수 있는데,"그 온화한 무심함" 때문이다. "정서의 친밀한(인니히) 요소"를 갖춘 흐로닝언 신학神學도 그런 매력을 갖고 있다. 인니히는 본트의 약간 경멸적인 어감이 전혀 없다. 다른 점에서 살펴보아도, 인니히는 원래 더 폭넓고 안정된 의미를 갖추고 있다. 인니히는 문화의 개화, 혹은 균형(가령 진지함과 유머 사이의)을 주목하는 퓨전의 단어이다. "이런 두 상태를 지속적으로 통합시키고, 그것들을 종합하여 인간의 인니히(내적인) 사상을 아주 감동적으로 표현하는, 무의식적인 능력, 이것이야말로 문화의 전성기에 사상과 행동 사이의 균형을 이룩한 사람들의 특징이다."[7]

무엇보다도 『중세의 가을』에서 이런 두 형용사의 폭넓은 의미가 적극적으로 활용된다. 이 책의 기본 구조를 관통하는 '영원한 대비'는 "모든 것이 마음에 새겨지는 저 다채로운(본트) 형식"을 환기한다. 연대기와 사료들의 얘기를 마무리 지으면서 하위징아는 이렇게 말한다. "설교자들의 음침한 경고, 위대한 문학의 피곤한 한숨, 연대기와 사료들의 단조로운 보고서 등에서 우리는 잡다한(본트) 죄악의 외침과 비참의 탄식 소리만 들을 뿐이다." 그는 세상의 "다양한(본트) 아름다움"을 만끽하는 행위를 묘사한다. 그는 "그처럼 다양하고(본트), 그처럼 농밀하고, 그처럼 풍성한" 에로스의 문화를 언급한다. 그는 『장미 이야기』를 가리켜 "그 번들거리고(본트), 육욕적인 중세의 작품"이라고 말한다. 동시에 그는 파리의 이노상 공동묘지를 "그 우울한 성스러움과 번들거리는(본트) 울적함"의 장소로 묘사한다. 우리는 본트 색깔, 본트 상상력, '궁정 연회'의 본트한 화려함을 읽는다. "어린아이의 마음에 새겨지는 슬픔과 즐거움처럼" 순진하고 본트한 상상력을 읽게 된다. 하위징아는 "본트 지옥"과 "보여지는 것들의 복잡성과 본트한 특징"에 대해서 언급하고 심지어 "눈밭 속의 본트한 까마귀"라고 표현도 쓴다.[8]

인니히(명사형은 인니히하이트inningheid)는 모든 면에서 본트의 정반대이다. 사물이 마음에 부과하는 구속과 관련하여 본트라는 용어가 처음 사용된 이후, 주제는 언제나 "날것의 풍성함, 난폭한 잔인함, 깊숙한(인니히) 부드러움 등의 현란한 무드였고, 이런 무드에서 중세의 도시 생활은 영위되었다." 하위징아는 이렇게 썼다. "혼란스러운 현재에 대한 절망과 우울함이 심각하면 할수록 아름다운 세상에 대한 동경은 더욱 더 강렬해진다(인니히)." 그는 "깊은(인니히) 신념", "가장 심오한(인니히) 정서적 변화", "친밀함(인니히하이트)의 과도함" 등을 언급했다. 그는 "새로운 삶의 형식, 데보티오 모데르나의 내면성(인니히하이트)"을 다루었고, 중세 상징주의의 "근엄한 통일성과 좀 더 깊은(인니히) 유대관계"를 언급했다. 그는 "가장 심오한(인니히) 신비인 영성체"를 언급하고서 중세의 신비주의자를 다루다가 에크하르트가 말한, "아무도 제 집에 있는 듯한 편안함을 느끼지 못하는 고요한 황무지(인니히)"를 추적했다. 그 분의 "가장 높고 가장 심오한(인니히) 특성"은 오로지 2중 부정의 관점에서만 언급될 수 있는 것이었다.(2중 부정은 '없다'와 '아니다'를 지칭하는 것으로서 신은 한계가 '없고' 인간이 생각하는 그런 것이 '아니다'라는 뜻이다—옮긴이) 하위징아는 "심오함(인니히하이트)의 보물 창고"와, 심지어 "심오함(인니히하이트)의 슬픔"도 언급했다.[9]

『중세의 가을』을 가리켜 본트한 책이라고 해도 될 것이다. 이 책에서는 본트라는 단어가 40번 이상 나오는 반면에 인니히는 30번에 약간 미달한다. 반면에 『17세기의 네덜란드 문명』에서는 본트라는 단어가 거의 나오지 않고 인니히 또한 드물게 나온다. 그러나 인니히는 중요한 순간에는 반드시 등장한다. 사랑은 인니히한 것이다. 그것이 하위헌스 Huigens(1629-1695, 네덜란드의 과학자로서 빛의 파동 이론의 주창자—옮긴이)의 자연에 대한 사랑이든, 혹은 "그가 결코 잊지 못했던 그의 아내 스테레에 대한 깊은(인니히) 슬픔"이든 모두 사랑인 것이다. 평범한 것을 더 좋아하는 네덜란드 사람들의 기질은 "깊은(인니히) 경건함의 한 부분이다." 가정생활의 기쁨과 슬픔에 대한 그의 반응은 아주 깊숙하게(인니히) 느

마이스터 에크하르트

껴진 것이고, 싱사聖事의 체험은 "아주 심오한(인니히)" 것이다. 드로잉은
유화보다 더 친밀하고(인니히), 에칭은 그 중에서도 가장 친밀하다(인니
히). 부드럽고 친밀하거나, 사랑스럽고 개인적이거나 내면을 향하는 어
떤 것을 묘사할 때에는 반드시 인니히가 등장한다. 그 단어는 하위징아
가 조국에 대해서 사랑했던 것(그러니까 아주 네덜란드적인 것 innig
Nederlandsch)을 표현한다.[10]

　본트 관련 단어들과 평온한 이미지의 절단선切斷線을 따라서 『중세의
가을』은 두 부분으로 나뉘어져 있다. 특히 책의 내용 차원에서도 그러
하다. 가령 책의 전반부에서는 본트라는 단어가 많이 사용되고, 후반부
에서는 인니히가 많이 사용된다. 『에라스뮈스』를 집필한 시점을 전후하
여 본트의 사용은 점점 줄어들고 인니히가 많이 등장한다. 하위징아의
글쓰기 스타일도 두 부분으로 나누어져 있다. 그는 높음과 친밀함 사이
를 오가는 "숭고한" 스타일에서 출발하여 만년에는 평온한 글쓰기로 옮

겨갔다. 만년의 글쓰기 스타일은 세르모 휴밀리스sermo humilis(겸손한 언사), 즉 장식 없고 투명한 언어의 사용이 압도적이다. 하위징아는 본트 기록 방식에서 인니히 단순성으로 발전해 나갔다.

하위징아가 글쓰기에서 대비를 추구한 두 번째 방식은 '여기'와 '저기'를 간결하게 대립시키는 것이다. 하위징아는 인도 드라마의 두 가지 상호 배타적인 충성심을 논의하면서 이렇게 말한다. "은수사隱修士의 관심은 여기에 있고, 구루(정신적 스승)의 가르침은 저기에 있다." 우리는 이런 대비의 장치를 그의 박사 논문 전편에서 발견한다. 그는 죽음과 윤회의 사이클에서 벗어나는 고대의 인도 사상과 보다 최근의 인도 사상을 대비시킨다. "여기에 막연한 공포에 사로잡힌 견해가 있다······ 저기에는 세상에 대한 확고한 경멸이 있다. 프리슬란트의 진흙에 모래를 뿌려 놓은 곳처럼 쑥 밀고 들어온 드렌테 주州에 대해서 언급할 때에도 이 대비가 나온다." 그처럼 토양의 유형과 높이가 달랐다. 주민은 서로 다른 부족에서 왔다. 그 지역은 다른 트렌테 지역과 마찬가지로 다른 교구에 속했다. 위흐레히트는 여기에 있고 뮌스터는 저기에 있었다."[11]

『미국의 개인과 대중』에서 하위징아는 이렇게 썼다. "여기에서 그[비난받는 진화론자]는 곧장 지옥으로 떨어질 것이라고 설교되었고, 저기에서 신의 복수하는 손을 보여 주기 위해 그의 죽음이 널리 홍보되었다." "저기에서는 보편적 박애의 샴페인이 터지는가 하면······ 여기에는 날카롭고 사업적인 어조가 판을 친다." 흐로닝언 대학의 19세기 역사를 다룬 책에서는 이런 말이 나온다. "여기에는 종크블루트Jonckbloet와 데브리스De Vries가 있고, 저기에는 포트기터Potgieter와 바크하위젠Bakhuizen이 있었다. 앞의 두 사람은 대학과 학문 연구에 필수적 인물이었고, 뒤의 두 사람은 국가의 동량이었다. 전자는 고대 네덜란드어의 독보적인 존재들이었고, 후자는 네덜란드의 과거를 잘 알았다." 심지어 만년에 가서도 이런 대비는 그의 단골 속기 장치가 되었다. 그의 주요 논문 "르네상스와 리얼리즘"에서 하위징아는 라블레와 아리오스토를 르네상스의 양극단으로 정의했다. "여기에는 조화, 평온, 안정, 장난스러운 투명함이 지배하고, 저기에는 동요하고, 혼란스럽고, 끓어오르고, 발효하는 혼란이 있었다. "1백 년 전의 사상과 무드"라는 강연에서 그는 차분함과 광분, 실용주의와 낭만주의를 대비시켰다. "우리는 여기에서 부르주아지를, 저기에서 예술가를 발견한다. 여기에서 시인을 그리고 저기에서 실용주의자를 발견한다."[12]

대비되는 사항들이 많이 나오는 『중세의 가을』은, 이런 수사학적 비유가 도처에서 발견된다. 성인들은 신비주의자 못지않게 오래 전의 과거에서부터 있어온 존재라는 주장을 강조하기 위해 그는 이렇게 썼다. "여기에는 이그나티우스 데 로욜라Ignatius de Loyola…… 저기에는 시에나의 베르나르디노가 있었다. 그는 반에이크의 그림 속에 나타나는 많은 세부사항들이 반에이크의 조화로움을 깨트리지 않는다고 주장함으로써, 책의 주제에 한발 더 다가선다. "저기에서는 쾌활하고 투명한 실외의 빛이 우리의 시선을 주된 장면으로부터 파노라마의 깊이 쪽으로 유도한다. 반면에 여기에서는 높다란 교회의 수수께끼 같은 어둠이 전체를 엄숙함과 신비스러움의 구름 속에 감추어서, 우리의 시선은 아주 어렵사리 에피소드를 말해 주는 세부사항들을 알아볼 수 있다." 이어 하위징아는 궁정 문화와 지방색을 대비시킴으로써 책의 핵심 주제에 다가선다. "여기에는 궁정, 귀족, 부유한 시민의 문화, 말하자면 허풍떨면서 명예욕과 물욕에 사로잡혀 분방한 열정으로 불타오르는 문화가 있었다. 반면에 저기에는 데보티오 모데르나의 한결같은 잿빛의 조용한 영역, 이를테면 공동생활신도회와 빈데스하임 공동체 수도회에서 정신적 지주를 찾던 중산층의 경건한 남편들과 순종적인 아내들의 영역이 있었다." "저기에는 궁정과 끊임없이 접촉을 갖는 브뤼헤, 겐트, 브뤼셀의 풍성하고 원숙한 문화가 있었고, 여기에는 이셀 강을 따라 들어선 데보티오 모데르나를 신봉하는 조용한 도시들을 닮은, 멀리 떨어진 하를렘 같은 내륙의 도시가 있었다."[13]

화해의 형식들

하위징아는 대조사항들을 환기하고 화해시키기 위해 독특한 글쓰기 스타일을 구사한다. 그런 장치 중 하나가 모순어법인데, 두 개의 정반대 개념을 한데 묶는 것이다. 이런 글쓰기를 가리켜 하위징아 자신이 "스스로 해소되어 아이러니가 되는 표면적인 부조리"라고 말했다. 가령 "노인으로 태어나다"는 모순어법의 표현은 대학을 묘사하기 위한 것이지만, 문학사상의 고전주의를 가리키는 것이기도 하다. 그는 미국의 정당들을 "광대한 파당"이라 불렀고 미국 사회의 특징은 "조직된 개인주의" 혹은 "거대한 규모의 지방주의"라고 진단했다. 존 오브 솔즈버리에 대해서는 "기사도적 서기" 혹은 "진지한 미소를 짓는 사람"이라고 했다. 시각 예술은 "조용한 말[言]"이라고 했고, 그림은 "서유럽이 경험한 가장 대규모적이고 조용한 혁명"이라고 불렀다. 하위징아는 17세기 네덜란드와 현대 미국을 설명할 때 "보수적 혁명"이라는 말을 썼다. 같은 맥락에서 그는 스타일 없는 스타일, 형식으로 인정되는 형식 없음, 진정한 모방, 놀이로서의 사기 행위 등을 말했다. 우리는 또한 "표면적 문명", "중산층 귀족", "안락의자 목동" 같은 표현도 발견한다.[14]

이런 수사적 장치의 자연스러운 귀결로서, 하위징아는 복합 형용사를 좋아한다. 이것은 "늙은" 혹은 "젊은", "현대적" 혹은 "뒤늦은", "사회-경제적", "문화-역사적" "중세-서유럽", "로만-가톨릭" 같은 일상적인 복합 형용사를 말하는 것이 아니다. "깊숙이 경건한", "엄숙하게 애국적인", "이상주의적인 윤리성", "고상한 종교성", "번드레하게 평범한", "조잡하게 유머러스한" 등의 독특한 복합 형용사를 말하는 것이다. 본트와 인니히의 경우도 그렇지만, 이런 형용사들도 하위징아가 '1880년 운동'과 밀접한 관계를 맺으면서 애용하게 되었다. 그는 최초의 박사논문 제안서인 "빛과 소리의 연구에 대한 제안서"에서 이런 용어들에 대한 창조적 '설명'을 제시했다. 이런 용어들은 대비의 효과를 노릴 뿐만 아니라 더 큰 정밀성을 확보해 준다. 이처럼 정밀성을 너무 추구하다보니 "절반쯤 꿈꾸어졌지만 날카롭게 정의되지는 않은", "순전히 멜로디와 리듬 상으로만 조화를 이루는" 같은 표현까지 생겨났다.[15]

원숙한 하위징아는 초창기의 언어학도 시절에 내놓은 언어의 기원으로 되돌아가 그 기원을 자신의 대작에서 '입증'한다. 하위징아는 『중세의 가을』에서 이런 창조적 복합을 극단적인 지점까지 밀고 나간다. 그는 "형식적 상징"과 "사회적 리얼리즘", "우연한 유전"과 "자연스러운 유전", "전례-성사"와 "상징-미학", "황량하게 불타오르는"과 "지루하게 다양한(본트)"을 서로 대비시킨다. "자기를 추구하는 에로스"와 "원시적 낭만", "희극적인 에로스"와 "교회적 에로스"를 서로 대립시키고, 또 "서정적인 에로스"라는 표현도 사용한다. "회의적인 냉정"과 "냉소적인 잔인", "장식적인 수사修辭"와 "즐거운 이야기"를 서로 대비시킨다.[16]

그 외에 빈번하게 사용되는 장치는 거울형 대조(mirroring contrasts)인데 두 대조적인 사항들이 서로 길항하여 상대의 효과를 취소시키는 것이다. 한 쌍의 형용사 혹은 명사를 같이 사용하여(수사학 교본에서는 더블렛 doublet), 하위징아는 정반대 것들 사이에서 균형을 잡는다. 가령 『미국의 개인과 대중』에서 그는 이 수사법을 사용하며 미국 혁명을 묘사한다. "사소하고 당연한 애로사항들로부터 엄청난 열정과 높이-휘날리는 말들이 생겨났다." 더 좋은 사례로는 이런 것이 있다. "개인에 대해서는 별로 강조하지 않는다. 교회든 수도원이든, 사회적 기관이든 경제적 기관이든, 봉건적 제도든 직인 조합이든, 모든 조직체들은 긴밀한 유대 속에서 활발하게 움직인다." 또 이런 문장도 있다. "처음서부터, 크고 작은 경제적 이익 단체들과 현지 상업과 국제 무역이 국가 조직 전 분야에 스며들어가 있었다."[17]

하위징아가 볼 때, 네덜란드 공화국에 살아 있는 민족의식이라는 것은 "국가 그 자체와 마찬가지로, 양가감정적인 것이었다." 그 다음 문장은 형식을 내용에 결합시킨다. "공화국은 절반은 군주제고 절반은 공화정이었다. 절반은 군주가 다스렸고 절반은 정부가 다스렸다. 절반은 헤이그였고, 절반은 암스테르담이었다." 에라스뮈스 전기에서도 하위징아는 똑같은 대조의 패턴을 사용한다. 그는 에라스뮈스의 자유 의지와 루터의 복종적 의지를 일련의 대조 사항("죄악과 은총······ 구속과 신의 영광")들로 대립시킨다. 그러면서 마지막에 이런 결론을 내린다. "여기에서 말과 이미지로 투쟁이 전개되었는데 그것은 알아볼 수도 없고 형언할 수도 없는 단계까지 나아갔다." 「르네상스의 문제」라는 중요한 논문에서 하위징아는 "화 잘 내고 외로운" 미켈란젤로를 "막연한 것을 동경하고 나른한 태도를 보이는" 보티첼리와 대립시킨다. 그는 계속하여 이렇게 말한다. "그것은 르네상스의 변형 속에서 자족하고 있는 라파엘과 아리오스토인가, 아니면 뒤러와 라블레인가? 아니, 그것은 롱사르

Ronsard인가, 혹은 호프트Pieter Hooft(1581-1647, 네덜란드의 극작가 겸 시인 — 옮긴이)인가?"[18]

『중세의 가을』첫 페이지는, "불행과 질병"이 "보다 무섭고 보다 고통스러운 방식으로" 찾아든다고 묘사한다. "명예와 부유함"은 "보다 적극적으로(인니히) 보다 탐욕스럽게" 향유되었다. 궁정 생활과 관련된 비참함에 대해서는 이런 문장이 나온다. "나쁜 음식과 남루한 숙소, 끊임없는 소음과 외침, 저주와 다툼, 악의와 경멸, 그것은 죄악의 수렁이요 지옥의 문이었다." 일상생활에 있어서 "모든 신분, 지위, 조합은 그 의복으로 알아볼 수 있었다. 과시용 무기를 들고 제복을 입은 종복들을 앞세우지 않으면 대중 앞에 나타나지 않는 귀족들은 경외와 선망을 불러일으켰다. 법정의 선고, 물품의 판매, 결혼식과 장례식 등은 행렬, 고함소리, 탄식 소리, 음악 속에서 이루어졌다. 남자 애인은 여자 애인의 기장記章을, 조합원은 형제조합의 휘장徽章을, 당파는 영주의 깃발과 문장紋章을 높이 쳐들었다." 기사도 이상의 윤리적 측면에 대하여 하위징아는 이렇게 설명한다. "그것은 탁월한 지식과 재능에 대한 경배와 나란히 달리는, 탁월한 야망과 모험심에 대한 경배이다."[19]

대립적인 명제들을 가져다가 이런 식으로 균형을 잡는 것은 하위징아 글쓰기의 DNA이다. 그가 아주 절제된 표현을 한다는 것은 하를렘에 대한 초기의 강연에서 잘 드러난다. "하를렘에서는 오랜 세월을 견뎌온 옛것이, 새것이면서 큰 것, 그리고 유익하지만 못 생긴 것에 의해 압박을 당하고, 옆으로 밀려나고, 고함질을 당한다. 그것은 걸음을 떼어놓을 때마다 당신을 화나게 한다." 여기서 옛 하를렘과 새 하를렘의 대비는, 오래 세월을 견뎌 온 것과 압박을 당하는 것으로 구체화된다. 하위징아는 이 문장에서 과거 시제와 대과거 시제를 함께 쓰고, 이어 형용사-명사의

복합을 활용한다. 그런 장치는 문자 그대로 "차근차근" 반복된다.[20]

하위징아가 이런 식으로 문장에 부여하는 리듬은 더블렛(형용사의 복합)뿐만 아니라 트리콜론으로 강화된다. 트리콜론은 콜론을 이용하여 세 개의 형용사나 명사를 병렬시키는 수사법이다. 그는 박사 논문에서 비슈다카에 대하여 이렇게 썼다. "흥분시키고, 음울하고, 부드러우면서도 무섭고, 예민하고, 로마네스크적인 것을 즐기려는 욕망이 있다."『중세의 가을』에서는 이런 문장을 읽을 수 있다. "이렇게 하여 피곤해진 귀족들은 그들의 이상을 비웃었다. 귀족제는 모든 상상의 자료, 예술적 기술과 부를 동원하여, 아름다운 삶에 대한 열정적인 꿈을 아름답게 채색하고 형태를 부여하여 구체적 형식으로 만들어냈다……." "모든 역사적 혹은 문학적 사례는 비유, 도덕적 사례, 증거물로 결정結晶되는 경향이 있다. 모든 진술은 하나의 격언, 전설, 말씀이 된다."[21]

에라스뮈스는 "새로운 정신의 자유, 새로운 투명성, 순수함, 지식의 단순명료함, 조화를 이룬 건전하고 선량한 삶의 새로운 조화를 예고하는 사람이었다."「르네상스의 문제」라는 논문에서 "하나의 표시", "하나의 동경", "하나의 열망"은 "순수한 라틴 정신, 완벽한 시가, 다시 발견한 예술"과 병치되어, "renovatio(갱신), restitutio(복구), restauratio(회복)"의 온전한 리듬으로 편입된다. 『호모 루덴스』에서 거의 모든 것이 세 쌍으로 제시된다. 가령 사행성 게임, 시합, 토론의 규칙이라든가, 용기, 지식, 기만술의 지혜 등이 그러하다. "신탁, 사행성 게임, 정의의 법정"은 "신의 의지, 운명, 결과"와 짝지어진다. 규칙은 문법적·시적·의례적이고, 시인은 "신들리고, 열정적이고, 분노하는" 사람이다. 시인의 놀이는 "화려함, 농담, 오락"의 경계선을 오간다. 그것은 "기적적인 업적, 축제적인 도취, 황홀한 느낌"이다. "각운, 병치, 대구"는 "노래, 음악, 춤"의 원칙들을 편입하며, "아름다움, 성스러운, 마법적 힘"을 나타낸다. 모든 진정한 컬트는 "노래하고, 춤추고, 공연한다." "영혼은 파격적인 것, 기적적인 것, 부조리한 것과 놀이하기를 즐거워한다."[22]

열거와 관련된 하위징아 글쓰기의 또 다른 특징은 두운頭韻, 유운類韻, 협화음協和音 을 즐겨 사용한다는 것이다. 산스크리트 문헌을 다룬 논문에서, "헤픈 여자와 노닥거리며 시간을 보내기", "잎사귀들이 많이 떠 있는, 찢어지는 듯한 소리를 내는 산간의 냇물", "신들의 다양한(본트) 무리" 등의 표현을 썼다. 그는 "소망하는 자들"의 시대를 기술하고 이어 "일하는 자들"의 시대를 기술했다. 그는 불교의 화자가 "반짝거리는 무수한 것들"을 즐겨 다루는 것을 주목했다. 그는 "도시민들의 폭넓은(본트) 사업"을 언급했다. "판잣집과 오두막집이 교회의 보호 성벽 옆에 기대고 있는 모양은 마치 암탉 밑에서 막 부화한 병아리들 같았다." 하위징아는 필립 시드니 경의 「달콤하고 밝은 노래」를 칭송했다.[23]

『미국의 개인과 대중Man and the Masses in America』이라는 책 제목도 M으로 시작되는 두운의 효과를 갖고 있다. 이 책에서 우리는 유음도 발견한다. 가령 "삶을 통하여 그 자신의 길을 개척한 남자" 등이 그렇고, 또 "하느님을 두려워하는 여성적 열기"도 두운의 효과를 노린다. "밝고 부드럽고 짭짤함이 느껴지는 9월의 어느 하루"에서도 두운 효과가 있다. 『중세의 가을』은 두운의 사례가 많이 등장한다. 루이 11세는 "끔찍한 농담"으로 사람들을 두렵게 한다. 영국의 왕실은 "증오의 지옥"이다. 하위징아는 낭비를 탐욕과 교만의 결합이라고 설명한다. 신기루 같은 기사도 이상은 "진정성의 가치"를 갖고 있다. 책은 다채로운(본트) 그림을 포함하고 있다. 세상에 대한 경멸은 "역사 이전의 패턴과 짝을 이룬다." 탐욕은 번들거리고 푸른 잎사귀는 지천이다. 하위징아의 문장에는 두운뿐만 유음과 협화음도 많이 발견된다. "아름다운 삶이라는 멋진 게임은 씩씩한 용기와 충성심을 몽상한다." "의복에서 발견되는 색상의 달콤한 의미." "조롱의 활이 커다란 소리를 내며 울리고 이어 조롱의 화살은 삶, 사랑, 상실이라는 엄숙한 부분들 위로 날아간다." "솔직하고 자유롭고 평온하고 낭랑하고."[24]

두운이 더블렛 및 트리플렛과 결합하여 그의 문장에 리듬을 부여한다. 건축의 양식이 꽃피어나는 형식으로 튀어나오고, 고대 문화가 소생하여 "서구의 문명을 비옥하게 하고, 자유롭게 하고, 마음껏 펼치게" 한다. 단어는 "금지하고 묶으며," 카르보나리 당(이탈리아 급진 공화주의자의 결사)에서는 음모와 반역이 도모된다. "과거에는 완벽한 황금시대가 있었다고 추정되는데," 사람들은 그 시대를 구현하기 위해 노력하는가 하면, 백일몽 속에서 그 시대를 꿈꾸며 시간 가는 줄 모른다. 인문주의자(휴머니스트) 스승은 삶을 살아나가는 기술에 있어서는 "번드레하고 천박하며, 타락하고 기만적인 사람인가 하면, 으스대며 거니는 공작과 비슷하다." "시인과 현자들은 더 넓은 낫으로 수확을 하여, 화가나 건축가보다 더 풍성하고 값진 새로운 보물들을 수확한다." "르네상스Renaissance, 종교개혁(Reformation), 왕정복고(Restoration 혹은 회복), 이탈리아 국가 통일 운동(Risorgimento 혹은 재조직) 등, 이들 대문자 R는 우리가 역사의 문을 갈아버리는 도구다." "놀이는 묶고 푼다. 그것은 미끼를 던진다. 그것은 우리를 즐겁게 하고 매혹시킨다."[25]

위의 인용문들 중 마지막 것은 『호모 루덴스』에서 나온 것인데, 실질을 형식에 연결시킨다. 하위징아는 "고도로 발달된 놀이 형태에는, 인간에게 알려진 미적 지각의 가장 고상한 속성인 리듬과 하모니가 충만한데, 사람들은 그 두 가지 고상한 특징을 사물과 사람들 자신에게서 발견한다"라고 말했다. 그는 글을 읽는 데 있어서도 구문에 리듬에 아주 민감하다. 브레데로Bredero, 호프트Hooft, 하위헌스Huygens, 본델Vondel 같은 네덜란드 시인들의 표현력을 논평하면서, 하위징아는 이들에게 "운율, 어조, 리듬"이 충만하다고 말했다. 이 때문에 하위징아의 문장은 종종 낭송을 의식한 느낌을 준다. 그의 저서를 읽다보면 독자는 자기도 모르게 그의 문장을 중얼거리게 된다.

가령『미국의 개인과 대중』에서 가져온 다음과 같은 문장을 보라. 그는 홀란트와 미국을 서로 날카롭게 대비시킨다. "우리 구제 불능의 몽상가요 평온한 아름다움을 추구하는 조용한 낚시꾼들이 홀란트를 생각할 때, 우리의 생각은 먼저 그 하늘을 향해 날아오른다. 그러나 미국은 크게 소리를 내며 쟁그랑거리고, 또 부딪친다. 천둥 같은 폭포는 굉음을 내고 대평원의 풀들은 바람 속에 물결친다."『중세의 가을』에서도 더블렛과 트리플렛이 번갈아 일어나면서 독자의 귀에 음악을 환기시킨다. "그 시대의 사료들, 가령 연대기, 시가, 설교집, 종교적 소논문, 심지어 관용 문서 등 그 어디를 살펴보아도, 몇몇 예외적인 경우를 제외하고는, 갈등, 증오, 원한, 탐욕, 가난의 흔적만이 가득한 것이다. 그래서 우리는 이렇게 묻고 싶어진다. 과연 이 시대는 잔인함, 뻔뻔스러운 오만, 무절제 이외에는 그 어떤 것도 즐기지 못했단 말인가?"[26]

이 모든 것이 하위징아의 문장에 음악적 효과를 부여한다. 19세기 초 겸손한 흐로닝언 교수의 이름 속에서 들려오는 저 낭랑한 소리를 들어보라. "은빛 목소리를 가진 작은 강 팅가." 본델의 시를 묘사하면서 하위징아가 쓴 종소리의 울림을 들어보라. "암스테르담의 차임벨은 새로운 운하들의 원무圓舞 위에다 황금과 순은의 샤워를 뿌린다." 소리를 황금과 순은에 비유하고, 운하들의 벨트를 원무로 묘사하고 있다![27]

그리고 이런 문장도 한번 살펴보라. "1386년 1월, 부르고뉴의 대담공 필립과 그의 부인 마르그리트 드 플랑드르의 입성을 환영하는 겐트의 종소리들은 확보된 평화와 새로운 군주의 환영, 그 이상의 것을 의미했다." 이 경우에는 교회 종소리의 리듬을 흉내 내려고 시적으로 길게 늘인 단어와 새로운 신조어가 동시에 사용되었다. 이런 유형의 종소리로서 아주 멋진 사례는 『중세의 가을』첫 머리에서도 발견된다. "교회의 종소리는 일상생활 속에서 자상하면서 선량한 정령精靈의 역할을 했고, 그 친숙한 목소리로 슬픔 혹은 즐거움, 평온 혹은 불안, 집회 혹은 격려 따위를 선언했다." 여기서 "혹은"이라는 단어가 계속 사용되어 교회 종소리를 흉내내고 있다. 이 문장은 T. S. 엘리엇의 장시 『황무지』 맨 끝에 나오는 산스크리트 주문, "다타, 다야드밤, 담야타"와 비견될 만하다. 엘리엇은 천둥의 목소리가 이러하다고 묘사했다.[28]

(다타, 다야드밤, 담야타는 같은 말이라도 듣는 사람의 입장에 따라서 다르게 해석된다는 의미. 브라드 아란야카 우파니샤드에 나오는 말이다. 창조주 프라자파티의 3중의 자식인 데바(神), 인간, 아수라(악마)는 프라자파티 밑에서 견습을 끝내자 그에게 이런 요청을 했다. "우리에게 한 말씀만 하소서." 그때 천둥의 신 프라자파티는 그 셋을 향하여 다, 다, 다, 라고 똑같이 말했다.

"너희들은 내 말을 알아들었느냐?"

데바는 이렇게 말했다. "당신은 우리에게 이렇게 말했습니다. 담야타('너 자신을 장악하라' : 지계持戒)." 이 성전의 뜻은 천상의 권력자들(신들)도 말의 법칙을 따라야 한다는 것이다.

인간은 이렇게 말했다. "당신은 우리에게 이렇게 말했습니다. 다타('주어라' : 보시布施)." 이 성전의 뜻은 지상의 권력자들(인간들)도 말의 선물(주고받음)로써 서로를 알아보아야 한다는 것이다.

얀 반에이크, 겐트 제단화 닫힌 상태, 1432. 겐트, 세인트 바보 대성당.

아수라는 이렇게 말했다. "당신은 우리에게 이렇게 말했습니다. 다야드밤('자비慈悲를 베풀라')." 이 성전의 뜻은 지하의 권력자들(악마들)도 말의 울림에 공명해야 한다는 것이다.

이어 성전은 이렇게 계속된다. 그것이 천둥 속에서 들어야 할 창조주의 목소리다. 지계, 보시, 자비. 다, 다, 다. 그리고 프라자파티는 모두에게 이렇게 말한다. "너희들은 이미 내 말을 들었느니라." —옮긴이)

표현력

이러한 청각적 효과 이외에, 하위징아 글쓰기는 간결함을 지향한다. 그는 에라스뮈스의 간결함 부족을 이렇게 논평했다. "격언집의 저자(에라스뮈스)는 그 자신의 격언은 창조하지 않았다." 하지만 하위징아는 간결한 격언을 만들어냈다. 그 격언들 중 일부는 gesunkenes Kulturgut(필수적 문화재)가 되지는 못했지만, 엘리트들이 소중하게 여기는 말이 되었다. 모든 네덜란드 독자들은 『중세의 가을』 첫 머리("세상이 지금보다 5백 년 더 젊었을 때")와 『내일의 그림자 속에서』의 첫머리("우리는 귀신 들린 세상에 살고 있다. 그리고 우리는 그것을 알고 있다")를 알고 있거나, 알고 있으리라 추정된다. 또 다음과 같은 문장을 기억하는 사람들도 꽤 될 것이다. "삶은 그처럼 치열하고 다채로웠기(본트) 때문에, 피와 장미가 뒤섞인 냄새를 견딜 수 있었다." 이 문장의 뒷부분은 이렇게 이어진다. "지옥 같은 압박과 아주 어린애 같은 쾌락 사이에서, 끔찍스러운 냉정함과 흐느껴 우는 부드러움 사이에서, 사람들은 어린애 머리를 가진 거인처럼 팔랑개비를 돌았다." 『내일의 그림자 속에서』에 나오는 또 다른 유명한 문장은 이러하다. "도시 위에 머무는 아스팔트와 휘발유의 냄새처럼, 애매모호한 둔

사遁辭의 구름이 세상을 덮었다."[29]

하위징아의 문장은 표현적이면서도 명료하다. 그는 『내일의 그림자 속에서』에서 이렇게 썼다. "소유권을 만들어내는 것은 울타리이지, 소유자가 울타리를 만들어내는 것은 아니다." 중세의 결혼 초야에 노골적으로 과시하는 에로티시즘에 대해서 그는 이렇게 썼다. "오로지 현대의 개인적 감수성만이 이런 공개적 과시를 완전히 철폐할 수 있었다. 현대인들은 결혼 당사자 두 사람에게만 속한 것(섹스)을 호젓함과 어둠 속에 감추어두기를 바라는 것이다."『중세의 가을』에는 이런 멋진 문장들이 넘쳐난다. 가령 그는 중세의 결혼 축제에서 터져나오는 음란한 농담과 관련하여 이렇게 말했다. "그 뻔뻔스러운 웃음과 남근적男根的 상징 등 축혼 의식의 소도구들은 결혼 축제라는 성스러운 의식에서 필수적인 한 부분이었다. 결혼의 성적 결합과 결혼 의식은 한때 불가분의 것이었다. 그것은 남녀 간의 성적 결합에 집중하는 하나의 거대한 신비였다." 반면에 여성이 느끼는 사랑의 그림은 "베일에 감추어진" 것 혹은 "좀 더 오묘하고 깊은 비밀"이라고 묘사했다. 대중적 신앙의 "성스러운 도움꾼들"은 "신성의 대리인"으로 묘사되었다. 대중들이 성사를 대하는 태도와 영성체를 바라보는 지나치게 친밀한 태도에 대해서는, 이렇게 썼다. "그들은 갈구하는 양팔을 하늘로 내뻗어 하늘을 땅쪽으로 끌어당겼다." 불꽃 모양의 고딕 양식은 "끝이 없는 오르간의 코다"로 묘사되었다. 바흐 음악의 가사 작사자는 "류마티스에 걸린 교회 신앙을 가진, 지방색 강한 3류 시인"으로 평가 절하되었다. 아주 과감한 서술이지만 이보다 더한 것도 있다. "정통성과 양식화는 서로 가까운 친척이다."[30]

이런 멋진 문장들이 스타일을 자랑하는 대작인 『중세의 가을』에만 나오는 게 아니다. 에라스뮈스의 『대화집』에 대해서는 이렇게 말했다.

"무게 달아 파는 백화점 매대賣臺에 나온, 고대의 말씀들." 두 페이지 뒤에는 이런 말도 나온다. "에라스뮈스는 그 다음 세대가 라틴어로 숫자를 세며 공기놀이를 하리라고 정말로 믿었던 것일까?" 역사는 "지적知的 망원경"으로 언급되고, 상징은 "지적 지름길"로 언급되었다. 중세의 인과 관계론은 "전화 교환대의 방식으로" 작동한다. "모자가 머리에 어울리듯이 클럽은 놀이가 어울린다." "'값이 있음'과 '칭송 받음' 사이의 거리는 엄숙함과 놀이 사이의 거리이다." 히스베르트 카렐 반 호헨도르프Gijsbert Karel van Hogendorp는 "외로운 저명인사"이고 빌더디크Bilderdijk는 "심술궂은 저명인사"이다.[31]

하위징아의 비유들은 이에 못지않은 산뜻함을 갖고 있다. 하위징아는 『우신 예찬』을 논평하면서 이렇게 말했다. "감성에 이성이 필요한 것처럼, 우둔함에는 지혜로움이 필요하다." 에라스뮈스의 저작 『엔키리디온 Enchiridion』을 논의하면서 하위징아는 이렇게 썼다. "고대의 철학자들이 이성이라고 불렀던 것을 사도 바울은 영혼이라고 불렀다. 고대 철학자들이 아펙투스affectus(영향받는 것)라고 불렀던 것을 바울은 육신이라고 불렀다." 이런 수사학적 장치는 하위징아의 전 저작에서 거듭하여 발생한다. 산스크리트 수사학의 원칙을 상기하면서 그는 이렇게 요약했다. "실제 생활에서 에로틱한 열정이나 그 비슷한 감정을 불러일으키는 것을, 시와 드라마에서는 하나의 요인(factor)이라고 한다…… 실제 생활에서는 결과라고 하는 것을 시와 드라마에서는 영향(impact)이라고 한다." "망원경이 천문학에 필요한 것처럼, 역사는 문화에 꼭 필요하다." "그림에서 라파엘이라고 불리는 것은 문학에서는 아리오스토가 된다." 마지막으로 가장 멋지고 명료한 사례를 하나 들어 보겠다. "미학의 분야에서 스타일이라고 하는 것은 윤리학의 분야에 오면 충성심과 질서가 된다."[32]

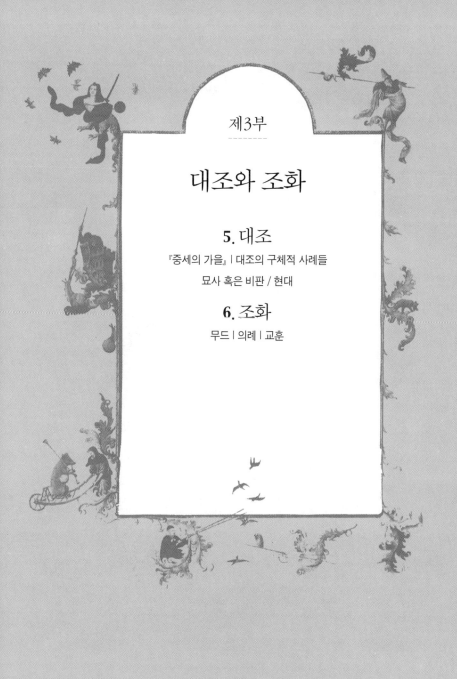

제3부

대조와 조화

얀 반에이크, 오팅 제단화 〈롤랭 재상의 성모 마리아〉, 루브르, 파리.

5

대조

하위징아가 대조를 즐겨 사용하는 것은 의도적인 선택이었다. 그는 이렇게 썼다. "사건들을 극적인 구도 속으로 엮어 넣음으로써 역사는 일관되게 인식될 수 있다." 문화적 현상은 "지속적인 대립 사항들의 균형속에서 정의되어야 하고, 그래야 올바르게 이해된다." 하위징아는 이러한 대비를 극적인 효과뿐만 아니라 윤리적 효과를 위해서도 적극적으로 사용했다. "극적이라고 하는 것은 다음과 같은 이유에서이다. 사람들은 상호 이해가 배제되는 양극단의 것, 가령 보수주의자들의 뒤늦음과 혁신주의자들의 오만함에서 아주 비극적인 대조를 인식하는 것이다. 윤리적이라고 하는 것은 다음과 같은 이유에서이다. 사람들은 죽었지만 아름다운 것에 대한 존경심과 젊고 살아 있는 것에 대한 사랑을 공유한다. 관찰자가 일단 어느 한 편을 들면, 그 대립은 빛과 어두움, 선과 악사이의 우주적 투쟁의 에피소드로 자리 잡는다."[1]

이러한 대조 사항들은 어떤 논의를 뒷받침하거나 어떤 이미지를 생생하게 하는 것 이상의 의미를 갖는다. 하위징아는 그런 대조사항들이 과거의 리얼리티 그 자체에 깃들어 있다고 확신한다. 이 때문에 역사가 그처럼 구체적이고, 그처럼 생생한 것이다. 역사는 언제나 양극단의 대립이라는 관점에서 그 모습을 드러내는 것이다. "무기들의 격돌, 의견들의 상충, 이런 것들이 역사 이야기의 변함없는 주제들이다. 역사는 본질적으로 서사시이거나 드라마이다. 단지 해당 역사의 잠재력이 강한가 약한가의 차이만 있을 뿐이다." 사실이든 허구든, 역사적 재현은 양극단을 의식적으로 대립시키지 않는 한 뚜렷한 윤곽을 얻기가 어렵다. "아테네는 스파르타와 대조되지 않으면 우리에게 잘 이해가 되지 않는다. 그리스와 대비시킬 때 우리는 비로소 로마를 이해한다. 플라톤과 아리스토텔레스, 루터와 에라스뮈스, 렘브란트와 루벤스도 마찬가지이다."[2]

『중세의 가을』

이러한 대립적 글쓰기의 가장 좋은 사례는 『중세의 가을』이다. 이것은 책의 첫 페이지 첫 줄에서부터 분명하게 드러난다. "세상이 지금보다 5백 년 더 젊었을 때, 모든 사건들은 지금보다 훨씬 더 선명한 윤곽을 갖고 있었다. 즐거움과 슬픔, 행운과 불행, 이런 것들의 상호간 거리는 우리 현대인들과 비교해 볼 때 훨씬 더 먼 것처럼 보였다. 모든 경험은 어린아이의 마음에 새겨지는 슬픔과 즐거움처럼 직접적이면서도 절대적인 성격을 띠었다." 책의 서두에서 하위징아는 부자와 가난한 자, 따뜻함과 차가움, 빛과 어두움, 조용함과 소란스러움, 도시와 농촌, 행복함과 희망없음, 부드러움과 잔인함 등을 서로 대비시키면서 중세인의 열정에 순환적인 측면이 있음을 서술한다. 동시에 그는 중세인의 열정이 배출되는 의례행위, 교회 행렬과 군주들의 입장식, 처형과 설교 등을 자세히 묘사한다.

　이런 것들이 중세와 현대의 비교를 통하여 구체화되고("지금보다 훨씬 더 선명한 윤곽", "우리 현대인들과 비교해 볼 때 훨씬 더 먼 것처럼"), 독자들의 정서적 감수성에 씨앗을 뿌린다. "중세의 도시는 제멋대로인 보기 흉한 공장들과 단조로운 근교의 주택들로 형성된 현대의 도시와는 다르게 형성되어 있었다." "매일 신문을 읽고서 정보를 획득하는 현대인들은 연설이 순진하고 무식한 사람들에게 미치는 엄청난 영향력을 상상하지 못할 것이다." "대체로 보이 현대인들은 중세인의 무절제한 열정과 변덕스러움을 제대로 이해하지 못한다." "중세에는 현대인들이 정의의 문제를 다룰 때면 늘 발휘하는 조심스럽고 신중한 마음가짐이 결여되어 있었다."[3]

대조는 『중세의 가을』에 보다 폭넓은 통일성과 단단한 일관성을 부여해 준다. 비록 하위징아가 제1장에서 삶의 조화로운 잠재력을 언급했지만, 그가 실제로 그려내는 그림은 악의 세세이다. "증오와 폭력의 불길이 거세게 불타올랐다. 악은 강력하다. 악은 그 검은 날개로 이미 어두워진 대지를 덮는다." 그렇지만 그 가혹한 현실은 제2장에서 "아름다운 삶에 대한 동경"으로 균형을 잡는다. 바로 이런 양극단의 대비가 이 책을 관통하는 핵심적 주제가 된다. 그는 인생과 예술 사이의 대비를 주제로 삼는다. 확실히, 그가 "그 삶의 어두운 절반과 대비되는 밝은 절반"이라고 불렀던 것은 별로 오래 지속되지 않는다. 오로지 그림과 음악만이 15세기의 고요함과 평온함을 어느 정도 전달한다. 소극笑劇과 민요에서 중세의 웃음이 어느 정도 들려온다. "그 시대를 진정으로 깊이 있게 연구한 사람이라면 즐거움의 측면을 마음에 새기기가 어려울 것이다. 예술 분야 이외의 모든 분야에서 어둠이 지배했다." 이러한 대조는 심지어 원 사료에서도 발견된다. 가령 연대기의 노골적인 공포 스토리들이 15세기 그림들의 고요한 평온과 대비되면서 아주 음울하게 양각陽

刻된다. "그 세기는 마치 미덕만 그림으로 그리고 악덕은 문장으로 서술한 시대 같다."[4]

이런 양극단 글쓰기의 논리 아래 『중세의 가을』은 자연스럽게 다음 두 부분으로 나누어진다. 전반부는 제1장에서 8장까지인데, 꿈과 현실의 대비를 스케치하면서 중세 후기의 생활을 서술한다. 전반부는 다시 두 부분으로 나뉘는데 하나는 미덕의 생활, 용기와 충성심, 명예와 사랑을 중시하는 세속적 차원이고, 다른 하나는 죽음과 성스러움, 신비주의와 종교적 감정에 관련된 정신적 차원이다. 두 부분은 똑같은 체제를 따른다. 먼저 선명한 이론적 대비가 제시되고, 이어 구체적 실천 사례가 다양한 모자이크로 제시된다. 하위징아는 먼저 두 개의 문화적 이상, 즉 기사도의 이상과 양식화된 사랑의 이상을 제시하면서 아름다움에 대한 욕망을 서술한다. 기사도와 궁정연애는 유혈적 폭력과 야수적 성욕을 아름답게 도치시키고 변모시켜 만들어낸 문화의 형식들이다. 둘 다 성취되지 못한 욕망을 바탕으로 만들어진 형식이며, 그 안에 그 부당함과 그 실패의 씨앗을 안고 있다.

이 두 개의 문화적 형식은 동일한 2원적 방식으로 접근된다. "아름다운 삶을 지향하는 기사도의 이상은 독특한 형식을 갖고 있다. 그것은 본질적으로 미학적 이상이고 다채로운 환상과 고상한 정서들로 구축된 것이다. 동시에 윤리적 이상이 되기를 열망한다. 중세 사상은 그것을 경건과 미덕에 연결시킴으로써 생활의 이상으로 만들었다. 기사도는 이러한 윤리적 기능에서 언제나 실패했다. 그것은 늘 원죄에 발목이 붙잡혀 있었던 것이다." 마찬가지로 사랑도 육체와 정신으로 나누어졌고, 성스러움도 초자연적인 것과 자연적인 것, 경건함도 열정적 표출과 조용한 성찰로 나뉘어졌다.[5]

이런 것들이 각자 변모를 시도하는 과정에서 두 가지 노선이 그 앞에 나타났다. "기사도 이상을 보존하는 데는 두 가지 방법이 있었다. 하나는 실제적이고 능동적인 생활, 탐구하는 근대적 생활로 옮겨가는 것이고, 다른 하나는 세상에 대한 부정이다. 이것은 피타고라스의 Y처럼 두 갈래로 분기하는 것이다. 주된 갈래는 진정으로 정신적인 생활을 영위하는 것이고, 다른 갈래는 세상의 가장자리에 매달려 그 쾌락을 취하는 것이다." 여기서 하위징아는 플라톤의 『국가』 제10권에 나오는 이미지를 인용했는데, 거기서 피타고라스의 Y는 사후의 삶을 지시하는 이미지로 사용되었다. 즉, 구원을 얻은 영혼은 사후에 다시 태어나지 않지만, 구원을 얻지 못한 영혼은 윤회의 사이클을 계속해야 한다. 피타고라스의 Y는 두 가지 형태의 삶이 사후에 가져오는 두 갈래 길, 즉 윤회냐 아니냐를 의미한다.[6] 이것은 미국 시인 로버트 프로스트Robert Frost의 「가지 않은 길(The road not taken)」이라는 시를 연상시킨다.

대표적 문화 형식인 기사도 이상과 궁정 연애는 결국 타락하여 공허한 형식, 단순한 겉꾸밈에 지나지 않게 된다. "기사도 이상의 아름다운 꿈들이 거짓이었듯이, 섹스를 문화로 만들려고 하는 사랑의 형식들도 거짓과 거짓말로 가득 차 있다고 인식되어야 한다. 고상하고 정결하고 기사도적인 정절의 이상, 『장미 이야기』의 세련된 욕정, 전원시의 안락한 판타지, 이런 것들은 인생의 폭풍우 앞에서는 힘을 쓰지 못했다."

이런 진술은 『중세의 가을』의 후반부 논리를 규정한다. 왜냐하면 인생의 진실은 죽음인데, 죽음의 재현은 종교와 신비주의를 지향하기 때문이다. 하지만 여기에서도 우리는 실질이 외부적 형식에 의해 질식되는 것을 발견한다. 이것을 바탕으로 하여 하위징아는 책의 후반부(제9장-14장)에서 다루어지는 핵심 주제로 나아간다. 즉 인생과 예술, 말과 그림, 형식과 내용의 대비를 다룬다. 이어 재현의 과정이 서서히 백골화白骨化하는 과정을 서술한다. 기사도 이상이 경직되고 공허한 이미지로 타락하는 것은 중세의 상상력이 백골화하는 전반적 과정의 한 가지 사례일 뿐이다. 상징은 "화석화"한 꽃이 되었고, 상징의 충동은 "순전히 기계적인 것"이 되었다. 창조적 원칙은 단순한 알레고리와 의인화로 경화硬化되었다. 유럽의 중세 생활은 고대 인도의 드라마처럼 쓸데없는 세부 사항들만 잔뜩 만들어냈다.

이런 점에서—여기서 우리는 전체적 논의의 핵심에 도달하는데—반 에이크 형제의 예술은 그들을 둘러싼 중세 세계와 별반 다르지 않다. 그런 다음 하위징아는 이 책의 핵심적 두 주제인 중세 후기와 르네상스를 대비시키면서 두 시대의 명확한 구분은 사실상 허구에 지나지 않는다는 놀라운 주장을 편다. 그 근거로 그는 반에이크 형제의 예술을 든다. 그들의 예술은 부르고뉴 궁정이라는 맥락 속에서만 그 광휘를 발휘하며, 후대의 예술사들이 주장하는 것처럼 르네상스의 예고자가 아니라 중세 후기의 예술 그 자체라는 것이다. 이러한 논리의 연장선상에서 르네상스는 사람들이 생각하는 것처럼 완전히 다르게 시작된 근대의 한 부분이 아니라 중세 후기 문화의 변형에 지나지 않는다고 말한다.

대조의 구체적 사례들

대조를 바탕에 둔 분석은 하위징아의 저작 전편을 통해서 나타난다. 언어의 근원을 탐구하겠다는 박사학위 논문 제안서에서, 노래와 빛의 촉각을 대립적인 한 쌍으로 나누었다. 가령 날카로움과 둔중함, 밝음과 칙칙함, 가벼움과 무거움 등으로 대립시켰다. 그는 대조의 강도强度와 거기서 나오는 결과를 중시하면서 빛, 색깔, 소리 등을 탐구했다. 그는 "소리치는 색깔"과 "비명을 내지르는 빛"과 "서로에게 욕설하는 색깔"에 주의를 기울이면서 이런 것들이 "미세하게 조정된 표현"의 사례라고 했다. 이런 대조, 이런 충돌에 의하여 여러 감각은 공감각으로 녹아드는데, 이것이 단어들의 생성과 생명의 근원이다.[8]

그가 실제로 제출하여 박사를 받은 논문에서, 대조는 비두샤카라는 반反 영웅적 인물을 중심으로 구축된다. 바보 비두샤카는 이상적 인물인 영웅의 정반대가 되는 인물이다. "그의 무감각은 영웅의 예민한 감수성과 대립되며, 그의 노골적인 물질주의는 우아함의 정반대이며, 그의 못생기고 어리석은 행동은 전인적 존재인 영웅의 반대 명제이다." 대체로 보아 코믹한 효과를 노리는 드라마는 이와 동일한 기능을 수행한다. 인도 드라마 이론은 여덟 개의 라사rasa(마음의 상태)를 구분한다. 웃음은 라사의 하나이지만, 나머지 라사들에 맞서는 역할을 수행한다.[9]

하위징아가 나중에 집필한 하를렘, 흐로닝언, 젤란트 등에 대한 향토색 짙은 연구서에서, 대조는 이미지를 형성시키는 추진력이 된다. 다음의 사례를 보라. 흐로닝언 주변 지역은 원래 프리시아 지역이었으나, 그 지역적 특성을 잃게 된 경위를 탐구한 연구서에서, 하위징아는 프리시아와 색슨의 대조를 논의의 틀로 삼고 있다. 이 대조는 다시 도시와 그 인근 지역의 대비로 축소되는데, 이것은 결국 순수한 지리의 문제 또는 토양의 차이가 된다. 프리시아의 초원과 숲 속으로, 드렌테 주의 충적토 혹은 혼트스뤼히의 모래 등성이가 밀고 들어왔다. 그래서 거기에는 토양과 높이의 차이가 있었고 사람들이 달랐다. 따라서 나머지 드렌테 지역과 함께, 이 지역은 다른 교구에 소속되었다. "그렇지만 이런 차이점이 교환과 교제를 촉진시켰다."[11]

흐로닝언 대학의 19세기 역사를 다룬 연구서와 현대 미국을 다룬 연구서도 동일한 패턴을 보인다. 흐로닝언 대학 연구서에서 서로 다른 시대의 교육 원칙을 탐구하면서 하위징아는 앙시앵 레짐ancien régime 대對 프랑스의 통치, 프랑스의 통치 대 네덜란드 왕정의 회복, 1876년 고등교육법 시행 이전 대 이후 등을 대비시킨다. 『미국의 개인과 대중』에서는 이런 대립의 틀은 더욱 분명하게 드러난다. 이 저서는 네 편의 논문으로 구성되는데 개인주의 대 집단주의, 유기적 성장 대 기계화, 정치 대 경제, '순치' 대 '야생' 등을 대비시킨다. 이 책은 두 부분으로 나누어지는데, 전반 두 논문은 아주 비관적이나 후반 두 논문은 그보다 훨씬 강력한 낙관론을 펼친다.

하위징아가 쓴 두 편의 전기도 동일한 패턴을 갖고 있다. 에라스뮈스 전기에서는 무엇보다도 스콜라주의와 인문주의가 대비된다. 하위징아는 이것을 스타일의 차이로 축소시킨다. 엄격한 논리와 치밀한 삼단논법 대 독특한 스타일과 느슨한 글쓰기 양식의 차이라는 것이다. 이런 스타일의 차이는 다시 철학 대 문학, 문학 대 인생, 휴머니즘 대 기독교 사상 등의 차이로 확대되어 나간다. 간단한 비네트vignette(인상적인 그림) 스타일의 글로 묘사된 에라스뮈스의 모든 저작은 대조의 옷감(바탕)을 갖고 있음이 드러난다. 『엔키디리온』, 『대화집』, 그리고 가장 현저하게 『우신 예찬』 등은 모두 외양과 본질의 대조를 추구한 작품이다.

에라스뮈스 전기의 핵심 부분은 시대의 거울인 에라스뮈스가 시대의 변화 촉매제인 에라스뮈스로 전환하는 분수령이다. 바로 이 부분에서 하위징아는 자신의 진정한 초상화를 드러낸다. 바로 여기서 하위징아는 에라스뮈스의 부정적인 측면, 가령 통찰력 부족, 경건성 부족, 깊이의 부족을 그의 긍정적 측면 가령 문명을 발전시키려는 충동, 단순명료

한스 홀바인이 그린 에라스뮈스

함과 자연스러움의 재주, 순수함과 이성 등과 대비시킨다. 하위징이는 이렇게 하여 성실하면서도 솔직한 사람, 경험이 없고 비非 세속적인 사람의 초상화를 그려낸다. "그는 보다 깊은 측면도 갖고 있었는데, 그건 이런 특징들과 정반대되는 것이었다. 그런 측면을 에라스뮈스 자신은 알지 못했는데, 그가 알기를 원하지 않았기 때문이다. 이 측면은 에라스뮈스라는 존재의 핵심이 되는 또 다른 측면을 감추었는데, 그 핵심은 정말로 선량한 것이었다." 하위징아는 책의 후반부에서 에라스뮈스와 루터의 차이를 주로 논하는데, 이때 가장 중요한 대비인 '시시한' 에라스뮈스와 '위대한' 에라스뮈스의 대비가 집중적으로 다루어진다. 하위징아는 이렇게 말한다. "시시한 에라스뮈스가 허용하는 만큼 위대한 에라스뮈스를 많이 살펴보도록 하자."[12]

에라스뮈스 전기는 주인공을 아주 깊이 있게 비판하지만, 하위징아의 친구이며 화가 겸 작가인 얀 베트Jan Veth의 전기는 처음부터 깊은 애정을 드러낸다. 에라스뮈스 전기는 동요하는 사람을 묘사했다면 베트 전기는 추구하는 사람을 제시한다. 그림 그리기와 글쓰기, 당대의 사회적 문제에 적극 관여하기와 예술적인 은둔 등이 베트가 직면한 추구의 대상이었다. 이런 추구 사항들을 좀 더 세분하면 초상화와 풍경화, 미술비평과 시, 예술에의 헌신과 교수직의 수행 등이 있었다. 이런 사항들을 중시하여 하위징아는 베트 전기에 "예술과 역사", "작가-화가", "시인과 사람" 같은 소제목을 붙였다. 이 책은 하위징아가 좋아하는 편제인 두 부분으로 나뉘는데 전반부에서는 베트의 탐구를 그리고 후반부에서는 성취를 다룬다. 베트는 실제로 자신이 어떤 사람인지 깨닫는데, 이 점에 대해서는 책의 첫 페이지부터 독자는 의심을 갖지 않는다. 베트 전기는 하위징아의 초상화들 중에서 가장 조화로운 책이다.

대조는 다른 본격 논문이나 간단한 논문들에서도 기본 구조를 이룬다. "전망"이라는 제목이 붙은 글은 네덜란드 역사의 중요한 시점인 1533년과 1584년을 비교 검토한다. "1900년까지의 유럽 역사에 나타난 애국주의와 민족주의"[13]는 제목 자체가 강한 대비의 분위기를 풍긴다. 『안내De Gids』라는 잡지에 기고한 장편 논문 「천사와 씨름하는 두 씨름꾼」[14]도 같은 접근 방법을 쓴다. 하위징아는 이 글에서 슈펭글러Spengler와 H. G. 웰스H. G. Wells의 역사관을 비교 검토한다. 그리고 "1백 년 전의 사상과 무드"[15]라는 강연에서는, 1840년이라는 중요한 해를 기점으로 19세기 문화를 논하면서 이렇게 말했다. "이 해는 유용성이라는 가장 무심하고 천박한 개념을, 낭만주의의 황홀함과 결부시켰다." 하위징아는 여기서 "널리 퍼진 부르주아의 자기만족 심리"를 "사회적 불만을 표출하는 열광적인 형태들"과 대립시켰다.[16]

이 패턴은 네덜란드 연구서에서도 반복된다. 30페이지가 채 안 되는 소논문인 「네덜란드의 국가적 특성」에서 그는 바다에 면한 해양 주들과 히스가 많은 내륙 주들을 대비시키면서 이를 중심 대 변방이라고 명명했다. 하위징아가 『17세기의 네덜란드 문명』에서 꾸밈없이 묘사한 네덜란드 공화국의 초상화는 홀란트 대 나머지 주들, 물과 땅, 시민 대 귀족, 무역 대 산업, 대학 졸업자 대 미필자 등 일련의 대비로 구성된다. 그는 주요 화두인 문화사를 다룰 때도 같은 방법을 쓴다. 가령 카츠를 브레데로와 비교한다. "이 얼마나 놀라운 대조인가! 어릴 적부터 시를 쓰겠다고 맹세한 조흐르블리트의 영주(카츠)는 만년이 될 때까지 시작詩作을 하지 않았고, 단 한 순간도 마음의 평정을 잃는 법 없이 여든세 살까지 살았다. 반면에 암스테르담 시민의 아들로 태어난 브레데로는 반짝이는 재치와 시적 불꽃에도 불구하고 겨우 서른세 살까지 살았다. 대학을 졸업한 카츠는 고전에 능통하여 그리스어와 라틴어로 시를 쓸 수 있었다. 반면에 브레데로는 위대한 작가들이 그러하듯이 라틴어는 어두웠고 그리스어도 그보다 더 못했다. 그는 자신의 지식에 대하여 '머리 속에 약간의 학교에서 배운 프랑스어가 남아 있을 뿐'이라고 말했다."[17]

문화적으로도 네덜란드 공화국은 다른 유럽 국가들과 크게 달랐다. 인근의 국가들은 르네상스와는 뚜렷하게 다른 바로크 시대를 구가했다. "17세기는 16세기와는 다르게 엄격하고 배타적인 원칙, 간결한 선과 형태, 지나친 장식의 억제 등을 지향했다. 이렇게 한 것은 전반적 통일성과 위압적인 권위를 확보하기 위해서였다." 하위징아는 이렇게 보았다. 바로크의 규범은 "확립된 기준에 순응하는 것이 바탕이었다. 그것이 교리든 통치든, 형태론이든 작시법作詩法이든 다 마찬가지였다. 화려함과 위엄, 연극적 제스처, 엄격한 규칙과 요지부동의 교리 등이 강조되었다. 교회와 국가에 대한 성실한 복종이 처신의 이상이었다. 정부 형태로는 군주제가 신격화되었고, 개개 국가는 무제한적인 국가 이기주의와 자기 의지라는 근본 원칙을 고수했다. 공공 생활은 장엄한 수사법의 형태로 영위되면서 엄숙한 진지함을 강조했다. 위엄과 행렬과 과장된 관습이 판을 치는 시대였다." 이러한 규범은 교황이 다스리는 이탈리아, 윌리엄 로드William Laud와 왕당파(Cavaliers)가 행세하던 잉글랜드, 위대한 세기(grand siecle)를 지향하던 프랑스 등에 그대로 적용되었으나, 17세기의 네덜란드 문명과는 날카로운 대조를 이루었다.[18]

묘사 혹은 비판

여기서 우리는 하위징아의 현실 체험을 규정하는 기본적 원판을 다루게 된다. 역사에 드라마와 변별성을 부여하는 것은 대조이다. 대조를 통하여 형식과 내용이 혼융되어 이상적 합일을 이루고, 역사적 이야기와 역사적 사실, 역사적 원칙과 이야기의 주제가 서로 통합된다. 대조는 형식을 만들어내고, 또 형식을 용해시킨다. 바로 이 때문에 역사는 역동적인 추진력을 얻고, 또 변화를 극복하여 안정을 이루어낸다. 궁극적으로 여러 가지 대조사항들을 서로 대립시키는 것은 하위징아에게 하나의 형식혹은 창조적 원칙이었다. 이 점을 분명히 밝히기 위해 우리는 『호모 루덴스』를 자세히 들여다볼 필요가 있다. 이 책은 하위징아의 시학詩學을 포함하면서 동시에 그의 기본적 문화 모델을 정의한다. 이 책은 서술적인가 하면 규범적이고, 또 문명의 전기인가 하면 하위징아 자신의 자화상이기도 하다.

　『호모 루덴스』는 다른 책들에 비해 덜 체계적으로 구축되어 있지만, 대조라는 동일한 원칙을 축으로 집필되어 있다. 하위징아가 볼 때, 놀이의 핵심은 대조이다. 그는 대조라는 방법론을 적용하여 놀이를 "현실과는 다른 것" 혹은 진지하지 않음으로 정의한다. 이어 그는 놀이/놀이 아님을 다른 중요한 대립항들, 가령 지혜/우둔, 진실/허위, 선량/사악 등과 나란히 놓으면서, 놀이는 완전히 다른 자율적인 것, 다른 어떤 것으로 환원될 수 없는 범주라고 말한다. 그래서 문화의 요람은 곧 대조라고 주장한다. 놀이가 문화에 선행했고 문화는 놀이 속에서 태어났다. 그런 의미에서, 놀이는 고대 문화의 공동체 생활을 그대로 반영한다. 그 생활은 "공동체 그 자체의 대립적이고 길항적인 구조에 바탕을 두고 있는" 것이다. 원시 부족을 두 개의 라이벌 씨족으로 갈라놓은 원시적 이원론, 음/양의 대립 등은 놀이에 카니발적인 분위기를 불어넣는 기본적 모델이다.[19]

하위징아는 놀이의 개념을 언어학적·추상적으로 분석한 후에 아프리카, 근동과 극동, 아메리카 등의 초창기 문화적 발현물들을 검토한다. 이런 곳들에서 놀이는 의식儀式과 경쟁의 형태를 취했다. 이런 점에서 북아메리카 인디언의 포틀래치 제도나 로마의 루디ludi나 본질적으로 차이가 없다. "라틴어에서 루디는 놀이의 형태를 취하는 신성한 경쟁을 가리키는 것이지만, 이런 문화적 요소의 가장 순수한 표현이 되는 것이다." 이 로마의 게임들에서 하위징아는 하나의 메커니즘을 발견한다. 즉 그가 『중세의 가을』에서 좀 더 개괄적으로 설명한 놀이의 메커니즘을 이끌어내는 것이다. 문화가 더 복잡해질수록 그 자원들은 더 세련되고 문화적 결과물들은 놀이로부터 멀어지게 된다. "문화가 점점 더 진지해질수록 놀이에게는 주변적인 공간밖에 남지 않는다."[20]

결과적으로 놀이는 "지하로 잠복하여" 좀 더 복잡한 형식을 취한다. 가령 법정의 소송은 이 경쟁(놀이)의 분위기를 잃어버린 적이 결코 없었다(이것은 신탁이나 사행성 게임도 마찬가지이다). 색다른 장소(법정), 뚜렷하게 구분되는 의복(판사의 법복), 일반 문장과는 다른 법조문의 수사법 등 "타자"의 측면에서 놀이의 요소를 간직한다. 하위징아는 이런 일련의 형식들을 놀이와 법정, 놀이와 전쟁, 놀이와 지혜, 시, 지혜, 예술 등의 소제목으로 검토해 나가다가 『호모 루덴스』의 마지막 두 장에서 결론을 제시한다.

이 마지막 두 장은 하위징아의 문화관을 구체화하며, 또 문명 비판의 근본을 보여 준다. 첫 번째 장(『호모 루덴스』의 제11장 놀이의 관점에서 살펴본 서양 문명)은 놀이를 대하는 태도라는 관점에서 다양한 문명과 시대를 검토한 것이다. 그는 로마제국의 쇠망 시기와 중세 후기가 서로 공통되는 점이 있다고 진단한다. 두 시대 모두 "헛된 외양적 광채가 과도했다"는 것이다. 르네상스, 바로크, 로코코의 새로운 개화 이후, 19세기는 놀이의 기능에 별로 공간을 제공하지 않았다. 엄숙함이 지배했고, "유럽은 작업복을 입었다." 마지막 장(『호모 루덴스』의 제12장 현대 문명에서 발견되는 놀이 요소)은 자연스럽게 문명 비평으로 이어지는데, 익숙한 과정의 일환으로, 이 단계에서는 놀이의 개념이 전반적으로 요약된다.

이 마지막 두 장에서 하위징아는 중요한 현상을 지적한다. 그가 볼 때, 20세기에 들어와 대조는 형식을 창조하지 못했고 오히려 형식 없음을 만들어냈다. 마법사의 조수가 마법의 장치(놀이)를 가져다가 뭔가 만들어내지 못하고 엉망으로 만들어놓은 상황이다. 『내일의 그림자 속에서』는 그런 형식 없음이 가져오는 결과를 다룬다. 인간의 생각은 양가적兩價的이 되었고 "도덕률 폐기론"을 지향하게 되었다. 하위징아는 이런 견해를 다음과 같이 설명한다. "도덕률 폐기론은 무엇인가. 그것은 이전에 상호 배타적으로 보였던 두 개의 극단 사이에서 아이디어가 그

냥 멈춰 서버린 것이다. 양가론은 양극단의 결정사항 중에서 어떤 것을 선택할지 몰라 뷔리당의 당나귀처럼 망설인다." 우리의 분석 능력은 내면적 갈등에 의해 마비된 것이다.[21]

(뷔리당의 당나귀Buridan's ass. 장 뷔리당Jean Buridan은 이 학설을 주장한 것으로 잘못 알려진 프랑스 철학자이다. 한 마리의 당나귀로부터 같은 거리인 두 장소에 같은 품질에 같은 양의 건초가 놓여 있는데, 당나귀는 어느 쪽을 먼저 먹을까 망설이다가 결국 굶어죽었다는 궤변적 논리인데, 14세기에 학생들 사이에서 커다란 논의의 대상이 되었다─옮긴이)

이렇게 되면 판단력을 상실하고, 비판적 사고 능력이 저하되며, 궁극적으로 지식의 이상을 배반하게 된다. 이것은 모든 핵심 챕터들의 제목이다. "보라, 문명의 위기라는 저 핵심적 순간을. '지식'과 '존재' 사이에서 갈등이 벌어지고 있다." 이것은 새로운 게 아니었다. 우리의 지식은 언제나 부족했다. 정말 새로운 것은 불충분함을 대하는 현대인의 태도였다. 그것은 허무주의와 실용주의였다. "진리는 그것을 공언하는 사람에게 실용적 가치를 가진 것이었다. 어떤 것이 일정 기간 타당하다면 그것은 진리였다. 가장 둔감한 사람도 이것을 금방 이해할 수 있었다. 어떤 것이 현실에 통하면, 그게 곧 진리라는 얘기이다." 그 나머지는 사회학과 물질주의가 다 해줄 터였다. "이렇게 하여 20세기의 반反 지성적 세력이 엄청난 흐름을 형성했고, 그 흐름은 곧 난공불락일 것처럼 보였던 지적 문화의 둑을 위협할 것이다."[22]

현대

모더니티의 이런 급격한 반전은 정확하게 언제 벌어졌는가? 어느 시점에 이르러, 전에는 아주 유기적이었던 것이 황당무계하게도 기계적인 것이 되어버렸나? 하위징아는 이 문제를 아주 초창기 단계에서부터 다루었고 제1차 세계대전 이후 아주 긴급한 문제라고 보아 반복적으로 다루었다. 『호모 루덴스』에서는 19세기의 분수령을 정의했지만, 『중세의 가을』에서는 그보다 훨씬 이른 시점을 제시했다. 『중세의 가을』에서 하위징아가 결정해야 할 것은 놀이와 진지함, 지식과 존재 사이의 관계 등에서 균형을 잡아야 하는 것이 아니라, 예술과 인생 사이에서 균형을 잡아야 하는 것이었다. 그런데 모더니티의 반전反轉은 르네상스와 근대 사이의 어떤 시점에서 발생한 게 분명했다. "예술과 생활이 구분되고, 예술이 삶의 즐거움 중 고상한 부분을 이루지 못하고, 사람들이 생활 한 가운데에서 더 이상 예술을 즐기지 아니할 때 흐름이 반전되기 시작했다. 예술은 이제 고상한 경배의 대상이 되었고, 사람들은 교육과 휴식을 위해서만 예술을 쳐다보게 되었다. 하느님을 이 세상으로부터 구분시키는 저 오래된 2원론이 다른 형태로 되살아나, 인생과 예술을 구분시켰다. 인생의 즐거움 사이에 경계선이 그어지고 즐거움은 다시 고상한 즐거움과 저급한 즐거움으로 양분되었다."[23]

「르네상스의 문제」라는 주요 논문에서 하위징아는 근대의 뿌리를 찾는 작업을 계속했다. 이 논문은 15세기를 중세 문화와 근대 문화 사이의 적당한 위치에 배치시키려 했으나, 그 답변은 애매모호한 것이었다. 하위징아는 중세와 르네상스의 분명한 대비를 볼 수 없었고, 심지어 르네상스와 근대 사이의 경계도 불분명했다. "서양의 중세와 근대를 구분하는 근본적 분할선들을 살펴볼 때, 그 구분이 중구난방임을 발견한다. 어떤 사람은 중세와 르네상스를 구분하고, 어떤 사람은 르네상스와 17세기를 구분하고, 어떤 사람들은 르네상스의 시기 또한 구분하여 그 출발 시기를 1세기 앞당겨 13세기로 잡는가 하면, 뒤로 늦춰 18세기로 잡기도 하는 것이다."[24]

그렇지만 르네상스는 하나의 단층선을 형성했다. 물론 이 단층선을 제대로 이해하기 위해서는 어느 정도 열린 마음을 갖추고 있어야 한다. 하지만 이런 열린 마음 혹은 이해력은, 하위징아가 볼 때, 꼼꼼한 북부 유럽 사람들에게는 손쉽게 얻어지는 게 아니었다. 이것은 왜 그런가 하면 르네상스는 "로망스 정신이 거둔 승리들 중 하나"이기 때문이다. 그 것을 제대로 이해하자면, 남부 유럽의 주된 특징인, 심각함과 유쾌함, 선량한 유머와 무책임함 등이 뒤섞인 독특한 문화를 용납할 수 있어야 한다. 북부 사람들은 그들의 영혼을 찾기 위해 온 사방을 돌아다닐 것이 아니라, 사물 그 자체 특히 "사물의 가장 아름다운 형태"를 들여다보아 야 하는 것이다. 그들은 "홀바인Holbein이나 모로Moro의 초상화를 보면 서 라블레의 웃음을 상상할 수 있어야" 하는 것이다.[25]

이러한 하위징아 주장의 논지를 제대로 이해하자면 우리는 그가 제 시하는 또 다른 르네상스, 즉 12세기 르네상스를 떠올려야 한다. 15세기 르네상스가 로망스 정신의 승리이기는 했지만, 12세기 르네상스도 그에 못지않게 라틴 정신이 스며들어가 있었다. 그리고 12세기는 또 다른 원 시적 측면을 간직했다. 그 측면은 "켈트-게르만 혹은 그보다 더 오래된 원주민 과거"였는데, 이것이 창조적 분출의 터전을 마련하여 12세기를 유럽의 창건자로 만들었다. 기사도는 그 중세적 형식들—기사 작위 수 여식, 토너먼트, 기사단, 기사단의 맹세 등—에 있어서 "상고주의 (archaic)"와 긴밀하게 연결되어 있었고, "놀이의 요소는 여전히 활기차 고 진정한 창조의 원칙이었다." 12세기에 게르만-이교도 문화와 로망 스-궁정 문화가 합쳐져서 기독교가 재정립되었다.[26]

하위징아가 15세기 르네상스에서 발견한 대변화는, 유럽 문화의 두 구성 요소인 게르만 노선과 로망스 노선이 최초로 갈라선 현상이었다. 바로 이것 때문에 하위징아는 제1차 세계대전에 대하여 깊은 우려를 표시했다. 프랑스와 독일이 맞선 제1차 세계대전에서, 하위징아는 서유럽 문화사의 근간을 이루어 온 두 문화의 창조적 대비가 메울 수 없을 정도로 아득하게 멀어지는 것을 보았다.

이 창조적 대조를 두고서, 하위징아의 동정심은 처음엔 공평하게 배분되어 있었다. 하위징아는 동화에서 사가(중세 북유럽의 전설)에 이르기까지, 초창기 게르만 이야기의 풍성함에 매혹되었다. 그는 산스크리트어 학자로서, 그는 동인도 제도로부터 영감을 많이 받은 토로프Jan Toorop(1858-1928, 네덜란드 화가 겸 시인으로서 북유럽에 아르 누보 스타일을 도입했다―옮긴이)를 칭송했다. 그의 시詩 작품은 "그 감성에 있어서 아주 뿌리 깊은 게르만 성향인데, 아무 의심 없이 검토하는 사람들이라면, 동인도 제도의 시적 개념들이 절반쯤 슈베르트의 음악에 도달해 있음을 발견할 것이다." 동시에 동인도 제도의 부드럽고 달콤한 시 속에는 "삶의 체험에 대한, 시인의 흘러넘치는 즐거움이 없다"고 하위징아는 진단했다.[27]

하위징아는 그 무르익음 때문에 인도에서 멀어졌고, 그 야만성 때문에 독일로부터 멀어졌다. 젊은 역사학자 시절, 하위징아는 네덜란드 국민성의 뿌리를 찾는 작업을 하면서 게르만과 로망스의 영향력을 구분하는 작업을 그리 긴장된 시선으로 보지 않았다. 하지만 부르고뉴에 관하여 주요 강연을 하기 위해 1933년에 베를린에 갔을 때, 그 강연의 제목은 "로망스-게르만 관계의 위기"라는 다소 의미심장한 것이었다. 그 제목은 그 당시의 시대 상황과 맞닿아 있었다. 로망스 정신은 정치적으로나 문화적으로 18세기까지 주도적 지위에 있었다. 그러다가 영국과 독일이 주도하는 "지적이고 물질적인 반발의 움직임"이 벌어졌다. 하위징아는 이 움직임을 가리켜 낭만주의라고 했는데, 그 지속적인 영향력은 아직도 파악이 잘 안 된다고 하위징아는 말했다.[28]

하지만 생애 말기에 나온 『부서진 세계』에서 그는 그 영향력을 파악할 수 있었다. 그는 이 책에서 자신이 그 둘을 연결시키는 새로운 연결고리를 발견했다고 생각했다(그는 결코 희망을 잃지 않았다). 이탈리아, 스페인, 프랑스를 직면하고 있는 문제들은 이 지역의 로망스 정신을 꾸준히 파괴시켜 왔다. 게르만의 문화적 통일성은, 하위징아가 볼 때 중세에 이미 사라졌다. 하지만 그는 앵글로-색슨의 문화 유형에서 로망스 유산과 게르만 유산의 뒤를 잇는 적자嫡子를 보았다. 영국은 정치적으로, 문화적으로, 또 경제적으로 "세상이 내놓을 수 있는 모든 좋은 행운"을 부여받은 것처럼 보였다. 그리고 네덜란드도 바로 이 문화 유형(앵글로-색슨)에 속했다. 네덜란드의 정체성을 탐구하는 여러 논문에서 그는 네덜란드의 사이에 끼인 위치와 통과적通過的 문화를 강조했다. 그리하여 네덜란드는 그 주위를 둘러싼 3대 문화권의 영향을 잘 흡수하여 그들 사이에서 통합적 요소가 되려는 열망을 갖게 되었다는 것이다.

6

조화

대조는 아리스토텔레스 용어를 빌어서 말해 보자면 하위징아 상상력의 제1 운동자運動者였다. 하지만 그 해소, 즉 조화에 대한 추구는 제2 운동자라 할 수 있다. 대조는 긴장과 움직임을 만들어내는 반면, 조화는 균형과 안정을 의미한다. 균형은 하위징아의 방법론적 접근에서 가장 중요한 개념이다. 그것은 규범적인가 하면 서술적인 것이고, 학문과 문화 양쪽에 적용되는 것이다.

젊은 언어학자로서, 하위징아는 언어를 연구할 때 일방적이고 합리적인 접근 방식에 반대했다. 역사학자로서는 경제적이고 수량적인 역사의 일방적 강조를 반대했으며, 문화비평가로서는 문화를 일방적이고 물질적인 발전으로 보기를 거부했다. 하위징아의 세계관 속에서, 언어의 창조는 실용적 결정이라기보다 시적 충동이었고, 역사학은 회계 장부가 아니라 창조적 과정이었으며, 문화는 영혼 없는 메커니즘이 아니라 의미 깊은 의식儀式이었다. 하위징아는 전 생애를 통하여 예술의 힘과 과학의 힘을 서로 분리하는 것에 반대했다. 그가 볼 때, 역사가의 책무는 "가장 엄정한 객관성"과 "가장 주관적인 정서"를 종합하는 것이었다.[1]

그는 이 두 가지 태도, 즉 객관성과 주관성, 학문적 초탈과 열정적 참여를 고전주의 대 낭만주의로 서술했다. 고전주의는 합리성을, 낭만주의는 정서를 의미하는 것으로 보았다. 그는 이상과 꿈, 아름다운 전체와 암시적인 부분을 구분하기 위하여 이 두 용어를 사용했다. 그는 또한 이렇게 말했다. "낭만적 달빛이 흥건한 꿈나라를 추구하는 사람들은 종종 환한 햇빛 속에 사는 엄격한 합리주의자들이다."[2] 「낭만주의의 주제들에 관한 간단한 담화」에서 하위징아는 이렇게 썼다. "어떤 합리주의, 어떤 사실주의, 또 어떤 고전주의가 낭만적 태도를 배제한다고 가정하지 마라."[3]

하위징아는 한평생 낭만주의와 씨름했다. 그가 싫어했던 민족주의와 그가 사랑했던 역사가 모두 낭만주의의 소산이기 때문이다. 그래서 '나쁜' 낭만주의와 '좋은' 낭만주의를 구분하려 했다. 그는 가짜-신비주의와 점잖은 서정주의 사이에 경계선을 그었다. 피와 땅의 허울 좋은 수사修辭를 강조하는 민족주의와, 민족의 형제애와 초超 민족적 존경심을 바탕으로 하는 형제애를 구분했다. 미덕을 경멸하는 낭만주의가 있는가 하면 미덕을 경배하는 낭만주의가 있었다. 아주 진지하게 문학의 놀이를 펼치는 낭만주의가 있는가 하면 문학을 너무 진지하게 생각하여 놀이 정신을 죽이는 낭만주의도 있었다.[4]

낭만주의의 문제이면서 매력인 점은 사람의 현실 인식을 바꾸어 놓는다는 것이다. 합리적이고 도덕적인 관점으로부터 시선을 돌려 "그 너머에 있는 듯한 무엇"으로 시선을 돌리게 만든다. 전에는 날카로운 윤곽을 갖고 있었던 것이 낭만주의의 눈으로 보며 흐릿한 윤곽을 갖는다. "우리의 시선은 오래된 개념들의 경계선들 사이에서 멈추고, 거기에서는 기이한 분위기가 생겨난다. 그 속에서는 사물들이 즐거운 불일치의 무심함 속에서 움직이는 것이다." 여기에서는(이런 분위기에서는) 이미지

들이 개념들을 대신하고, 정의定義는 '무드'에 의해 대체된다.[5]

무드

'무드(stemming)'라는 단어는 하위징아의 독특한 용어에서 가장 중요한 개념들 중 하나이다. 이것은 균형의 동의어라고 보아도 무방하다. 우리는 그가 쓰려다 만 박사 논문의 초고 「빛과 소리의 연구에 대한 제안서」에서 이미 무드라는 용어를 발견한다. "단어의 서정적 형성은 어떤 무드를 전제 조건으로 하는데, 단어는 그 무드에 적절히 반응하는 것이다." 이 용어의 이점은, 무드가 어떤 특정한 감각 기관에 국한되지 않는다는 점이다. 무드 속에 내포된 여러 인상들의 창조적 융합, 여러 감각들의 협력(즉 공감각) 등에서 단어들이 생겨난다. 무드라는 단어는 그처럼 표현력이 높아서 소리와 정서를 단단하게 결합시킨다.[6]

동시에 이 단어는 어떤 취약함을 암시한다. 하위징아는 자신이 이 용어를 심리학적 의미(즉, "어떤 지속적인 심리 상태")가 아니라 시적인 개념(즉 "직접적이고 순간적인 정서 상태")으로 사용한다는 것을 강조한다. 그것은 균형과 투명함의 한 순간이지만, 취약하고 꿈같고 욕망이 가득한 그런 순간이다. 그는 비두샤카를 다룬 박사 논문에서 이 무드를 자세하게 다루었다. 그가 다룬 고대 인도 드라마의 시기에는 복잡한 드라마 이론이 있었다. 그 이론에 따르면 인간의 심리에는 보다 높은 형태에서 낮은 형태에 이르기까지 여덟 개의 라사rasa(마음의 상태)가 있는데, 감각적 양상과 초감각적 양상을 모두 망라한 것이었다. 그리하여 라사는 "세속적인 일에서 생겨나는 감각의 소통"에서 "지식"에 이르기까지 다양한 단계가 있다. 보다 높은 지식은 꿈, 욕망, 시詩의 세 가지 방식으로 나타난다.

하위징아는 이 라사가 네덜란드어로는 stemming, 즉 '무드'로 가장 잘 번역된다고 보았다.

하위징아는 무드라는 단어를 언제나 조화와 분산, 충만充滿과 상실의 관점에서 사용했다. 이것은 그가 오래된 네덜란드 마을들을 서술할 때 잘 드러난다. "오래된 네덜란드 마을들은 평범한 건축 형태를 가지고 있다. 건축적으로 아주 수수한 형태적 리듬과 내면을 응시하는 프라이버시를 자랑한다." 네덜란드 마을의 아름다움은 순전히 건축의 문제로만 국한되지 않는다. 마을은 총체적 광경(Gesamttheater)으로서, 도시 구조, 인근 지역, 지리적 위치와 생활, 붉은 지붕들 위로 울려퍼지는 종소리의 음악까지도 모두 포함한다. 그것은 하위징아에게 "가장 친밀한 매력을 가진 하를렘의 숲은 그 온화한 무심함 때문에 그런 분위기를 풍긴다"라는 노스탤지어의 문장을 연상시킨다. 또 옛 프리슬란트를 지나가면서 "저 베른레프의 땅은 이제 사라졌구나!" 하고 하위징아는 슬프게 탄식한다.[8] 18세기 대학의 아카데믹한 전원곡에 대해서는 이렇게 말했다. "인문학의 정신이 살아 숨쉬는 아르카디아. 저곳은 완벽한 질서와 조화의 세계로구나."[9]

흐로닝언 대학의 옛 본관 건물이 풍기는 인상도 "온화한 무관심"의 좋은 사례이다. 대학 본관의 안뜰은 타일로 덮여 있고 "타일들 사이의 틈새로는 풀들이 많이 자라 있다." 통로는 타일로 덮었는데 "아래에서도 그 통로가 환히 보였다." 한 세대 뒤에는 이 본관 단지를 회상시키는 건물은 회색 벽토를 칠한 해부실 건물뿐이다. "달빛이 5각형 슬레이트 지붕을 비출 때면 거기에는 고풍한 분위기가 있다. 그리고 교회의 성가대석이 그 뒤로 불쑥 솟아올라 있다." 이 모든 것이 오래된 흐로닝언 대학에 "멋지고 흥미로운 대학"이라는 인상을 안겨주었다. 하지만 퇴락이 아주 많이 진행되었고, 수도사들의 교회는 가톨릭교도에게 돌려주었고, 그 대신에 메노파 교회와 해부실과 도서관 건물이 들어섰다. "하지만 대학은 더 이상 공중용 강당을 갖고 있지 않았고, 건물의 통일성은 영원히 깨어져 버렸다."[10]

하위징아의 저서는 이런 무드로 가득 차 있다. 『미국의 개인과 대중』에서 그는 이 무드를 다른 이름으로 불렀다. 거기에서는 "통찰"이라는 말이 사용되는데 "사물의 내적 본성에 대한 아주 명료한 인식, 세속적 현실을 초월하는 인식"을 가리키는 것으로서, 결국 무드와 같은 뜻이다. 하위징아는 미국의 작가들에게서 현실에 대한 공감을 발견하고서 크게 감동 받았다. 그는 미국 작가들에게서 통찰의 순간, 영감의 순간을 보았다. 그 순간 속에서 자연과 초자연, 물리학과 형이상학은 하나로 융합되었다. 『중세의 가을』에 나오는 중세인들처럼, 그들은 "모든 사물은 나름대로 중요한 방식으로 피안의 세계를 향해 손을 내뻗고 있다"는 사실을 의식한다.[11]

하위징아는 이것을 너새니얼 호손에게서 가장 분명하게 읽었다. "그의 유창하고 자연스러운 자연 묘사를 읽고 나면 이런 것들이 마음속에 남는다. 9월 어느 날의 안개 같은 햇빛과 부드러운 온기, 이제 막 조락하려는 잎사귀의 청동 색깔과 슬픈 향기 등이 남는 것이다. 하지만 호손은 자연 세계의 묘사를 넘어서서 자연과 정신의 혼융, 정신과 그것을 둘러싼 사물들의 통합성을 전달하려고 애쓴다. 그에게서는 의미가 가득한 분위기가 풍겨져 나온다. 그것은 즉시 알아볼 수 있는 현실을 초월하는 어떤 성질이다."[12]

『중세의 가을』에서 하위징아는 '초월적' 성질에 대해서 설명을 한다. 그런 초월을 볼 수 있는 반에이크의 능력은 예술로 승화되었다. 가

〈어린 양에 대한 경배〉

령 아르놀피니의 초상화가 좋은 사례이다. "우리가 뒤에 렘브란트의 그림에서나 다시 만나게 되는 온화한 마음, 고요한 분위기가 이 그림 곳곳에 스며들어가 있다. 마치 얀 반에이크의 속마음인 듯하다. 결혼식이 있었던 중세의 그날 저녁이 문득 되살아난다. 그 시대의 문학, 역사, 신앙생활에서 자주 찾아보았지만 실패했던 그 저녁을 이제야 바로 보게 된다. 민요와 교회 음악에서 들려오는 행복하고 고상하고 순수하며 단순한 중세 시대를 말이다. 이 그림 속에서 호탕한 웃음소리와 한없는 열정의 세상은 천리만리 떨어져 있다!" 하위징아는 〈어린 양에 대한 경배〉라는 그림 후방에 그려져 있는 풍경, 구리 주전자의 그림, 거리가 내다보이는 틈새 등에서 그런 초월적 성질을 발견한다. "여기에, 이 조용한 광경 속에, 세속의 신비가 꽃피어나는구나."[13]

그 신비는 데보티오 모데르나의 세계와 수도회에서 특히 뚜렷하게 체험되었는데 빈데스하임 공동체 수도회가 대표적이다. 그 멀리 떨어져 있고 평화로운 세상의 한 구석에서 "감수성은 고요한 채널로 지속적으로 유도되었고, 새로운 생활 형식으로 정상화되었다. 즉 친밀함의 생활 형식을 추구했던 것이다." 하위징아는 가장 순수한 형태의 무드를 "여러 세기 동안 사람들을 위로한 책"인 토마스 아 켐피스의 『그리스도를 본받아』에서 발견했다. 그는 그 책을 호손의 책을 묘사하는 것과 비슷한 어조로 묘사했다. "『그리스도를 본받아』는 가락이 비슷한 문장들의 둔탁한 울림 때문에 다소 산만한 글처럼 보이기도 한다. 하지만 그 단조로운 리듬은 가랑비가 내리는 저녁 바다의 물결소리 또는 가을의 소슬한 바람 소리를 연상시키면서 자못 시적인 분위기를 풍긴다."[14]

그는 이와 동일한 무드, 동일한 "리얼리즘" ─ "사물의 본질과 의미에 대한 믿음" ─ 을 17세기 네덜란드 문명에서 발견했고, 에라스뮈스를 그 문명의 예고자로 인식했다. 『종교의 향연 Convivium religiosum』, 『우신 예찬』, 『대화집』 등에서 발견되는 "평온함과 조화로움"은 에라스뮈스의 특징이었고, 에라스뮈스를 르네상스에서 발견되는 모든 매력적인 것들의 구현체로 보았다. 하위징아는 『우신 예찬』에서 발견되는 풍부한 상상력을 칭송했다. 하지만 하위징아를 가장 매혹시킨 것은 간결한 선線과 색깔, 그리고 뛰어난 절제력이었다. 이러한 것들이 "완벽한 조화를 이루어 르네상스의 가장 본질적 특징을 이루었다. 사물과 생각이 풍부하게 제시되는 데도 과도함은 찾아보기 어렵고 절제, 균일, 경쾌함, 투명함이 넘친다. 그 효과는 독자를 느긋하게 만드는가 하면 기쁘게 한다." 여기에서 즐거운 전원시田園詩가 절묘하게 제시된다. "선량하고 현명한 친구들과 함께, 시원한 집안의 나무 그늘 밑에서 조용하고, 즐겁고, 진지한 대화를 나누려는" 전원시인 것이다. 이것은 에라스뮈스를 후대의 네덜란드 사람인 콘스탄테인 하위헌스Constantijn Huygens와 직접 연결시킨다. 『호프웨이크Hofwijck』(하위헌스의 전원시)는 에라스뮈스의 욕망으로부터 직접 생겨났다."[15]

네덜란드의 무드를 묘사하는 데 있어서, 하위징아는 『중세의 가을』에서 "상징주의"라고 불렀던 것과 동일한 "리얼리즘"을 적용한다. 네덜란드 문화의 청결하고 세련된 양상은 평균적 네덜란드인들이 일상생활을 구성하는 사물들에게 부여하는 가치의 표현이다. "그것은 평균적 네덜란드인의 깊은 경건심과 호응하는 것이며, 그는 이 모든 것을 하느님이 주신 것이라고 생각한다." 이것이 네덜란드 회화에서 발견되는 리얼리즘의 씨앗이며, 그것은 사물들에 대한 사랑 바로 그것이다. 네덜란드 화가들은 "그 생활에 상상력은 별로 입히지 않고 엄청난 신비를 입혔다. 그리하여 현재와 같은 네덜란드 그림들이 나오게 되었다." 그들은 부지불식간에 철학적 의미의 리얼리스트가 된 것이다. "그들은 중세에 사용되었던 바로 그 리얼리즘의 의미로 리얼리스트가 되었다. 달리 말하면 그들은 모든 존재의 완전한 리얼리티, 개개의 구체적 사물의 리얼리티를 확신했다."[16]

(중세의 리얼리즘은 실재론을 가리키는 것으로서 이런 뜻이다. 보편적 아이디어가 먼저 존재하고 그 다음에 각 개체("특수")에 그 아이디어가 구체화되었다고 보는 철학 이론. 가령 세상에는 전나무, 소나무, 은행나무, 단풍나무, 옻나무 등 수많은 나무들이 있지만, 먼저 나무라는 보편 개념이 있고 난 다음에 그런 나무들이 생겼으며, 이 나무라는 보편 개념은 세상에 존재하는 구체적 나무들과 상관없이 존재한다는 것이다. 이러한 논리의 연장선상에서 세상에는 영혼을 가진 수많은 사람들이 존재하지만, 그 전에 영혼이라는 보편 개념이 그런 개인들과는 상관없이 존재한다고 본다—옮긴이)

이 리얼리즘은 회화 예술을 리얼리티에 연결시켰을 뿐만 아니라 그림을 문학에, 즉 렘브란트를 본델에 연결시켰다. 그가 여기서 말하는 본델은 성인들과 순교자들의 본델이 아니라 일상적 현실 속의 본델이다.

그 본델은 날마다 "현재의 네덜란드 현실 속으로 내려와 암스테르담의 소란스러운 도시 생활과 호이나 켄네베를란트 지방의 평온한 시골 생활 속으로 들어오는 사람"인 것이다. 이 본델은 "모든 사물이 저마다 의미를 갖고 있다는 그 근본적 전제(토마스 아퀴나스 사상 체계의 근간)"를 확신하는 것이다. 하위징아가 여기서 말하는 렘브란트는 〈야경〉이나 〈클라우디우스 시빌리스Claudius Civilis의 맹세〉 같은 대작을 그린 렘브란트가 아니라 에칭을 그린 렘브란트이다. 특히 소규모 작품에서 렘브란트는 자유롭게 "절차의 매혹에 빠져들고, 그의 탁월한 천재가 발휘되어 간단한 건물이나 자연 풍경 앞에 서 있는 몇몇 사람들을 재빨린 휘두른 선들 속에서 파악한다. 그러면 모든 사물들 뒤에 숨어 있는 신비가 가장 간명하면서도 설득력 있게 드러나는 것이다."[17]

하위징아에 의하면, 이런 감정과 이런 무드가 네덜란드 공화국의 정신적 생활과 종교적 생활 전반에 스며들어가 있다. 그는 이런 생활이 도시의 상관商館과 도시 주위의 시골 별장에 깃들어 있다고 말한다. 특히 시골 별장은 "본델이 지빠귀새와 나이팅게일 새의 노래가 아름답다고 칭송한 아늑한 시골 생활"의 분위기를 간직한다. 특히 동심원적인 운하들과 그 주위에 장엄한 집들("웅장하면서도 심플한 집들")을 거느린 암스테르담은 건축적 가치에 있어서 베르사유를 압도한다. 이 도시는 가장 풍성하고 친밀한 네덜란드 문화를 대변한다. "만약 17세기의 분위기가 어딘가에 보존되어 있다면 그건 봄날 일요일 아침의 암스테르담 운하 혹은 여름날 저녁 늦은 햇빛을 받은 암스테르담 운하일 것이다." 하지만 그보다 규모가 작은 도시들도 결코 암스테르담을 그대로 답습하지는 않았다. 도시들은 호른이나 엔크하위젠에 이르기까지 저마다 독특한 분위기를 간직한다.[18]

렘브란트의 에칭화

그런데 그 분위기가 사라져가고 있다. 하위징아는 노스탤지어가 가득한 어조로 많은 네덜란드 도시들이 19세기 말까지만 해도 17세기 역사의 매혹을 그대로 간직했다고 말한다. 전차 노선, 콘크리트, 아스팔트, 자동차 등이 그 분위기를 쫓아버렸다. 이것은 수로水路가 티알크 같은 전형적인 네덜란드 범선帆船을 사라지게 한 것과 마찬가지 이치였다. "아름다운 도시 경관과 자연풍경의 상실에 대해서 이처럼 슬퍼하며 탄식하는 것을 한 노인의 반동적 불평이라고 여기지 말기 바란다." 하위징아는 지나가듯이 말한다. "젊은 세대들은 그들이 빼앗긴 것의 아름다움을 알지 못하며 알 수도 없다. 그 아름다움을 옛 세대들은 아주 최근까지만 해도 알고, 또 즐겼던 것이다."[19]

이런 슬픔의 탄식이 『호모 루덴스』에도 배어들어 있다. 직접 감촉하는 현실을 초월하는 성질들은 놀이에서 뚜렷하게 그 모습을 드러낸다. 하위징아는 놀이의 핵심이 의례적 행위, 혹은 신성한 행동이라고 썼다. "의례적 행동은 겉으로 드러나는 행동화, 상징적 실연 이상의 의미를 갖는다. 그 광경 속에서 뭔가 보이지 않는 것이, 설명하기 어렵고 아름답고 실제적이고 신성한 형태를 취한다. 의례에 참석하는 자들은 의례가 어떤 특정한 구원을 가져오며, 그들이 현재 살고 있는 생활보다 더 높은 사물의 질서를 가동시킨다고 확신한다." 놀이가 갈등이요 경쟁인 것은 사실이지만, "그 놀이가 참여자들에게 압도적인 공동체 의식을 심어 준다. 그리하여 공동체의 구성원들을 '인류', 그리고 각자 권리와 주장을 가진 '인간'으로 인식하게 해준다."[20]

　　모든 상상력의 세계는 바로 이런 초월적 성질에 바탕을 두고 있다. 서정성은 주로 이런 놀이, 이런 춤과 음악 속에서 체험된다. 모든 예술적 행위는 의례 혹은 성스러운 축일과 직접적인 관계가 있다. "의례, 춤, 음악, 놀이 사이의 관계는 플라톤의 『법률』에 가장 명쾌하게 서술되어 있다. 플라톤에 의하면, 신들이 슬픔을 안고 태어난 인간을 동정하여 그들이 고민으로부터 잠시 벗어나 휴식을 취하도록 추수감사 축제를 정하고 뮤즈의 수장인 아폴로와 디오니소스를 보내 인간의 동료로서 어울리게 했다는 것이다. 이런 축제 때의 신성한 사교 덕분에 인간들 사이의 질서가 회복되었다."[21]

　　하지만 이런 축일에서 가장 높은 의미를 획득하는 놀이는 네덜란드 도시의 아름다운 무드처럼 취약한 것이었다. 19세기 이래 문화의 놀이 요소는 서서히 쇠퇴해 왔다. 놀이는 전문가들이 떠맡았다. 한때는 서로 통합되어 있었던 진지함과 경박함이 분리되었다. 한쪽에는 유치함이 자리 잡았다. 이 유치함은 정치의 분야에서 크게 득세했는데 공공 생활은 대중에 대한 영합과 아부로 영위되기 때문이다. 다른 한편에서는 야만적 진지함이 자리잡았는데, 이것은 정치를 '아군'과 '적군'의 개념으로 축소시켰고, 전쟁을 에른스트팔Ernstfall(사태가 진지하게 되어 감)로 다시 정의하게 되었다.

의례

『호모 루덴스』는 하위징아가 무드와 예식이라는 용어를 거의 동의어로 사용하고 있음을 보여 준다. 이런 시각은 그의 나머지 저서들에서도 나타난다. 『중세의 가을』 첫 페이지에서 그는 중세 후기 생활의 의례적 측면과 "과시적이고 공공적인 성격"을 묘사한다. "심지어 문둥이들도 그들의 딸랑이를 딸랑딸랑 흔들어대고 행렬을 이루어 지나감으로써 그들의 질병을 공개적으로 전시했다. 모든 신분, 지위, 조합은 그 의복으로 알아볼 수 있었다. 과시용 무기를 들고 제복을 입은 종복들을 앞세우지 않으면 대중 앞에 나타나지 않는 귀족들은 경외와 선망을 불러일으켰다. 법정의 선고, 물품의 판매, 결혼식과 장례식 등은 행렬, 고함소리, 탄식 소리, 음악 속에서 이루어졌다. 남자 애인은 여자 애인의 기장記章을, 조합원은 형제조합의 휘장徽章을, 당파는 영주의 깃발과 문장紋章을 높이 쳐들었다."[22]

이 첫 페이지에서 드러나듯이, 의기양양함, 잔인함, 부드러움 등의 "불안정한 무드"가 중세 도시의 생활을 일련의 기다란 의례 행위로 만들었다. 그리하여 그 도시에는 즐거운 입장식과 비참한 처형, 신자들의 행렬과 설교 행사가 넘쳐났다. 그리고 이 모든 것들 위로 교회의 종소리가 울려퍼져서 "잠시 동안 그 모든 것을 질서의 분위기 속에 정지시켰다." 중세 후기의 생활은 당파 의식과 영주에 대한 충성심이라는 틀 속에서 전개되었고, 그것은 깃발의 색깔과 문장紋章, 제명題銘과 좌우명 속에 표현되었다. 왕실은 "최대한의 표현력"을 특징으로 했고, 왕실의 생활 방식은 "신비의 수준으로까지 높이 올려졌다." 궁정에서의 식사는 "거의 전례적 위엄"을 갖추었고 궁정의 예의범절은 "거의 종교적 분위기" 속에서 준수되었다.

출생, 결혼, 죽음 등을 둘러싼 의례는 원시적 믿음과 컬트에 뿌리를 두고 있었다. 하위징아는 중세 후기의 애도 행렬, 장례식, 슬픔을 표현하고, 죽음을 선언하는 다양한 방식을 자세히 묘사한다. 슬픔을 겉으로 드러내는 행위는 고통에 아름다움과 숭고함을 덧붙여 주었다. 애도 행위 이외에, 시신 안치 기간도 사회적 신분과 화려함에 대한 애호를 결합시키는 좋은 기회가 되었다. 하위징아는 한 챕터에 걸쳐서 "사회의 위계적 개념"을 다루면서 의례의 양상과 그룹 및 계급의 분화(각 그룹과 계급은 서로 다른 관습을 갖는다)를 상세히 서술했다. 영웅 숭배와 영웅의 유물, 토너먼트와 기사단, 십자군과 대결, 제명과 좌우명 등을 갖춘 기사도는 하나의 기준이며 모범이었다. 조야한 성욕에서 에로틱한 상상력을 거쳐 정중한 금욕주의에 이르기까지, 사랑 또한 양식화되고 드라마화되었다. "형식화된 사랑"은 의례를 다루는 또 다른 챕터를 구성한다. 의복 색깔의 의미, 꽃, 보석류, 대화와 구애의 규약 등이 모두 의례가 된다.

세속적인 일에 종교가 스며들어가 있으므로, 당연히 종교는 세속적 차원을 획득했다. 교회 예배의 전례, 축제일, 다양한 예배의 형식 등은 성스러운 것을 지상으로 끌어내려 왔고 그 신비감을 용해시켰다. 성사 중의 성사인 '영성체'가 그 신성한 의미를 일부 빼앗기게 된 것은, 세속의 일이 성스러운 신비감을 얻게 된 것과 같은 차원의 현상이었다. 일상생활 그 자체가 의례화되었다. 하위징아는 세속적 일상생활의 습관을 논의하면서 이렇게 썼다. "생활 중에 고정된 자리를 차지한 것, 하나의 생활 방식이 된 것은 뭐든지—습관이나 관습 등 사소한 것에서부터 신성한 구도의 가장 고상한 측면에 이르기까지—사전에 신에 의해 설계된 것으로 인식되었다." 이러한 세계관에서는, 모든 것에 이름이 부여되었고, 모든 역사적 사건은 비유가 되었으며, 모든 문학적 에피소드는 도덕적 사례가 되고, 모든 발언은 격언이 되었다. 성과 속의 구분이 사라지면서, 자연스러운 창조물인 예술과 이 일상적 의례의 구체적 한 부분인 예술 사이의 구분 또한 사라졌다.[23]

하위징아는 이런 놀이의 요소를 『중세의 가을』에서는 특정 시대와 장소에 국한시켰지만, 『호모 루덴스』에서는 문화의 보편적 필수 요건으로 격상시켰다. 문화는 놀이 속에서 또 놀이로서 생겨나고, 놀이는 드라마인 것이다. "여기에 놀이와 의례의 핵심적 연결 관계가 성립한다. 그 행위는 언제나 신성한 행위이다. 놀이와 신성한 것과의 관계는 언제나 존재한다. 놀이가 그 관계를 표현하는 순간, 놀이는 경배의 형식, 예식, 전례가 된다. 그것은 심지어 신비한 성사(mysterium)가 될 수도 있다." 그리고 이런 신성한 행위는 놀이를 창조한다. "예술과 사회는 언제나 그 정의하기 어렵고, 순수하고 고상한 스타일의 특질을 획득하려고 애쓴다. 리듬, 반복, 운율, 후렴, 닫힌 형식, 코드와 조화 등 놀이의 모든 속성은 스타일의 구성 요소가 된다." [24]

리듬의 강조는 하위징아의 접근 방법에서 중요한 특징이다. 하위징아가 볼 때, 의상 패션에서 종교 예술에 이르기까지 중세의 생활은 "스타일과 리듬"으로 가득 차 있다. 『베리 공의 아주 화려한 성무일도서』에 들어 있는 작은 풍경 그림은 하위징아에게 "분위기와 리듬의 완벽한 사례"이다. 그리스도의 탄식, 십자가형, 목동들의 경배 같은 성화의 일부 주제들은 그 안에 리듬의 구조를 갖고 있다. 반에이크의 〈어린 양에 대한 경배〉는 "저 형언하기 어려운 리듬, 모든 행렬이 일정한 보조를 취하며 중심으로 다가가는 저 의기양양한 리듬"을 보여 준다. 예식 혹은 예배에서 삶자체가 리듬의 지배를 받는다. 중세의 애도 전통은 고통을 형식화했다. "그 전통은 슬픔을 리듬화했고 실제 생활을 드라마의 영역으로 이동시킨다." 『호모 루덴스』에서 놀이는 가장 고상한 특질에 의해 정의된다. "인간은 사물들의 리듬과 조화에서 그 특질을 인식하고 표현한다."[25]

리듬과 조화, 배분과 균형은 하위징아가 볼 때 같은 것이다. 리듬과 조화는 인생의 의미이며, 문화의 특징이고 예술의 목적이다. 리듬은 드라마일 뿐만 아니라 제약이기도 하다. 우리는 앞에서 하위징아가 토마스 아 켐피스 문장의 "단조로운 리듬"을 가랑비가 내리는 저녁 바다의 물결소리 또는 가을의 소슬한 바람 소리와 비유하는 것을 보았다. 하위징아는 또 이렇게 썼다. "15세기의 시는 심오한 사상을 아름답게 표현하려 들지 않을 때, 오히려 자연스럽게 보였다. 비록 잠시일지라도 어떤 이미지나 분위기를 생생하게 떠올리려 할 때, 가장 훌륭한 기량을 발휘했다. 시의 효과는 형식적인 요소, 이를테면 이미지, 억양, 운율에 달려 있었다. 이 때문에 15세기 시는 운율과 억양이 부차적인 역할을 하는, 호흡이 긴 서사적 예술 작품을 써내지 못했다. 따라서 15세기 시는 형식을 주된 관심사로 삼는 장르, 론도, 발라드 등에서 참신성을 발휘했다. 이 장르들은 가벼운 사상에 바탕을 두고서 이미지, 억양, 운율에서 시적 효과를 이끌어낸다."[26]

놀이를 연구한 책에서 또 후일 문명비평을 시도한 『내일의 그림자 속에서』 하위징아는 이 규범적 특질을 정의하기 위하여 이 개념(조화와 리듬)을 사용했다. "문화는 정신적 가치와 물질적 가치의 조화로운 균형을 소유한다. 또 동질적으로 결정되는 이상을 품고 있다. 그런 균형과 이상은 공동체의 다양한 행위들이 성취하려고 애쓰는 것이다." 그는 문화의 균형을 강조했고, 문화의 서로 다른 "수준"에 대해서는 언급하지 않았다. 그는 고급문화와 저급문화, 원시문화와 고등문화 등의 우열優劣 관점에서 문화를 평가하는 것을 피했다. 이것은 종교나 예술, 법률이나 과학 등 어느 특정 분야 하나만을 가지고 문화를 평가하지 않으려 했던 태도와 맥을 같이한다. "균형의 상태라 함은 다양한 문화적 행위들이 전체적 유기성 속에서 저마다 생생한 기능을 발휘하는 상태를 말한다. 이런 문화적 기능들의 조화가 존재한다면, 그것은 해당 사회의 질서, 강력한 표현, 스타일, 리드미컬한 생활 등에서 구체적으로 드러난다."[27]

교훈

우리는 여기서 묘사로부터 규범으로 이동해 왔다. 하위징아는 미학과 윤리를 동일시했다. 좀 더 구체적으로 말해 보자면 그는 스타일을 충성심과 질서에 결부시켰다. 이것은 그의 문화관文化觀에 사회적 차원을 덧붙여 준다. 문화는 개인의 영역이 될 수 없고, 놀이는 공동체가 공유하는 행위가 되어야 한다. "가장 좋은 의미에서 볼 때, 놀이는 교제를 전제조건으로 한다." 그는 이 틀에서 논의하고 싶은 교제의 형태가 세 가지 있었는데 곧 국가, 대학, 역사학계였다. 그는 이 세 가지를 모두 친숙하게 알고 있었다. 이 셋은 모두 의례적 맥락을 갖고 있었다. 그것들은 전통과 의례, 충성심과 이상 등으로 아주 긴밀하게 연결된 공동체인 것이다.[28]

하위징아는 봉신이 영주에게 바치는 충성심으로 네덜란드를 사랑했다. 「네덜란드의 국가적 특성」이라는 글의 첫머리에서 그는 하를렘 시절을 회상하면서 제일스트라트의 어떤 집을 지나갈 때마다 그 집 현관에 내걸린 기명記銘을 유심히 보았다고 말했다. "나의 사랑하는 네덜란드를 위해 나는 충성을 바치리라. 나는 결코 이 길에서 벗어나지 않으리라." 그가 볼 때, 이 기명은 그에게 "조국과 민족의 심포니"라는 주제를 구체화한 것이었다. 이 주제를 그는 여러 번 다루었다. 1934년에 발간된 이 얇은 팸플릿(「네덜란드의 국가적 특성」)뿐만 아니라, 그가 살아생전에 마지막으로 출간한 책, 『17세기의 네덜란드 문명』에서도 애국심의 주제가 자세히 다루어져 있다. 하위징아는 네덜란드 문화가 조화로운 융합을 이루었다고 보았다. 그것은 서로 다른 개체들의 융합이었고, 여러 자유로운 분야들이 단단하게 결속한 것이었다. 『17세기의 네덜란드 문명』에서 하위징아는 이런 융합에서 생겨난 네덜란드 문화가 계급이나 재산에 연계되어 있지 않고, 무식한 대중도 자유롭게 참여할 수 있는 문화라고 역설했다.

문화적 과정에 대한 이런 폭넓은 참여는 민병대나 수사학회 같은 오래된 형태의 결사를 통하여 유도되었고, 또 근면한 고전주의로부터 영감을 받은 것이었다. 이런 폭넓은 참여는 네덜란드 문명에 "다정하고 비공식적인" 특성을 부여했다. 이에 대한 가장 좋은 사례가 콘스탄테인 하위헌스였다. 그는 귀족이었으나 민중을 잘 알고 있었고, 그들을 그의 작품 속에 소개했다. 그는 외교관이었고 여러 나라 말에 능통했다. 고전을 잘 알고 있었으며 진정한 음악인이었고 시인이었으며, 존 오브 솔즈버리를 연상시키는 서기였다. 그는 하위징아가 홀란트에서 추구하고 발견했던 이상의 구현자였다. 하위징아는 하위헌스에 대하여 이렇게 썼다. "그는 인생에 대하여 진지한 자세를 갖고 있었고, 그의 표현 스타일은 영리하다 못해 영악할 정도였다. 그렇지만 그는 언제나 감수성 풍부했고, 좋은 뜻으로 도덕을 말했으며, 현실에 밀착된 유머를 구사했다. 이런 품성은 귀족이라는 신분에서 나오는 것이 아니라 국민성에서 직접 흘러나오는 것이다."[30]

하위징아가 바라보는 대학의 이상도 기사도의 이상과 똑같은 뿌리를 갖고 있다. 중세 기사단의 창시자들 중 한 사람인 부시코Boucicaut에게 있어서, 세상의 질서를 떠받치는 두 기둥은 기사도와 지식이었다. 필립 드 비트리Philippe de Vitri의 백합 예배당을 장식한 세 백합은 지식, 신앙, 기사도였다. 하위징아가 볼 때, "중세의 대학은 경기장이요 팔레스트라 palaestra(고대 그리스 로마의 체육 학교)이고, 토너먼트의 경기장과 비슷한 것이었다. 의미 깊으면서도 위험한 게임이 펼쳐지는 장소였다. 대학에서 벌어지는 행위는 기사도 행위와 마찬가지로 축성祝聖과 입문, 맹세, 도전, 전투의 성격을 갖고 있다. 의례적 형식을 갖춘 끝없는 논쟁이 중세 대학의 핵심적 요소였다. 토너먼트와 마찬가지로, 끝없는 논쟁은 문화를 이끌어내는, 사회적 놀이의 중요한 형식이었다."[31]

하위징아는 네덜란드가 온 세상을 위해 봉사할 능력과 의욕이 있는 나라라고 보았다. 네덜란드는 그 내적인 결집력을 외적으로는 평화의 형식으로 표현했다. 「서유럽과 동유럽의 매개자인 네덜란드」라는 글에서 그는 이렇게 썼다.[32] "대전이 끝난 이래 국제적 조직이 성장하면서, 우리나라는 점점 더 중간적 입장을 차지하게 되었다." 마찬가지로 그는 대학의 존재 이유도 그런 의무의 관점에서 찾았다. 그는 윙클러 프린스 Winkler Prins 백과사전 제5판의 "대학" 항목으로 기고한 글에서 이렇게 썼다. "대학의 책무는 기초를 쌓고 관점을 제시하는 것이다. 대학의 책무는 모든 사람이 혼자 힘으로 배워야 하는 것을 가르쳐주는 것이 아니다. 오늘날의 기술적, 경제적, 정치적 측면에서 '사회'에 봉사하는 것이 아니라, '공동체'라는 보편적 측면에서 봉사해야 하는 것이다."[33]

그는 역사학이라는 학문도 이와 비슷한 관점으로 보았다. 이 학문의 결집력과 통일성도 역시 '결사結社'에 바탕을 두고 있다. 어떤 특정 시대가 갖고 있는 역사적 이미지는 몇몇 개인의 소유물이 되어서는 안 되고, 폭넓은 지식의 보편성(consensus omnium)을 가져야 한다. 이런 보편성을 이루려면 역사학계는 아주 사소한 것을 연구하는 무명의 연구자들도 포용해야 한다. 이런 이름 없는 연구자의 연구 가치는 그것대로 가치가 있는 것이어야 하며, 그가 수집한 재료가 나중에 위대한 역사학자의 종합에 이용되기 때문에 가치를 가져서는 안 된다. 이 세부사항을 연구하는 사람이, "수백만 사실들 중 하나를 갈고 닦음으로써, 그의 시대의 역사학이 형성되는 것이다." "가장 향토색 짙은 향토사를 연구하는 학자도, 그 분야에서 종사하는 소규모 연구자들과 함께, 나름의 의례를 갖춘 어엿한 학문의 결사가 되어야 한다."[34]

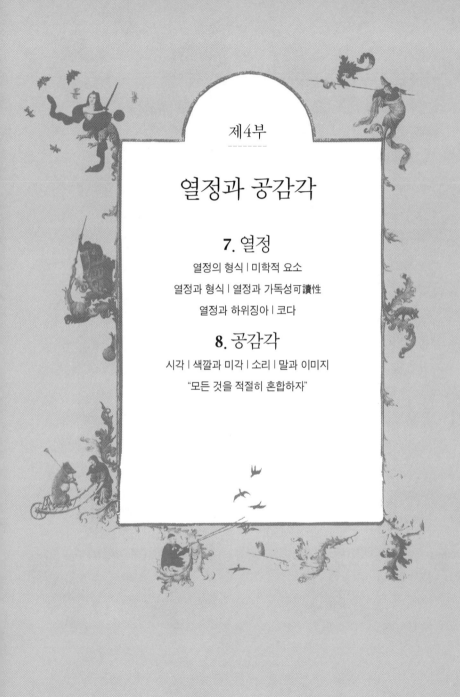

제4부

열정과 공감각

7. 열정

8. 공감각

열정

하위징아는 프랑스의 위대한 낭만주의 역사학자인 미슐레Michelet의 여러 권짜리 『프랑스 혁명사』를 읽다가 어떤 인상적인 일화를 발견했다. "그 일화는 겉보기에 사소한 것이었지만 아주 높은 신빙성의 표징을 갖고 있었다." 하위징아는 이런 종류의 사소한 사항들을 좋아했다. 가령 그에게 베아트리체가 피와 살을 가진 여자―문학적 상징이 아니라―라는 사실을 확인시켜 준 사소한 세부사항은 단테가 그녀를 비체(『신곡』 천국편 칸토 7, 13행 ─옮긴이)라는 애칭으로 불렀다는 것이다. 미슐레의 일화는 로베스피에르Robespierre에 관한 것이다. 프랑스 혁명이 종식되고 여러 해가 지난 후, 나이든 메를랭 드 티옹빌Merlin de Thionville은 왜 로베스피에르의 유죄를 확정짓는 일에 협력했느냐는 질문을 받았다. 노인은 대답하기 전에 망설이면서 잠시 후회하는 듯한 인상을 보였다. 그러더니 그는 맹렬한 동작을 취하고 벌떡 의자에서 일어나며 말했다. "로베스피에르! 로베스피에르!…… 아! si vous aviez vu ses yeux verts, vous l'auriez condamné comme moi(만약 당신이 그의 초록색 눈을 보았더라면, 그를 유죄 판결하는 데 있어서 나처럼 도움을 주었을 겁니다.)" 로베스피에르의 초록색 눈을 본 사람만이 왜 "절대 부패하지 않는" 별명의 로베스피에르가 유죄 판결을 받았는지 이해할 수 있을 거라는 얘기이다. 하위징아는 이런 결론을 내린다. "역사적 동기와 잘못되고 편파적인 접근에 대하여 이처럼 분명한 교훈이 또 있을까? 그런 동기와 접근 때문에 증오, 분노, 망상에 사로잡힌 사람들이 정치적 혹은 경제적 세력의 목록으로 추락해 버리는 것이다. 이 작은 일화는 우리에게 분명하게 말해 준다. 절대 열정을 잊어버리지 마라."[1]

열정의 형식

이 에피소드는 하위징아에게 인식의 충격을 안겨주었다. 비두샤카를 다룬 박사 논문을 준비하는 젊은 산스크리트어 학자 시절에도 열정은 이미 그의 기교 넘치는 문장에서 어른거렸다. 소위 "사랑의 변덕스러움"을 예증하기 위하여 그는 다음과 같은 인용문을 제시했다. "친애하는 여인이여, 당신과 당신의 애인이 아직 화해를 하지 못했다면 당신의 가슴에 난 그 선명한 손톱자국을 당신의 손으로 가리도록 하시오." 이런 인용문이 젊은 박사 후보의 의 과도한 테스토스테론 탓이라고 생각하는 사람은, 『중세의 가을』을 쓴 원숙한 역사학자를 상상해 보기 바란다. 이 책에서 하위징아는 결혼 초야 예식의 남근적 상징주의를 다루고 있다. 그는 하이멘Hymen(결혼의 여신)을 위한 전투의 노래에 대하여, "아주 소란스러운 것", 그 어떤 교회적 순결성으로도 덮어버릴 수 없는 것으로 묘사하고 있다. 그 묘사는 은근하고 완곡한 것이었지만, 하위징아는 열정적 사랑을 모르지 않았으며, 또 그것이 인간의 마음에 어떤 파괴력을 갖고 있는지 잘 알았다.[2]

그의 모든 저서에는 열정이 스며든 다양한 형식이 등장한다. 가령 그

미슐레

의 논문, 「국가적 정체성의 초기사」에는 열정이 증오로 제시되어 있다.[3] 연대기 작가 프루아사르는 이런 보고를 한다. "알브레히트 드 바바리아 Albrecht de Bavaria가 1396년에 프리슬란트를 공격하기 위해 상륙했을 때, 푸른 옷을 입은 어떤 여인이 적의 공격에 대비하여 제방 둑에 줄지어 선 프리시아 사람들 사이를 뚫고서 '화가 난 미친 여자'처럼 달려갔다. 그녀는 에노와 홀란트에서 온 배들을 향해 미친 듯이 뛰었다. 그녀는 적 군들이 환히 보는 데서 치마와 블라우스를 걷어올리고 그들에게 맨살 엉덩이를 내보였다. 그러자 화살이 소낙비처럼 그녀를 향해 쏟아졌고, 배에서 뛰어내려 상륙한 전사들이 그녀를 살해했다." 『중세의 가을』에 서는 열정이 잔인함의 형식을 취하는데, 베르겐 사람들이 비적匪賊 두목 의 신병을 확보한 얘기에서 잘 드러난다. 이런 신병을 확보하는 데는 일 정한 가격이 정해져 있었는데, 그 두목의 능지처참형을 구경하기 위해 "아주 높은 가격"을 지불했다고, 하위징아는 썼다.[4]

1427년 파리에서 사나운 도둑의 우두머리가 교수형에 처해졌을 때, "섭정왕 정부에서 고위 회계관이며 존경받던 어떤 고관은 도둑 우두머리가 요청한 고해성사를 거부함으로써 죄수에 대한 증오심을 표출했다. 그 고관은 욕설을 퍼부으면서 죄수를 따라 사다리 위로 올라가면서 막대기로 죄수를 때렸고, 죄수에게 영혼의 희열을 생각하라고 권고해준 교수형 집행인을 비난했다. 고관의 비난에 겁을 먹은 집행인은 자신의 일처리를 소홀히 했다. 그 결과 밧줄이 끊어졌고, 불쌍한 죄수는 땅에 툭 떨어져서 다리뼈와 갈비뼈가 부러졌다. 죄수는 그런 부상을 당한 채로 교수형틀의 사다리를 다시 올라가야 했다."[5]

과격한 열정은 인도의 고대나 유럽의 중세에나 있었던 것이라는 생각은 타당하지 않다. 그것은 『미국의 개인과 대중』에 의해 증명된다. 이 책은 대통령 후보를 지명하는 전당대회를 언급하면서 링컨Lincoln이 공화당 후보로 지명되었던 1860년의 전당대회를 자세히 서술한다. 링컨과 라이벌인 윌리엄 시워드William Seward는 상당한 지지세력을 현장에 동원했다. 전당대회는 숨막히는 정적 속에서 시작되었다. 그러나 시워드의 이름이 호명되자 지지자들은 열광적인 환호성을 터트렸다. 그 다음에 링컨의 이름이 호명되자 지지자들의 고함 소리는 시워드 지지자들보다 몇 배나 컸다. 연대기 작가들이 보고한 것처럼, "시워드 지지자들의 함성을 제압하고도 남음이 있었다." 하지만 시워드 지지자들은 주눅들지 않았고 엄청난 고성으로 맞고함치기 시작했다. 그리하여 현장에 있던 사람들은 모두 귀를 틀어막아야 했다. 이제 링컨의 지지자들에게는 단 한 번의 마지막 기회가 남아 있었다. 그들은 시워드 지지자들의 함성을 제압할 수 있을 것인가? 그들은 당연히 제압했고 그 함성으로 전당대회장의 지붕이 무너져 내릴 지경이었다. "이런 엄청난 긴장의 분위기 속에서 투표가 진행되었다. 고함 소리가 가져오는 신체적 도취 속에서 지명에 필요한 투표가 링컨에게로 돌아갔다. 피곤해진 정치꾼들은 마치 술취한 사람처럼 비틀거리며 집으로 돌아갔다."[6]

미학적 요소

하위징아는 열정을 역사의 감각 기관感官이라고 생각했다. 엄정한 인식론과 객관적 학문 정신을 숭상해 온 현대의 독자들은 이런 얘기를 들으면 약간 불안할 것이다. 하지만 하위징아의 생각하기와 글쓰기는 다른 문학적 전통에서 생겨났다. 그는 흐로닝언 대학 교수 취임 연설에서 이렇게 말했다. "역사가가 가설을 세우고 시인이 운율과 각운을 고안하기 훨씬 이전에, 이들의 마음은 내적 기질에 의해 통합되어 있었다." 그 연설 제목은 "역사적 설명의 미학적 요소"였는데,[7] 그는 인식론적인 문제보다 심리적 문제에 더 관심이 많았다. 그는 우리가 너무나 순종적이고 또 인간 중심적이기 때문에 역사를 잘 이해하지 못한다고 생각했다. 도대체 이런 우리가 어떻게 지나간 세기들의 열정, 즉 "야만적인 자부심, 신적인 권리에 대한 양보, 예속과 충성심을 강조하는 중세 사상"을 제대로 파악할 수 있을 것인가? 하지만 하위징아는 역사가들에게 바로 그것을 요구했다. 역사가라면 "지나간 세대들의 완고한 편견"을 파악해야 한다는 것이다. 역사가는 "반에이크와 렘브란트, 로코코와 밀레를 동시에 즐길 수 있어야 하고, 디드로를 만나면 합리주의자가 되고, 거지들을 만나면 칼뱅주의자가 될 수 있어야 한다."[8]

하위징아는 거듭하여 현대인들이 과거의 열정과 그 격렬한 대조를 이해할 수 있는 수단이 없다고 강조했다. "현대인들은 중세 사람들의 무제한적인 과도함과 변덕스러움을 상상할 능력이 없다." 하위징아는 이어 말한다. "중세사에 대하여 가장 정확한 정보를 담고 있다고 여겨지는 공식 문서만 참고하는 이들은 18세기의 장관長官 정치나 대사 교환의 정치와 별반 다를 것이 없는 중세사의 그림을 그려낼 것이다. 하지만 이런 그림은 한 가지 중요한 요소가 결여되어 있다. 즉 중세의 군주와 민중들에게 영감을 주었던 저 엄청난 열정의 투박한 색깔은 없다." 그리고 조금 뒤에서는—물론 『중세의 가을』 얘기를 하는 것이다—이렇게 말한다. "중세에는 현대인들이 정의의 문제를 다룰 때면 늘 발휘하는 조심스럽고 신중한 마음가짐이 결여되어 있었다…… 우리 현대인은 양심의 가책을 다소 느끼면서 망설이는 자세로 경감된 정의를 집행하는 반면, 중세인들은 잔인한 형벌과 자비라는 양극단의 두 조치만 알고 있었다."[8]

하위징아의 저작에는 날카로운 대비를 이루는 잘못된 복잡함의 사례들이 많다. 가장 좋은 사례는 그가 『안내』라는 잡지에 잔 다르크에 대해 발표한, 「버나드 쇼의 성인」이라는 글이다. 그는 이 논문에서 왜 버나드 쇼의 희곡이 관중을 중세로 데려가지 못하는지 설명한다. 그것은 단지 중세에 대한 공감 부족, 혹은 잔 다르크의 세기(『중세의 가을』의 세기이기도 함)에 대한 이해 부족 때문이 아니다. 문제는 그보다 "훨씬 심각한 연극적 결점"에 있다. 쇼의 희곡은 고상한 스타일이 결핍되어 있다. 쇼는 "우리의 영혼을 그 시대의 분위기 속으로 데려가지 못한다. 그것은 모든 열정과 정서가 엄청난 위력을 발휘하는 시대, 모든 단어가 우리의 일상생활에서보다 더 깊은 울림과 의미를 갖는 시대인 것이다." 하위징아는 이렇게 말하고 싶은 것이다. 버나드 쇼는 중세의 연대기 작가들을 연구하기보다는 셰익스피어의 드라마를 읽는 데 더 시간을 많이 들여야 마땅했다.[10]

동시에 하위징아는 그 취임 연설에서 미적지근한 20세기의 학자들에게 몇 가지 유사한 조언을 했다. 즉, 그 학자들은 자신들과 열정 사이의 균열을 메워야 한다는 것이다. 역사가는 오감을 날카롭게 벼려서 보고, 듣고, 냄새 맡고, 미각으로 맛볼 수 있어야 한다. 문학책을 열심히 읽어야 하고 미술 작품을 많이 감상해야 한다. 고대의 몰락에 대해서 알고자 하는 사람은 가서 라벤나의 모자이크를 보아야 한다. "그러면 그때 이후, 당신이 이 고대의 세기들을 생각할 때마다, 당신은 그 뻣뻣한 화려함, 산 비탈레의 초록과 황금의 번쩍거림, 갈라 플라키디아Galla Placidia 묘지 예배당의 밤중의 푸른 색깔을 보게 될 것이다. 그 시대에 대한 당신의 역사적 그림은 언제나 이런 기억들로부터 도움을 받을 것이다." 그러나 책과 그림만으로는 충분하지 않다. 역사는 또한 자연을 탐사해야 한다. "과거에 빛났던 태양을 볼 수 있을 때까지 목초지와 언덕을 걸어야 한다."[11]

여기저기에서 가벼운 시대착오를 저지르는 것은 문제될 게 없다. 우리는 이미 하위징아가 기 드 모파상과 오스카 와일드의 눈으로 15세기를 쳐다보는 것을 목격했다. 하위징아는 중세에 순결과 성욕이 공존하는 것을 이해하려면 번 존스Burne Jones의 그림을 한번 보라고 요청한다. 하위징아의 시선을 따라가는 사람들은 달력의 세밀화로부터 시작하여 렘브란트의 에칭을 거쳐서 무리요의 거리의 난장이들, 그리고 스탱랑의 거리 풍경에 나오는 인물들에게까지 따라 죽 이어지는 하나의 선을 보면서 간다. 역사가들은 박물관을 방문하는 것 이외에도, 해외여행도 해야 한다. 중세의 순회 설교자의 영향력을 상상하려면, "앵글로-색슨의 부흥회나 구세군 대회의 분위기"를 상상할 수 있어야 한다. 특정한 형태의 손님 접대는 "스페인의 관습"을 참고하면 훨씬 상상하기가 쉽다.

중세의 명예감은 "많은 동양 사람들"의 태도에서도 발견된다. 또 중세가 고통을 형식화하는 방식은 아일랜드 같은 "비교적 원시적인 문명"에서 여전히 찾아볼 수 있다.[12] 보고 만지는 것, 이것이 하위징아에게는 중요했다. 가령 그는 서부 네덜란드의 마을들을 손수 자전거타고 돌아다녔고 그것을 바탕으로 마을의 설립 기원起源에 대하여 그 나름의 이론을 개발했다. 이 자전거 여행의 체험으로 인해, 그는 17세기 마을들의 사라져가는 아름다움에 대하여 멜랑콜리한 문장을 쓰게 되었다. 이것은 순전히 미학적인 탄식으로 끝나지 않았다. 그는 지식의 원천이 파괴된 것 또한 개탄했다. 어린 시절 암스테르담 근처를 지나가는 기차 객실에 앉아서, 그는 아버지의 가리키는 손가락을 따라 수백 개의 풍차들을 바라보았다. 그것들은 당시 자안 강 근처에 남아 있었다. 바로 이런 사라져가는 아름다움을 지키기 위해 그는 운하를 메우거나 건물을 재배치하려는 제안을 철저하게 반대했다. '온유한 무관심'이 그가 원하는 것이었고, 하위징아 당시의 경솔한 깔아뭉개기와 오늘날의 병리적인 복원 운동 사이에서 중간쯤에 위치하는 것이었다.[13]

　이런 열정을 믿었기 때문에 하위징아는 독자들의 상상력을 강력하게 자극하는 역사 이론을 정립할 수 있었다. 그는 그런 직접적 접촉을 강조하기 위하여 그것을 "역사적 감각"이라고 불렀다. 판화, 공증인의 문서, 날카로운 유기적 곡선을 가진 갑옷 한 벌, "검은 참나무를 통으로 잘라" 만든 오래된 베틀, 이런 물건들은 하위징아에게 그것들이 상징하는 세계와 '합일'(하위징아의 용어)되는 느낌을 주었다. 그는 과거와의 이런 직접적인 접촉을 "슬픔, 혹은 한 순간의 도취"라고 불렀다. "과거의 열정에 친숙하고 또 진정성의 매혹을 아는" 사람들이라면 그런 접촉을 금방 이해할 것이다.[14]

열정과 형식

하위징아가 이처럼 열정을 강조하는 것은 그의 저작에서 대조 사항들이 자주 등장하는 것과 상관이 있다. 그것은 또 형식과 예식에 관한 그의 깊은 관심을 설명해 준다. 촘촘하게 짜여진 형식은 열정을 견제하는 재갈이다. 열정과 형식의 이러한 연계는 고대 인도 드라마를 다룬 그의 박사논문에서 이미 등장했다. 그는 인도 드라마의 시정詩情을 사람들이 "인위적인 장엄함"으로 비하하려는 경향이 있다고 지적했다. 하지만 이것은 그 시정을 오해한 것이다. 언어의 형식성이 언어의 아름다움을 가로막기 쉽다는 점을 그는 인정한다. "하지만 일단 그 상투어들의 의미를 충분히 받아들이면, 그것들은 정서적 상태를 재현하게 된다. 그 상투어들의 사용이 근거 없을 경우에만 천박하다. 여기에서처럼, 행동 그 자체에 근거를 두고 있을 때에는, 상투어들이 전하는 정서를 크게 강화한다. 인도 사람들은 이것을 알았고, 그런 발견은 그들의 공로이다."[15]

가장 좋은 사례는 또다시 『중세의 가을』에서 발견할 수 있다. 이 책에서는 형식이 계속 강조되는데 책의 주제가 열정이다 보니까 그렇게 된 것이다. 열정이 강력하면 할수록 형식의 구속력은 더 강해진다. 하위징아는 열정적인 삶이 핵심 주제이며, 또 그런 삶이 잘 이해되지 않는 곳(중세 후기)에서 "삶과 사상의 형식들"을 제공한다. 그는 이렇게 썼다. "중세의 열정적이고 난폭한 정신은 단단하게 굳어졌지만 동시에 눈물을 자주 흘리는 경향이 있었다. 한편으로는 이 세상에 대하여 절망하면서 다른 한편으로는 세상의 화려한 아름다움에 탐닉하는 정신은 엄격하게 형식화된 행동의 도움이 없으면 존재할 수가 없었다. 흥분은 표준화된 형식의 단단한 틀 속에 고정시켜야 할 필요가 있었다. 오로지 이 방법을 통해서만 삶은 규제 가능한 질서를 구축할 수 있었다."[16]

『중세의 가을』은 "예식적인 형식"과 "강렬한 감정의 양식화"라는 주제를 중심으로 회전한다. 그는 이렇게 썼다. "에로티시즘이 문화의 한 부분이 되기 위해서는 어떤 수단을 써서라도 양식을 발견해야 되었다. 그것은 성욕을 구속하는 관습이며 성욕을 베일처럼 가려 주는 표현 방식이다."(하지만 이 "베일"의 정숙성은 아주 순수하게 양식화된다는 것을 잊지 말자.) 열정과 형식의 결합은 『중세의 가을』의 핵심 주제와도 맞닿아 있다. 중세의 이상은 형식적 특성, 엄청난 과장으로 포장되어 있다는 것이다. "피에 굶주린 듯한 열정을 가진 중세인들의 정신은, 아주 높은 이상을 설정함으로써 가까스로 구속이 되는 듯했다. 그것은 교회가 작동하는 방식이고, 또 기사도 이상이 작동하는 방식이다."[17]

열정과 형식의 결합이라는 화두는 하위징아의 모든 저작에 나타난다. 『미국의 개인과 대중』에서 하위징아는 미국 생활의 열정을 추적하여 황무지의 원시적인 삶까지 거슬러올라간다. 동시에 그는 열정과 형식―미국의 경우는 개인주의와 관습주의―의 대조를 너무 엄격하게 해석하지 말라고 경고한다. "마치 황무지가 개인의 개성을 일깨우고 도시의 생활이 군거 본능을 일깨우는 것처럼" 자동적으로 해석해서는 안 된다. "즉발적인 강렬함이 대규모적으로 나타날 수도 있으며, 그런 경향은 황무지 생활에 의해 강화된다. 극단적인 소요와 안정적인 규약은 상호 배타적인 것이 아니다." 이러한 사상은 『호모 루덴스』에서 아주 극단적인 형태로 가다듬어져 있다. 『호모 루덴스』는 문화를 양식화된 열정, 조화 속으로 침잠된 열정으로 규정한다. 간단히 말해서 놀이는 열정이다. "왜 도박사는 도박에 몰두하는가? 왜 많은 관중은 축구 경기를 보면서 열광하는가?" 생물학적 분석으로는 이런 놀이의 열광과 몰두를 설명하지 못한다. 이런 열광, 몰두, 광분 등에 놀이의 본질 혹은 원초적 특징이다."[18]

열정과 가독성可讀性

열정의 결핍은 대조의 부재와 마찬가지로 과거를 볼 수 없는 것으로 만든다. 이 때문에 하위징아는 고대 인도에서 서유럽 세계로 눈을 돌렸다. 고대 인도의 생활에서 대조, 드라마, 열정이 모두 여과되었기 때문에 인도 문화로부터 개성과 뉘앙스의 차이를 빼앗아버렸다. "인도 사람들은 그들의 정신을 가지고 세상을 창조했고, 지혜의 빛으로 세상을 밝혔다. 하지만 정작 인도 사람들 자신은 저기 바깥의 어둠 속에 머물렀다. 우리는 가령 아시시의 성 프란체스코를 아는 것처럼 고대 인도의 어떤 개인을 알지 못한다." 불교도는 슬픔과 고뇌가 누군가에게 소중한 어떤 것으로부터 나온다고 믿는다. 따라서 소중한 것이 없다면 고통도 없다. 동시에 행동, 아름다움, 혹은 사랑도 없다. 하위징아는 1903년의 어떤 대중 강연에서 이렇게 물었다. "이것은 모든 내적 열정을 성스러운 사업과 사물의 아름다움에 바쳤던 어떤 시대를 연상시키지 않는가?"[19]

열정은 모든 비타민을 완벽하게 보존하는, 일종의 "급속 냉동"이다. 하위징아는 아벨라르에 대해서 이렇게 썼다. "정말 중요한 사실은 12세기의 저술가가 사랑을 깊이 이해하여 아주 심오하고 아주 강렬한 어조와 색조로 그것을 표현할 수 있었다는 것이다. 8세기가 지난 지금도 독자들은 그 사랑에서 진실과 생명을 느낄 수 있다." 따라서 열정을 전달하기 위해 상상력이 동원하는 특정한 형식은 그리 중요하지 않다. "그 형식은 신화적 서사시, 드라마, 서정시, 고대의 사가, 현대의 장편소설

등 무엇이 되어도 상관없다. 그 목적은 의식적이든 무의식적이든 말을 사용하여 긴장을 일으키자는 것이다. 그러면 청자(혹은 독자)는 매혹을 느끼게 되어 있다. 그 목적은 언제나 똑같다. 마음을 움직여 일정한 효과를 거두자는 것이다. 그 기저에는 언제나 인간의 생활과 관련된 상황, 혹은 인간 정서의 상태가 있고 이런 상황이나 상태는 그런 긴장을 전달하기에 적절한 것이어야 한다. 그런데 여기서 한 가지 덧붙이자면 그런 상황이나 상태는 가지 수가 그리 많지 않다. 가장 넓은 의미에서 볼 때, 대부분의 상황은 갈등 혹은 사랑 아니면 그 둘의 혼합이다."[20]

열정이 없으면 역사도 없고 따라서 역사 기록도 없다. 하위징아가 보기에 읽어 줄 수 없는 역사는 전혀 역사가 아니다. 가독성可讀性이란 곧 드라마이고, 드라마는 곧 열정이다. 역사 그 자체가 읽을 만한 것이어야 역사 기록도 가독성이 확보된다. 부연 설명하자면, 드라마의 요소가 어떤 공교한 디자인으로부터 우연히 나오는 것이 아니라, 리얼리티의 필수적인 한 부분이 되어야 한다. 이 원칙은 좀 오래된 예전의 시대들에는 확실하게 적용된다. 하지만 비교적 최근의 과거에 대하여 하위징아는 그 원칙의 타당성을 확신하지 못한다. 그는 자신의 시대—제1차 세계대전을 경험한 시대—는 서사적 드라마의 요소가 없다고 생각했다. 그리하여 최근의 역사는 무정형無定形의 특질을 획득하게 되었다.[21]

이 독특한 견해를 예증하기 위하여 그가 취해 온 사례는 미국 역사의 한 장면이었다. 하지만 그는 이런 주장의 근거를 프랑스 혁명과 러시아 혁명의 상호 비교에서 발견했다. 미슐레, 칼라일, 텐, 올라르 등 그 누구의 프랑스 혁명사를 읽어도 거기에는 생생한 장면과 다채로운 순간들이 있다. "인간의 행동과 개인적 특이함이 가득한, 아주 인상적이고, 놀랍고, 뚜렷한 사건들이 있는 것이다." 그것은 "서사시와 드라마의 힘이 충만한 그림"이다. 하지만 러시아 혁명에 대해서는 이렇게 말하지 못한다. 사실 충실한 마르크시스트라면 이런 다채로움에 대해서는 경멸을 퍼부을 것이다. "하지만 그런 태도가 역사에는 아주 나쁘다고 나는 대답하겠다. 비극으로 압축될 수 없는 역사는 그 형식을 잃어버린 것이다."[22]

그런데 미국 역사에서는 바로 그런 현상이 벌어졌다. 이것은 학자들의 잘못된 비전이나 역사적 상상력의 결핍 탓으로 돌릴 수가 없다. 그것은 "역사의 구성 요소 자체가 변화한 것" 때문에 그러하다. 미국 독립혁명은 근본적으로 잘못된 것이 없다. 그 후에 벌어진 남북전쟁은, 공적 업무의 수행이 아직도 엘리트의 몫이라는 사실과 결합하면서, 미국 역사에 "서사시적 갈등"이라는 외양을 부여했다. "그 서사시는 문학적 상상력의 결과물이 아니라 사실 그 자체에 새겨진 것이다. 에이브러햄 링컨과 로버트 리Robert Lee는 고대 트로이 전쟁의 아가멤논과 헥토르처럼 서로 대치했다. 일리노이 출신 껑다리 변호사의 진정한 영웅주의는 낭만적 경배의 효과나 우아한 세부사항들의 집적에서 나오는 것이 아니다. 그것은 사건들의 역사적 형식에서 나오는 것이다. 리가 아포매톡스에서 항복하고 그 후에 링컨이 암살당하는 것은, 진정한 의미에 있어서 비극의 마지막 장에 해당한다."[23]

하지만 그 후에 미국의 역사는 드라마틱한 소요사태를 잃어버렸다. 그 역사는 그림으로 만들거나 추억으로 남겨놓기가 어려운 것이었다. 정치적 대립의 부재, 경제적 요소들의 점증하는 영향력, 모든 인간관계의 수량적數量的 평가, 이런 것들이 미국 역사를 그림으로 만드는 것을 방해했다. 역사학 자체도 하나의 지적 산물이 되어, 그런 현상에 영향을 받았다. "역사학은 점점 더 집단적 변수들의 분석에 몰두했고, 숫자가 사상의 주인이며 영주가 되었다. 이렇게 숫자를 앞세우면 스토리는 사라지고 그림은 그려지지 않는다." 역사학은 이야기라는 본거지를 내주고 고고학, 신학, 문학 이론, 예술사 등의 변방으로 옮겨갔다. 역사적 형식 그 자체가 사라져버렸다.

열정과 하위징아

이 때문에 하위징아는 자신의 정치적 생활이나 개인적 생활에서 열정을 아주 중시했다. 그는 조국 네덜란드에서도 미국에서 보았던 그런 정치적 대립이 벌어지기를 바랐다. 그는 1860년의 미국 전당대회를 아주 흥미진진하게 묘사했다. 이런 두 당사자의 대결 방식은 비례·균형적 대의 정치를 지향하는 네덜란드 정치 기상도에서는 찾아보기 어려운 것이었다. 왕정복고가 되면서 이런 실수가 나오게 되었다. 네덜란드는 과거의 파당 정치, 국가당과 스타트홀더stadholder 당의 분열을 영원히 잊어버리고 싶어 했다. "피곤한 국가는 드러누웠고, 약간의 격려를 받은 후에, 오란예Orange 나무 그늘 아래에서 잠이 들어 버렸다." 하위징아는 오란예 왕가에 대하여 아무런 반감도 없었다. 오히려 그는 왕가가 조국 네덜란드 못지않게 전원적이라고 생각했고 그 둘을 같은 것이라고 보았다. 하지만 열정이 없는 정치는 한심한 얘기였다. "이런 대립이 제거되었기 때문에, 정치적 생활은 과거의 역사적 구성물(대립의 스토리)을 전혀 닮지 않게 되었다. 무미건조한 프랑스 시청 어휘를 동원한 새로운 정치 어휘는 전혀 일상생활의 언어를 닮지 않았다."[24]

네덜란드가 반 호헨도르프Van Hogendorp의 말에 좀 더 경청했더라면 얼마나 좋았을 것인가. "좀 더 중앙 집중화된 행정부, 좀 더 폭넓은 연방주의. 자신의 영지와 영주권을 가진 진정으로 유기적인 귀족제도." 하위징아는 평등이라는 개념에 별로 매혹을 느끼지 못했고, 1814년의 가짜 모더니티도 환영하지 않았으며 그것을 정치적 무기력증이라고 보았다. 반 호헨도르프가 구상한 국가는 "오래된 엘리트들이 계속하여 편안함을 느끼고, 국민들은 그저 구걸하는 게 아니라 좀 더 미워할 것이 많은 그런 국가"였다. 1917년에 도입된 비례 대의 제도는 새로운 질서의 꼭짓점이었다. 그것은 정직하고 공정한 제도처럼 보였다. 각각의 의견이 저마다 영향력과 지원 세력을 갖고 있었다. 하지만 그 제도의 진짜 효과는 오히려 정치에서 활력을 빼앗았다. 정치에 "붕어빵 틀을 만들어 주었고, 그리하여 4년에 한 번씩 똑같은 붕어빵을 찍어내게 되었다."[25]

그는 빌헬미나 여왕의 즉위 40주년을 기념하는 논문(1938)에서 이렇게 보았다. 그보다 4년 전, 「네덜란드의 국가적 특성」에서는 비례 대의 제도로 인해 화석이 되어 버린 정당 제도를 맹렬하게 공격했다. 비례 제도를 시행한 결과, 사회의 최 밑바닥 층까지 이권이 골고루 분배되는 현상이 벌어졌고, 이것이 국가의 생명력을 기계화하고 정치를 죽여 버렸다. 이처럼 권력을 공평하게 나누는 일에만 몰두하다 보니 "진정한 정치적 원칙이 실종되었다." "이런 저런 자리는 가톨릭 당 몫, 혹은 진보다 몫이라는 얘기는 우리의 정치에서는 낯선 개념이 되었다." 하위징아가 보기에, 서로 다른 세 가지 정치적 기질에 따라 보수당, 진보당, 혁신당이 있을 뿐이고 거기에 약간의 '엽관제獵官制(정권을 잡은 정당이 승리의 보수로서 관직 및 기타 이권을 당원에게 배분하는 제도)'가 가미되었다. 그는 앵글로-색슨의 '승자독식' 선거 모델을 좋아했다. 그것은 열정을 소생시키는 제도였다.[26]

하지만 열광과 관습, 열정과 조화를 아주 순수한 형태로 혼융하는 하위징아를 발견하게 되는 건 그의 정치관에서가 아니라, 사랑의 개념에서이다. 그는 『중세의 가을』 제4장 "사랑의 형식"에서 이 개념을 설명한다. 한편에서, 모든 기사들은 사랑의 기술(ars amandi)을 가르치는 교범인 『장미 이야기』에서 사랑의 지식과 기술을 획득한다. 다른 한편에서, 단테는 사랑의 이상을 부정적 어조—즉 상실과 박탈의 무드—로 설명하는데, 하위징아는 이것을 "중세 정신의 가장 획기적인 변화"라고 불렀다. 『장미 이야기』와 『신생』의 사이에, 그리고 여성 성기의 신성화와 신성한 지식으로 인식되는 사랑 사이에, 하나의 변증법이 존재하는 것이다. 하위징아는 나중에 이 변증법을 알랭 드 릴의 멋진 모순어법으로 설명했다.

Pax odio, fraudique fides, spes iuncta timori
Est amor et mixtus cum ratione furor.

사랑은 증오와 평화, 배신과 신임,
희망과 두려움, 이성과 광기가 결합된 것이다.[27]

이러한 열정의 가장 좋은 사례들 중 하나가 엘로이즈의 아벨라르에 대한 사랑이다. "그것은 거칠고 어두운 사랑이었다. 강력한 신앙과 세속적 열정이 한데 뒤섞여 맹렬하게 싸우는 바람에 가슴이 찢어지는 사랑이었다." 엘로이즈의 격정적 토로에는 너무나 급박하고 너무나 절실한 호소가 깃들어 있어서 이런 열정을 셰익스피어의 드라마 이외의 곳에서 과연 찾아볼 수 있겠는지 의문이 든다. "그녀는 아벨라르가 지옥을 향해 황급히 달려가는 것을 목격하더라도 망설임 없이 그를 따라가겠다고 말했다. 그는 그녀가 수도원에 들어와서 건강을 회복했다고 상

상하지 말기 바란다. 오히려 정반대이다. 그녀는 하느님의 뜻을 위반하는 것보다 그를 아프게 하는 것을 더 두려워한다." 여기서 하위징아는 더 오래되고, 더 독창적이고, 더 원시적인 정서를 환기시키기 위하여 문학 속의 사례를 인용하는데, 이번에는 아이슬란드의 사가가 동원된다. 이렇게 하는 것은 독자들로 하여금 엘로이즈의 사랑에서 "아주 오래되고 진중한 분위기"를 파악하게 하려는 것이다.[28]

(엘로이즈[1098-1164]는 철학자 겸 신학자인 아벨라르의 아내였다. 아벨라르와 엘로이즈의 연애는 역사상 가장 비극적인 러브 스토리이다. 엘로이즈의 숙부이며 노트르담 사원의 참사회원인 퓔베르는 1118년경에 아벨라르에게 똑똑한 조카딸의 교육을 위임했다. 둘은 사랑에 빠졌고 엘로이즈는 임신을 했다. 엘로이즈는 브리타니로 피신을 가서 그곳에서 아들을 낳았고 그 후 파리로 돌아와 아벨라르와 결혼했다. 그녀의 친

척들은 그런 스캔들에 격분하면서 사람을 시켜 아벨라르를 공격하고, 또 그를 거세하게 했다. 아벨라르는 생드니 수도원의 수도사가 되었고 엘로이즈는 아르장퇴유 수도원에 들어갔다. 수도원이 해산되자 아벨라르는 엘로이즈와 수녀들에게, 그가 설립한 파라클레트 공동체의 땅을 주었다. 이곳에서 엘로이즈는 수녀원장이 되었다. 엘로이즈는 파라클레트의 묘지에 아벨라르와 합장되었으나, 19세기에 들어와 둘의 묘소는 파리-라 셰즈 공동묘지로 이장되었다. 그녀가 아벨라르에게 보낸 편지는 두 사람의 관계를 여실하게 보여 준다—옮긴이)

이 논문의 핵심적 사항은, 연애편지들의 진정성이 엘로이즈의 기여 여부에 따라서 높아지거나 낮아진다고 한 하위징아의 주장이다. "아벨라르는 그 체험을 공유하지 않았더라면, 어떻게 무한한 여성적 열정의 저 심오한 깊이를 이해할 수 있었겠는가?" 이와 비슷한 방식으로 휘호 그로티우스Hugo Grotius도 아내인 마리 라이거스버그Mary Reigersberg를 필요로 했다. "마리는 그 시대의 다른 측면을 상징한다. 물질처럼 직접적이고 피처럼 따뜻한 모든 것을 말이다. 그것은 얀 스텐과 피에테르 데 호흐의 측면이다…… 순수하고 자연스러운 이 여인의 삶에서 우리는 순수하고 즐거운 부부애의 초창기 세월이 꽃피어나는 것을 본다. 그러다가 말년에 비참한 운명과 가정 내의 고민거리들로 그녀의 쾌활한 정신이 굳어지게 된다. 그녀의 위대한 남편이요 저명한 유배자인 그로티우스의 비극보다 마리의 비극이 훨씬 더 비극적이다." 이렇게 생각이 펼쳐져 나가자 하위징아는 그로티우스를 에라스뮈스와 비교한다. "휘호는 에라스뮈스와 마찬가지로 타고난 순교자가 아니다. 그에게 가장 정력적인 활동을 펼치라고 권장한 것은 그의 아내였다. 아, 에라스뮈스가 곁에 마리 라이거스버그를 거느리고 있었다면 얼마나 좋았을까!"[29]

『중세의 가을』에서 가장 아름다운 러브 스토리 중 하나는 시인 기욤 드 마쇼Guillaume de Machaut의 사랑이다. 일찍이 피카소는 미국 여류작가 거트루드 스타인Gertrude Stein이 자신(피카소)이 그린 그녀의 초상화처럼 되어 갈 것이고, 또 그 그림에서 그녀의 얼굴을 알아볼 것이라고 말한바 있었다. 하위징아는 재혼을 하면서 기욤 드 마쇼의 스토리를 재연했다. 하위징아는 마쇼처럼 가난한 시인도 아니었고 병들지도 않았으며, 한쪽 눈이 멀지도 않았고 통풍으로 고생하지도 않았다. 물론 하위징아도 생애 말기에는 통풍으로 고생했다. 하지만 65세의 노역사가와 28세의 아우구스테 쉴빙크Auguste Schölvinck(1937년에 하위징아와 재혼한 여성)의 나이 차이는 60세의 기욤 드 마쇼와 그의 18세 애인 페로넬Péronelle을 연상시켰다. 어쩌면 하위징아 자신도 이 사실을 생각했을 것이다.[30]

하위징아는 『중세의 가을』에서 아주 친숙한 스타일로 마쇼의 러브 스토리를 말한다. 그는 먼저 그 스토리가 진실임을 강조한다. 이 점은 마쇼의 시 제목, 『진정한 사건의 책Le Livre du Voir-Dit』에서도 드러난다. 그는 그것이 진정한 러브 스토리가 아니라는 가설을 경멸하는 어조로 반박하는 각주를 단다. 이어 그 스토리, 편지, 시, 그리고 첫 번째 만남을 서술한다. "그는 아주 전율하면서 그들의 첫 만남을 기다렸고, 자신의 신체적 핸디캡을 두려워했다. 어린 애인이 노시인의 용모에 별로 놀라지 않자, 그의 기쁨은 끝 간 데를 몰랐다." 이 사랑의 하이라이트는 두 애인이 순례를 하면서 며칠간 함께 보낼 수 있게 된 것이었다. 어느 날 오후 낮잠 자는 시간에 페로넬의 올케는 침대에 누워 낮잠을 잤다. 페로넬과 시녀는 다른 침대에 누웠다. 그녀는 수줍어하는 시인에게 그들 사이에 누우라고 말했다. 마쇼는 그곳에 누웠고 그들에게 방해가 될까봐 죽은 사람처럼 아예 움직이지 않았다. 그녀는 잠에서 깨어나자 그에게 키스해달라고 요구했다. 그들의 짧은 여행이 끝나갈 무렵, 그녀는 그의 슬픔을 눈치 채고 그에게 가까이 다가와 작별 인사를 하라고 말했다. 그는 이 경우에게도 '명예'와 '정직'에 대하여 길게 늘어놓았지만, 그의 다소 무뚝뚝한 진술로는, 그녀가 그에게 그 어떤 것도 거부하지 않았겠는지 여부는 명확하게 알 수가 없다.

우리는 하위징아가 1937년 구스테에게 보낸 편지들을 읽을 때 마쇼의 러브 스토리를 염두에 두어야 한다. 구애 초기에 보낸 편지들은 파리에서 쓴 것이었다. 하위징아는 미용원에 가서 백발을 흑발로 이식하고, 코를 표백하고, 척추를 똑바로 펴고, 허리를 단단히 죌 것을 상상한다. 이런 회춘 방안이 기욤 드 마쇼에게도 제공되었더라면 그는 얼마나 행복했겠는가. 하위징아는 중세의 노시인처럼 정결을 실천했다. 그는 열정 못지않게 절제도 강조했다. 그의 사랑스러운 애인은 성적 욕망에 대해서는 전혀 관심이 없다고 주장하면서 그를 안심시켰다. 그는 다시 한번 성욕이 결혼의 주된 목적이 되어서는 안 된다고 강조했다. "우리의 결혼은 정상적인 나이 차이의 결혼에 비해 더욱 더 절제와 금욕의 결혼이 되어야 한다고 생각합니다." 그렇게 해서 하위징아는 그 자신의 중세를 살아갔다. 그가 반에이크의 그림들에서 발견했던 저 친밀함의 페이소스(애수)를 실천하면서 말이다. 구스테라는 여자의 의미는 그가 말한 "달콤한 친밀함" 속에 다 포함되어 있었다. 1937년 7월 13일 그는 한 편지를 이렇게 끝맺는다. "나의 사랑하는 여인, 나는 당신을 내 품안에 안고서, 아주 순수하고 성스러운 마음으로, 당신에게 친밀한 키스를 보냅니다. 이런 내 심정을 적절히 표현할 말을 알지 못합니다." 정말로 적절한 표현이다. 그는 『중세의 가을』에서 에로티시즘은 언제나 "오래 전에 상실한 성스러운 것"과 접촉해야 한다고 말하지 않았던가?[31]

코다

「모스크바 일기」라는 시에서 러시아 시인 마리나 츠에타에바Marina Tsvetaeva는 이렇게 썼다. "애인들의 나이 차이, 16세와 60세는 부자연스러운 것이 아니다. 정말 중요한 것은 그런 나이 차이에 아무런 우스꽝스러운 점도 없다는 거다. 아무튼 그것은 소위 '균형 잡힌' 결혼보다 덜 어리석다는 것이다. 그것은 진정한 열정의 가능성을 담고 있다." 그녀의 또 다른 시는 이러하다.

나는 신이나 인생의 계명 따위는 신경 쓰지 않는다.
그들이 내 무덤 위에서 진혼곡을 부를 때까지, 나는
열정을 가지고 죄를 지을 것이다. 지금껏 그래 온 것처럼.
주님은 내게 다섯 가지의 감각을 주셨다.
친구들! 그리고 나를 유혹하는 너희 공모자들!
오, 부드러운 선생들이여!
나무들, 별들, 구름들, 그리고 소년과 소녀들.
너희는 언젠가 모두 죄악의 형제들이 되리라.
대지여, 하느님의 보좌 앞에 펼쳐질 최후의 법정에서
나와 함께 증인을 서라.

하위징아는 실천 가능한 곳에서는 신의 계명을 지켰고 죄짓는 것은 그의 주특기가 아니었다. 하지만 그가 하늘의 문 앞에서, 귀족이나 명성 높은 역사학자들과 함께 서 있지 않고, 마리나 츠에타에바의 "소년과 소녀들"과 함께 서 있다 한들 아무도 놀라지 않을 것이다.[32]

공감각

시인 마리나 츠에타에바는 "다섯 가지의 감각을 가지고" 죄를 지었다고
말했다. 하위징아의 글쓰기가 그러했다. 그가 말한 '미학적 관찰'은 실
은 공감각을 말하는 것이었다. 헤로도토스Herodotos가 살라미스 전투를
서술한 문장을 한번 살펴보자. 하위징아는 이 문장을 그의 저작에서 여
러 번 인용했다. "크세르크세스Xerxes는 배들로 감추어진 헬레스폰트
Hellespont와 사람들로 가득 찬 아비도스Abydos의 해변과 들판을 보았을
때 그 자신을 가리켜 행복한 사람이라고 말했다. 그리고 그 다음 순간에
눈물을 터트렸다."[1] 하위징아는 이렇게 논평한다. "이 문장을 읽는 순간
우리들 눈앞에는 이런 것들이 나타난다. 하얀 돛들에 어른거리는 햇빛,
무수하게 많은 병사들, 반짝거리는 갑옷과 붉은 전투복. 우리는 소리치
는 목소리와 파도의 철석거리는 소리를 듣는다. 우리는 짭짤한 미풍을
맛본다." 달리 말해서 '보기'는 모든 감각을 동시에 참여시킨다. 이때
'보기'는 곧 공감각이 된다.

시각

역사학 분야뿐만 아니라 네덜란드 문학을 통틀어서 하위징아처럼 감각적인 작가를 찾아보기 어려울 것이다. 그의 가장 강력한 감각은 시각이었다. 그는 회고록에서 이렇게 썼다. "나는 그 아이디어가 언제 내 마음속에 자리 잡았는지 기억이 나지 않는다. 아무튼 역사적 관찰은 어떤 이미지들을 보는 것 혹은 그런 이미지들을 환기시키는 것이다." 하위징아는 그보다 전에는 이런 말도 했다. "역사가는 그가 디자인하는 형식의 윤곽을 그리는 데 그치지 아니하고, 그 형식에 생생한 세부사항을 주어 색깔을 입히고 또 환상적 암시로 그 형식을 환하게 밝히는 사람이다."[3]

하위징아는 시각적 감수성이 예민한 사람이었고, 고대 인도의 극작가들도 그런 감수성을 갖고 있다는 것을 발견했다. 그는 고대 인도 드라마에서 발견한 시각적 은유들을 흔쾌하게 인용했다. 비두샤카의 대머리는 "어린 낙타의 무릎" 같고, 그 불쌍한 사람은 "맛있는 저녁 식사를 너무 먹은 식객처럼, 왕의 비밀들로 배가 터져나갈 것 같았다." 달은 "뾰루퉁한 여자 애인의 뺨처럼 붉고," 물소의 숨죽인 툴툴거림은 "퇴짜당한 남자 애인의 불평과 비슷하다." 백정의 아들은 소의 내장을 "마치 낡은 치마처럼" 흔들어댄다. 역사가 하위징아 또한 이런 시각적 비유를 자주 사용했다. 젊은 시절 하를렘 시市의 연구서를 집필할 때, 그는 독자들이 "역사적으로 재구성되는 것의 그림"을 볼 수 있어야 한다고 생각했다.[4]

하위징아는 역사학이 선명하고 정확한 질문을 제기하기를 바랐다. 하지만 이런 질문들이 구체적 장소나 행동을 수반하지 않는다면 역사가는 실패한 것이다. 그래서 옛날의 하를렘을 손에 잡히는 것처럼 묘사하려고 애를 썼다. 그 도시의 사법적 전통, 번성하는 시장, 활기 넘치는 산업 등을 묘사하여, 면허 받은 자치조합들이 많은 이 도시의 실제 풍경을 그림처럼 제시했다. "그 도시는 잡다한 교역과 사업에 종사했다. 외국에서 수입한 상품들 중에는, 옷감, 모피 제품, 소매 용품, 와인과 맥주, 쇠와 철, 소금과 곡식 등이 있었다. 우리는 또한 그 주위에서 가죽, 물고기, 버터, 가축, 토탄, 건초, 등나무 목재 등을 발견한다. 도시민들도 적극적으로 어업을 하는 어부들이다. 이것은 그리 놀라운 일이 아니다. 아무리 적더라도 중세의 도시에 가면 이런 활발한 거래의 모습을 발견할 수 있기 때문이다."[5]

『중세의 가을』 또한 이런 강력한 그림을 보여 준다. 우리는 성의 구멍이나 성벽의 틈새를 통하여 들여다보듯이, 중세 도시민의 어깨 너머로 최고위 인사에서부터 최하급 서민에 이르기까지 중세의 일상생활을 들여다보는 것이다. 부르고뉴 궁정 주방은 일곱 개의 거대한 아궁이를 갖춘 엄청난 곳이었다(현재 디종Dijon에 남아 있는 공작궁의 폐허에 가면 이것을 볼 수 있다). "이 주방에는 당직 요리장이 아궁이와 조리대 중간에 놓인 안락의자에 앉아서 주방 안의 모든 활동을 감시한다. 그는 한 손에 커다란 나무 주걱을 들고 있었다." 같은 책의 다른 부분에서는 선량공 필립과 그의 아들(후일의 대담공 샤를)이 서로 분노에 찬 언사를 주고받는 것을 볼 수 있다. 늙은 공작은 고집 센 아들에게 화를 내면서 말위에 올라 궁 밖으로 나가서 날씨 험하고 아주 어두운 밤중에 밤새 시골 지방을 배회한다. "대공은 배고프고 지친 몸으로 방황한다. 그가 소리를 질러도 어디에서도 대답은 들려오지 않는다. 자칫 길인가 착각하여 강으로 들어갈 뻔했지만 영특한 말은 제때 알아보고서 뒷걸음질쳤다. 그는 말에서 내려 자기 자신을 질책한다. 사람 사는 동네로 되돌아가도록 알려주는 수

닭의 울음소리나 개 짖는 소리를 들으려 했지만 헛수고였다."[6]

하위징아는 디종의 주방은 직접 그의 눈으로 목격했지만, 대공의 분노와 한밤중의 배회를 묘사할 때에는 중세 연대기 작가 샤틀랭의 눈을 빌려온다. 샤틀랭 또한 시각적 감수성이 뛰어났다. 하위징아는 대담공 샤를의 첫 겐트 방문을 묘사한 샤틀랭의 문장을 인용하면서 그것을 예증한다. 그 방문은 시장이 서는 날과 우연히 일치하여 곧 대혼잡이 벌어졌다. "대공이 된 샤를이 겐트를 처음 방문했는데, 그곳 사람들은 후템Houthem 축제일을 맞아 성 리비누스Saint Livinus 성당에서 되돌아오는 길이었다. 우리는 이런 의외의 자질구레한 세부 사항 덕분에, 작가가 모든 상황을 얼마나 명쾌하게 관찰했는지 잘 알 수 있다. 겐트의 폭동에 직면한 대공은 "턱수염 사이로 이를 내밀고 입술을 깨물면서 낡은 투구를 쓴, 수많은 악당의 얼굴들"과 마주쳤다. 앞으로 밀고 나가 대공 옆의 창가에 다가선 악한은 검은 침이 달린 쇠장갑을 끼고 있었다. 그는 쾅 소리가 나도록 창턱을 세게 쳤고, 그러자 주위는 겁먹은 듯 침묵에 빠져들었다. 지각된 대상을 단도직입적으로 간결하게 얘기하는 샤틀랭의 문학적 능력은, 엄청나게 예리한 관찰력을 발휘하며 사물들을 완벽하게 표현하는 반에이크의 회화적 능력과 어깨를 겨룬다."[7]

샤틀랭에게 한 말은 에라스뮈스에게도 그대로 적용된다. "에라스뮈스가 그의 인물들과 장면들을 묘사하는 저 일관된 시선을 주목하라. 그는 그것들을 잘 살펴보았다." 이런 시각적 감수성은 16세기와 17세기의 네덜란드 문명에 그대로 적용된다. 그 문명은 본질적으로 시각적이었고 작가들을 화가로 만들었다. 이 때문에 작가들의 암스테르담 기행문을 들고서 시내를 돌아다니면 실제로 도시가 그 글과 일치하는 것을 볼 수 있다. "본델은 도시를 그렇게 시각적인 관점에서 보았다." 그것은 하위징아의 접근 방법이기도 했다. 가령 요한 데 비트Johan de Witt의 초상을 묘사한 그의 글을 보라. "거기에 날카로운 용모를 가진 '껑다리 요한'이 서 있었다. 그의 몸에서는 한네만 초상화의 저 화려한 감각이 만년에 이를 때까지 사라지지 않았다. 쾌활하고, 생기 넘치고, 황소처럼 힘이 세고, 지치지 않는 사람이었다. 정력과 패기로써 세속의 일들과 씨름하는 유쾌한 성격의 소유자였다." 1668년 크리스마스 때 암스테르담의 시의원 저녁 축제에 참석한 데 비트에 대하여 하위징아는 이렇게 적었다. "껑다리 요한은 그 우아한 매너로 모든 사람을 매혹시켰다. 그는 춤을 추고 바이올린을 연주하고 카드 속임수와 숫자 수수께끼에 몰두했다."[8]

이런 생생한 '그림'이 마음의 눈에 그려지지 않는다면, 그것은 친밀성의 부족 때문에 그러하다. 이것이 역사가 로베르트 프뢰인Robert Hruin의 약점이었다. 가령, "에라스뮈스와 그로티우스를 읽는 데 있어서 프뢰인은 그들이 사는 세계의 그림을 보지 못했다." 마찬가지로 이유로 하위징아 자신도 1800년경의 홀란트 사람의 심적 깊이를 잴 수가 없었다. "나는 그 사람의 그림을 얻을 수가 없었다." 그는 한숨을 내쉬었다. "1795년의 바타비아 사람은 내게 괴뢰 인형처럼 보였고, 왕정복고 시기의 사람은 중국 그림자처럼 보였다." 바타비아 사람들에 대한 그의 그림은 "유니온을 허술하게 묶어놓은 사슬처럼 허술했다. 아홉 명의 예전 영웅들을 분장한 배우들의 기이한 복장처럼 어울리지 않았다. 기껏해야 오랜 편지들이 가득 든 낡은 궤짝의 매캐하고 메마른 냄새를 맡을 뿐이었다. 멜랑콜리하면서도 아늑한……."[9]

냄새를 추가했다는 것은 주목할 만하다. 때때로 시각만으로는 부족하기 때문이다. 그것은 브레데로의 희곡을 "시각적인(시각만을 강조하는) 익살극"으로 격하시켰다. 시각적 비극이 사람들의 눈물을 자아낼 수 없

요한 데 비트

듯이, 시각적 희극 또한 웃음을 이끌어내지 못한다. 본델과 브레데로의 희곡들은 너무 시각적인 이미지에 의존하기 때문에 무대 위에서 연출하기가 쉽지 않다. 그것은 드라마의 요소를 제거해 버린다.

색깔과 미각

시각적 감수성이 하위징아에게 아주 자연스러운 것이었으므로—zum Schauen geboren, zum Sehen bestellt(보기 위해 태어났고, 잘 보도록 소질이 부여된)[10]—하위징아는 역사 속에서 색깔이 있는 것에 크게 감동되었다. 좀 더 정확하게 말해 보자면, 그 자신이 말한 바대로, 중세의 색깔에 매혹되었다. 그 시대의 생활은 "여러 모로 동화의 색깔"을 갖고 있었다. 하위징아는 색깔로 역사를 꿈꾸었다. 그는 중세에는 모든 것이 고정된 색깔과 의미를 갖고 있다고 묘사했다. 시체 안치실은 초록색과 보라색으로 장식되었고, 의상, 꽃, 보석류는 청록색과 초록색이었으며, 이런 것들은 모두 저마다 "부드러운 의미"를 지녔다. 장례식의 검은 색깔이 갖고 있는 "음울한 화려함"은 중세 생활의 알록달록한 모자이크를 배경으로 눈에 띄게 드러났다. 그러다가 프랑스 왕이 갑자기 붉은 옷을 입고 애도를 했다! 그리고 아르메니아 왕, 레오 드 뤼지냥Leo de Lusignan은 하얀 옷을 입고 문상을 했다. 붉은색은 가장 아름다운 색깔이었고, 갈색은 가장 흉측한 색깔이었다. 초록색은 부드러움의 느낌을 불러일으켰다. 노랑과 파랑, 주황과 분홍, 하양과 검정 등의 배합이 적절한 배색으로 권장되었다. 모든 색깔은 상징적 의미를 갖고 있었다. 초록은 육체적 사랑, 청색은 신의를 의미했다. [11]

이러한 사례들은 중세 후기의 문화가 "색깔에 대한 갈증"으로 침윤되어 있다는 것을 보여 준다. 수난 기사단이라는 종단의 창설자는 회원들이 입을 옷과 관련하여 빨강, 초록, 주홍, 청색, 백색, 흑색 등 "색깔의 축제"를 꿈꾸었다. 하위징아는 이어 반에이크 그림의 주도적 색깔인 "초록, 황금, 진홍의 장엄한 과시"에 대하여 길게 설명한다. 이 주도적 색깔들 중에서 특히 주도적인 것은 진홍이다. 실제로 하위징아는 중세 후기를 "이 붉은 시대"라고 불렀다. 과시와 허세를 사랑하는 봉건 시대는 '진홍색'이었다. 그것은 열정의 적색이고, 열정적인 사람들과 "붉게 꽃피어나는 죄악"의 이미지이다. 그것은 또한 저녁 하늘의 색깔이다. "소멸해 가는 문화의 일몰日沒이다." 작가는 『중세의 가을』을 쓰면서 그런 무드의 영향을 받았다. [12]

이런 색깔들은 그가 집필을 꿈꾸었던 17세기에도 적용될 수 있다. 하위징아는 "두 가지 장엄한 일몰을 노래하는" 책을 꿈꾸었다. "하나는 렘브란트의 피로 물든 황금 구름이었고, 다른 하나는 천상의 순수한 광휘로 빛나는 본델의 일몰이었다." 하위징아는 『중세의 가을』을 쓰던 시기에 집필한 요한 데 비트에 관한 에세이에서 그렇게 말했다. 데 비트의 경력에서 전환점이 되는 시기는 1668년이었다. "이 해에 그의 평생 사업의 실패 전망이 구릿빛의 천둥치는 하늘처럼 그의 뒤에서 크게 떠올랐다." 그 뒤에 하위징아는 17세기에 전반에 집중하여 공화국의 그림을 그리려고 하면서, 가능한 한 그 그림에서 바로크 시대는 빼려고 했다.[13]

그리하여 그 시대는 전혀 다른 색깔을 갖게 되었다. 그때부터 네덜란드는 "명확하고 단순한" 적색, 백색, 청색 등 원색에 집중하거나, 아니면 "신선하고 새롭고 자애로운" 오렌지색을 선호했다. 하위징아가 볼 때 하위헌스의 전원시 『호프웨이크』는 전원과 그곳에 사는 사람들을 그대로 묘사한 것이었다. "그곳에서는 배들과 오두막의 나무판자들은 모두 쾌활한 초록, 백색, 적색, 황색, 청색으로 칠해졌다." 이 점에 있어서 하위징아도 모순되는 입장을 보인다. 왜냐하면 베르메르의 색상은 "푸른색, 초록색, 노란색의 교향악이고, 밝고 생생한 적색은 베르메르가 거의 사용하지 않았다"라고 말했기 때문이다. 그는 귀족제의 잉글랜드와 부르주아지의 홀란트 사이의 대비를 강조하기 위하여 영국을 적색, 홀란트는 "평범한 회색"으로 대비시킨다. 그러면서 이렇게 결론짓는다. "다양한 뉘앙스의 회색을 제외하면, 우리가 아는 것이라고는 상당히 많은 초록색과 약간뿐인 푸른색이다."[14]

이런 식으로 모든 시대는 그 나름의 색깔을 획득한다. 12세기는 교회의 채색 유리창 같은 시대였다. 어느 한 순간에는 밝은 푸른색으로 빛나다가 다음 순간에는 불붙는 듯한 적색, 그리고 그 다음에는 하얀색으로 빛났다. 중세의 색깔은 분명 다른 시대보다 황량한 것이었지만, 동시에 "어느 하나로 고정되지 않는 색깔"이었다. 르네상스─아무튼 몽상가의 눈으로 볼 때―는 "순수한 황금색"이었다가 잠시 뒤에 "햇빛과 놋쇠의 소리"로 정의되었다. 그리고 같은 글에서 하위징아는 "이탈리아 15세기의 밝은 황금빛"이라고 썼다. 시간이 흘러갈수록 그런 밝음과 화음은 점점 커져갔다. 특히 이탈리아 주변의 국가들에서 그러했는데, 홀란트에서는 사정이 그렇지 못했다. 홀란트의 17세기는 "황금빛"의 시대가 아니었다. 낭만주의의 시대에 들어와 홀란트는 여러 면에서 중세의 색깔, 즉 녹색, 적색, 은색, 청색, 황금색을 반복했다.[15]

하위징아는 17세기 네덜란드에 "황금빛"을 부여하지 않으면서 동시에 "황금시대"라는 말은 잘못이라고 첨언했다. "황금시대라는 말은 라틴어 아우레아 아에타스aurea aetas를 연상시킨다. 우리는 학창시절에 오비디우스의 『변신 이야기』를 읽으면서 이 신화적 낙원을 만났는데 그때 이미 이 용어가 따분하다고 생각했었다. 만약 우리의 영광스러운 세기가 어떤 이름을 가져야 한다면, 그것은 나무와 쇠, 역청과 타르, 페인트와 잉크, 대담함과 경건함, 정신과 상상력 등을 가리키는 것이어야 한다."

(고대 로마의 시인 오비디우스는 『변신 이야기』라는 책에서 금은동철의 네 시대를 설파했다. 이 네 시대를 간단히 살펴보면 이렇다. 황금시대는 법률 없어도 사람들이 자발적으로 신의와 권리를 숭상했다. 힘들게 농사짓지 않아도 땅은 저절로 모든 것을 생산했다. 사람들은 천연으로 생겨난 식량에 만족했다. 봄날은 영원히 계속되었다. 순은시대는 영원한 봄날이 단축되어 일 년이 기다란 겨울, 무더운 여름, 불안정한 가을, 짧은 봄의 네 계절로 나누어지게 되었다. 인간은 들판이 아니라 집에 살면서 농사를 지어야 했다. 청동시대는 사람들의 성격이 사나워졌고, 끔찍한 무기를 집어들 준비가 되었다. 그렇지만 아직 죄악에 깊숙이 빠져들지는 않았다. 강철시대는 모든 죄악이 밖으로 튀어나왔다. 염치와 진실과 신의는 사라져버리고, 그 자리에 사기와 기만과 폭력이 들어섰다. 공동 소유였던 땅이 힘센 개인들의 소유지로 돌아갔다. 해롭기 짝이 없는 쇠

(권력)가 등장했고 그 쇠보다 더 해로운 황금이 나타났다. 사람들은 이것들을 얻기 위해 필사적인 싸움을 벌인다. 바로 우리가 살고 있는 현대이다—옮긴이)

하위징아가 이처럼 냄새가 미각을 사용한 것은 진귀한 것은 아니지만—슬뤼터르Sluter와 반에이크는 "중세의 맛이 나기 때문에" 르네상스에 배속시킬 수 없다—그리 빈번하게 사용되는 것도 아니었다. 다른 몇 가지 사례를 인용해 보면 이러하다. 그는 "시대의 슬픔이라는 씁쓸한 맛"을 언급했고, 그 "냄새와 풍미"를 잃어버린 문학에 대해 말했으며, 암스테르담을 다룬 자그마한 책에서 풍겨 나와 코끝까지 흘러드는 타르의 냄새를 언급했다. 네덜란드 화가 얀 베트에 대해서는 이렇게 썼다. "그는 그 시대의 품질을 혀끝으로 맛보았고 그 시대의 사상에 대해서는 별로 혹은 전혀 관심이 없었다." 베트가 퀸텐 메트시스Quinten Metsys를 다룬 글을 논의하면서 이렇게 썼다. "당신은 메트시스를 보고 맛본다."[16]

소리

역사는 색깔뿐만 아니라 소리도 갖고 있다. 이 둘은 종종 서로 뒤섞인다. 독일 화가 뒤러Dürer의 일기는 때때로 다른 "소리와 색깔"로 전환한다. 문화의 가장 기본적 특징은 성조(tone)이다. 모든 시대는 색깔뿐만 아니라 성조도 가지고 있다. 12세기의 르네상스는 "밝은 성조와 생생한 리듬으로 전환하는 멜로디"라고 자신을 선언했다. 반면에 중세 후기의 "인생의 성조(tone of life)"는 열정들이 서로 충돌하고 미덕과 악덕이 대비되는 성조였다. 이 시대는 처음으로 "부정적 성조를 가진 사랑의 이상"을 발전시켰다. 르네상스와 휴머니즘의 성조는 이와 또 달랐다. 그것은 균형, 자유, 쾌활, "평온함과 낭랑함"의 성조를 갖고 있었고, 한 마

디로 말하면 "르네상스 성조"였다.[17]

하위징아가 볼 때, 르네상스라는 개념은 "고정된 형식과 풍만한 소리, 그리고 로렌초 데 메디치 일파가 형성한 피렌체 플라톤주의에서 나오는 마지막 코드chord" 등에 의해 비로소 확정되었다. 하위징아는 또한 르네상스와 중세의 성조를 대비시켰다. "우리는 중세가 Contemptus mundi(세상에 대한 경멸)의 신념을 총체적으로 포용했다고 잘못 생각하기가 쉽다. 또 르네상스가 시작되면서 비로소 오케스트라가 Iuvat vivere(살아 있다는 것은 사람을 기쁘게 한다는 뜻의 라틴어-옮긴이)의 주제를 쾌활하게 연주했다고 생각하려는 경향이 있다." 하지만 르네상스가 "세상에 대한 위대하고 즐거운 쾌락의 찬가"를 부르지만, 동시에 그 주창자들이 대부분 우리가 생각하는 것보다 훨씬 어두운 "성조"를 풍긴다는 것을 발견한다.[18]

하위징아는 17세기 네덜란드의 생활이 결코 전적으로 퓨리턴 적인 것은 아니었다고 썼다. "프로테스탄트 엄숙주의의 변덕에도 불구하고, 네덜란드 생활의 성조는, 제네바 종교개혁가(칼뱅)의 그것이 아니라 에라스뮈스의 그것이었다." 공화국 내에서 이것은 소수의 바로크 주창자들(본델Vondel, 스웨링크Sweelinck, 반 캄펜Van Campen)과 날카로운 대조를 이루었다. "성조에 있어서 아주 다르고, 색깔에 있어서 아주 다르고 그림에 있어서 아주 달랐다!" 그리하여 "잉글랜드와 공화국의 문화적 성조는 분명 달랐다." 19세기와 20세기의 네덜란드 왕국은 그 나름의 성조를 가지고 있다.[19]

때때로 우리는 장단조나 음악적 형식으로 표현된 뉘앙스를 발견한다. "부르고뉴 가문의 역사를 집필하고자 하는 사람은 누구든지 복수의 모티프를 지속적인 배경 음악으로 깔아야 한다. 복수의 염원은 관대棺臺

만큼이나 음울하다. 그것은 행동하는 주인공에게 고비마다 결정적인 조언을 하고, 전투에서는, 씁쓸한 갈증뿐만 아니라 손상당한 자부심의 개운치 못한 뒷맛을 안겨준다." 특정한 예의범절의 준수는 교회 참석 행위를 '미뉴에트'(3박자의 느리고 우아한 춤 혹은 그 음악—옮긴이)로 만든다. 중세의 상징주의는 "아이디어의 진정한 다성악多聲樂이다." "정교하게 짜여진 상징에서는 상징들의 조화로운 코드가 모든 이미지 속에서 들려온다." 르네상스는 "낭랑한 소리로 울려퍼진다." 그 주조음은—꿈꾸기를 좋아하는 몽상가에는—C 장조이다. 반면에 낭만주의는 "단조短調"를 갖고 있다. 에라스뮈스는 그의 『대화집』을 "봄의 코드"로 열고서 대화는 "분명한 아다지오"로 진행된다. "수도원장과 여류 문학자"의 대화에서 수도원장은 "거친 베이스"로 말하고 박식한 여류 문학자는 "고집센 알토"로 말한다. 미국 문학에서 자연에 대한 사랑은 휘트먼의 시에서 "포르티시모"로 들리나, 호손의 작품에서는 "아주 달콤한 칸틸레나로 노래 부른다." 얀 베트를 언급하면서 하위징아는 이렇게 썼다. "그는 자신의 영혼에 쾌활한 장조를 가지고 있다." "그가 서술하는 문장의 템포는 아다지오이다." 『호모 루덴스』에서 놀이의 무드는 "언제나 장조長調"라고 적혀 있다.[20]

암시성을 높이기 위해 악기들도 자주 거명된다. 중세 초기에, 프랑스에서 태동한 국가적 정체성에 대한 새로운 인식은 "강력한 클라리온" 소리를 연상시킨다. 15세기에 프랑스 사람들이 그들의 국가에 대해서 느꼈던 자부심은 "찢어지는 듯한 클라리온 소리"처럼 들리는데, "루이 14세의 군영軍營과 프랑스 혁명에서 그런 소리가 흘러나온다." 모든 세기는 악기의 특징으로 분류해볼 수 있다. 가령, "16세기에는 때때로 트럼펫 소리가 들려오다가 이어 바이올린 소리가 들려왔다. 18세기에는 바이올린 소리가 플루트 소리와 교대된다. 17세기에서는 오르간 소리가 난다."[21]

하위징아는 오르간과 특별한 관계를 맺고 있었다. "불꽃이 타오르는 듯한 고딕 양식은 끝없는 오르간의 코다이다. 그것은 자기 용해를 통하여 모든 형식을 해소하며, 각각의 세부사항에 지속적인 발전을 부여하며, 각각의 라인[線]에 반대 라인을 제공한다." "낭만주의의 악기는 1만 개의 음전音栓을 가진 오르간이다." 역사 그 자체도 오르간과 연결되어 있다. "『햄릿』에서 벌어지는 모든 비극은 시인의 창작이다. 잔 다르크를 드라마로 만들려고 하는 사람은 역사의 오르간 성조가 너무 삐딱하게 나가는 것을 방지할 수만 있어도 그걸로 만족해야 할 것이다."[22]

바로크는 일차적으로 성가대와 오케스트라에 의해 특징지어진다. 루이 13세에게 헌정된 『전쟁과 평화의 법률에 대하여De iure belli ac pacis』는 "다성악 성가대의 방식에 의해 지어진 것이다. 이 음악에서는 Justus(정의)라는 단어가 각각의 새로운 목소리에 의해 더욱 크게 울려퍼진다." 이것을 19세기 초(1813)의 네덜란드와 비교해 보라. "우리의 서사시 목소리는 계속 갈라졌다. 베이스 또한 힘이 부족했다." "그러다가 갑자기 다른 소리가 들려온다. 바크하위젠Bakhuizen은 덜렁거리는 냄비를 때려대는 듯한 찢어지는 소리를 댄다. 포트기터Potgieter는 높고 맑은 테너 목소리로 가세한다. 이제야 처음으로 프린스의 가락과 국가의 가락이 두 성부로 나뉘어 조화를 이루었다. 우리나라의 국가적 교향악의 주제는 이미 정해졌다. 그 주제는 쾌활하고 희망찬 소리로 들려오고, 옛 홀란트를 연상시키는 소리이다. 어떤 때 그들은 가까운 거리에서 그 소리를 연주한다. 어떤 때는 그 소리가 부드럽게 사라진다."[23]

말과 이미지

하위징아는 예술을 인생의 거울이라고 보았다. 이러한 인식은, 예술이 삶과 단단하게 연결되어 삶의 필수적 부분일 때에만 타당한 것이다. 만약 그 둘이 서로 떨어져 있거나, 예술이 삶으로부터 분리되어 있다면, 그 전망은 왜곡될 것이다. 가령 중세 생활의 어두운 면과 밝은 면 중 "밝은 면"은 보존된 것이 별로 없다. 하위징아는 『중세의 가을』에서 이렇게 썼다. "15세기의 즐거운 온유함과 영혼의 평온함은 회화 속에만 표현되고 또 고상한 음악의 투명함 속에서만 결정結晶된 듯하다…… 왜냐하면 그 시대에는 예술의 세계를 제외하고 어둠이 지배했기 때문이다." 그는 이 "잘못된 그림"을 교정하고 싶어 했다. 그는 그 시대의 비현실적 예술을 삶의 맥락 속으로 다시 가져오려고 했다. 이렇게 하기 위해 그는 연대기 작가의 말을 회가의 이미지와 비교했다.[24]

말과 이미지의 비교는 문학에서 존중받은 장르이고, 호메로스가 아킬레스의 방패에 그려진 그림을 묘사한 것(『일리아스』 18장 478-608행)만큼이나 오래된 장르이다. 예술의 이론은 그것을 위해 에크프라시스 ekphrasis라는 용어까지 만들어냈는데, "무엇을 완벽하게 말하다 혹은 묘사하다"라는 뜻이다. 이 용어는 나중에 예술 작품을 묘사하는 데도 사용되었다. 오래지 않아 두 개의 대조적인 접근 방법이 개발되었다. 하나는 문학과 미술이 서로 의존하면서 그 나름으로 사상을 묘사하고 또 정서를 환기한다는 것이다. 다른 하나는 그 둘이 서로 경쟁하면서 재현과 표현의 잠재력에 대한 우월성을 주장한다는 것이다. 전자는 문학과 미술을 자매로 보는 입장이다. 그리하여 호라티우스의 잘 알려진 명언 "ut pictura poesis"(시는 그림처럼)가 나오게 되었다. 후자는 파라고네

paragone, 즉 예술의 상호 비교를 가져왔다. 건축, 음악, 특히 그림과 시의 상대적 가치와 우위를 논의하는 것이다.[25]

하위징아는 말과 이미지의 유사성에 더 관심이 많지만, 예전의 파라고네에 대해서도 관심이 없지 않다. 『중세의 가을』 제13장 "이미지와 말: 그림과 글의 비교"에서 그는 어느 하나가 다른 하나보다 더 뛰어난 분야와 주제를 적시하고 있다.[26] 하지만 이보다 훨씬 중요한 것은 예술적 방법론의 근본적 차이점이다. 시인이 가시적 리얼리티를 묘사하려고 할 때, 그의 말은 "내포 의미의 보물 창고를 샅샅이 뒤질 것이다." 화가는 정반대로 움직인다. "화가는 겉으로 드러난 대상의 선과 색을 재현하고 모양을 고스란히 살리는 작업만 해도 그 이면裏面에는 언외言外의 여운, 즉 궁극적인 뭔가가 남아 있게 된다." 문학보다 그림에서 초월적 성질이 더 쉽게 획득되는 것이다.[27]

이것은 우리를 중세의 상징주의로 인도한다. 상징은 모든 구체적인 것을 추상적인 것으로 번역할 수 있고, 그리하여 세속적 현실에 성스러운 후광을 입힌다. 이런 성스러움은 문학에서도 낯선 것이 아닌데, 그림과는 다른 틀에서 그런 성스러움이 만들어진다. 문학은 현실을 묘사하는 능력의 관점에서 보자면 오래 전부터 미술보다 우월했다. 하위징아는 예수 수난의 재현을 조각과 문학이 어떻게 다루는가를 비교한다. 말로 하는 묘사는 너무 구체적이고 가촉적可觸的이어서 작가는 "박힌 못을 느슨하게 하기 위해 주님의 손 어디를 눌러야 하는지 아는 것처럼" 보인다. 하지만 반에이크에 이르러 그림은 세부사항과 자연스러움을 많이 획득하여 문학을 능가하게 되었다. 그렇지만 이것은 기술적 숙련도의 문제일 뿐 예술 형식 그 자체의 문제는 아니다. 반에이크는 아직도 자신을 그 시대로부터 해방시키지 못했다. 오히려 그는 다른 중세 화가들 못

지않게 그 시대에 감금되었다.[28]

이와 관련하여 하위징아가 내놓은 아주 흥미로운 주장은 이런 것이다. 반에이크가 예술의 역사에서 하나의 시작을 알리는 화가였지만, 문화사의 관점에서 보자면 끝을 구현한 인물이라는 것이다. 여기서 하위징아는 상징주의가 형식주의로 퇴화하는 과정을 논의한다. 이 과정에서 형식이 만연하여 실질을 억압하고, 또 형식은 내용을 빼앗겨 텅 빈 껍데기 뒤에 남게 된다. 미술과 문학은 이런 곤경에 서로 차이 나는 방식으로 대응했다. 이런 차이는 우리 자신의 잘못된 관점에서 나오는 인식의 문제이기도 하다.

잘못된 관점은 유럽의 그림 관람자들과 역사가들이 점점 시각적인 것을 강조하면서 생겨났다. 역사의 이미지는 문학보다 미술에 의해 점점 더 많이 결정되었다. 문학과는 다르게 미술은 불평을 하지 않기 때문에("그림들을 낳은 시대의 슬픔이라는 씁쓸한 감각은 그림 속에서 곧 사라져버리기에"), 역사의 그림은 현실에 부응한다기보다 더욱 평온한 모습을 띠게 된다. 더욱 중요한 것은, 서로 다른 예술들 사이에서는 형식주의가 대조적인 방식으로 표현된다는 것이다. 형식주의는 외부의 스타일 적 특징을 더 중시하는 사상으로서, 자연히 절제와 조화를 희생시킨다. 이것은 거의 모든 예술적 표현 양식에 적용되는데, 반에이크의 그림들은 이런 원칙에서 벗어나는 주목할 만한 예외사항이다.

이것은 1차 주제와 2차 세부사항을 재현하는 방식에 있어서 그림과 문학의 관습이 서로 다르기 때문에 그러하다. 그림에서는 본질적 사항(그림의 주제)과 사소한 세부사항의 차이가 거의 무시할 정도이다. 그림 속의 모든 양상은 본질적이다. "단 하나의 세부사항이 작품의 완벽한 조화를 결정할 수도 있다." 그리고 이런 세부사항들에 있어서, 화가들은 자유로운 재량권이 부여된다. 그는 1차 주제―성스러운 인물이나 사건을 묘사하는 것―에 있어서는 엄격한 관습의 제약을 받는다. 그러나 세부사항들에 있어서는 "거의 무제한적 행동 자유를 부여받아 그의 창조적 충동을 해소할 수 있다." 그런데 시에는 이와 정반대 현상이 벌어진다. 표현의 주된 대상인 1차 주제는 시인이 마음대로 다룰 수 있지만, 세부사항들―꽃, 자연의 즐거움, 기쁨과 슬픔 등―은 표준적인 표현 형식의 제약을 받는다. 여기에 중세 후기 예술의 관심사가 놓여 있다. 그 예술의 핵심인 세부사항의 확장("무제한적인 꾸미기")은 화가들에게는 많은 자유를 주지만, 시인들은 어떤 기본 틀에 묶어놓는 것이다. 이보다 더 멋진 통찰이 있을 수 있을까?

그 대답은 '더 멋진 통찰이 있다'이다. 하위징아는 그림과 문학의 차이점에만 관심을 기울이는 것이 아니라 유사성에도 관심이 있다. 그는 여기에서도 세부사항의 처리를 파고든다. 그는 세밀화(가령 『사랑의 마음』, 『다이의 성무일도서』) 화가들이 "빛의 효과를 놀라울 정도로 멋지게 재현하는 것"에 주의를 기울인다. 또 헤르트헨토트 신트 얀스Geertgentot Sint Jans의 〈수태고지〉에서 보이는 빛의 효과도 주목한다. 이와 관련하여 하위징아의 통찰이 놀랍다는 것은, 그가 시詩에서 빛의 효과를 찾을 때 광채나 햇빛, 촛불이나 태양 따위의 묘사를 주목하는 게 아니라, 직접 화법의 생생한 효과에 주목했다는 것이다. 직접 화법과 빛의 효과 사이의 유사성을 하위징아는 마치 그림을 관람하듯 보았던 것이다. 가령 장 메쉬노Jean Meschinot의 시에는 이런 직접 화법이 나온다. "전하―뭔가?―들어 주십시오―무엇을?―제 입장을―말하라―저는……-누군데?" 이것을 읽는 독자는 이 말들이 그림 속의 작은 하이라이트들처럼 페이지에서 튀어오르는 것을 느낄 것이다. 이 효과는 너무 아름다워 말

로 표현할 수가 없다.[29]

우리는 같은 것이 『17세기의 네덜란드 문명』에서도 소규모로 반복되고 있음을 발견한다. 중세 후기에 대한 우리의 그림이 시각적인 것에 의해 형성되듯이, 네덜란드 공화국의 이미지 또한 그림으로 결정된다. 여기서 우리는 문서기록보다 시각적인 것을 더 중시하는 "마음의 변화"를 발견한다. "우리는 과거를 순전히 시각적으로 인식하는 경향이 있어서 과거에 대하여 읽고 생각하는 것을 망각할 위험에 빠져 있다." 이처럼 하위징아는 『중세의 가을』에서도 그렇고 『17세기의 네덜란드 문명』에서도 너무 시각적인 것에 의존하려는 경향을 교정하려 한다. 그리하여 이 후기작에서 말과 이미지를 서로 비교하는 게임을 펼친다.

가령 그는 브레데로의 희곡들은 문학이 아니라 그림으로 분류되어야 한다고 주장한다. "브레데로의 예술에 있어서, '이미지'의 메타포는 아주 정확하다. 이 때문에 그는 유머러스하지가 않다. 그의 말들은 너무 시각적이다. 시각적 비극이 사람들의 눈물을 자아낼 수 없듯이, 시각적 희극 또한 웃음을 이끌어내지 못한다." 그는 본델의 작품이 "오케스트라 같다"고 전제한 후 이렇게 썼다. "청각적 이미지는 곧장 시각적 이미지로 전환된다. 본델의 시는 다채로운 결을 가졌다는 점에서 타의 추종을 불허한다. 색깔이 다채롭기는 하지만 잡탕은 아니다. 그것은 색깔의 백열하는 놀이이다. 다채로움, 풍요로움, 풍성함, 우리에게 필수불가결한 도움을 주는 메타포 등이 감각의 한 영역에서 다른 감각의 영역으로 뛰어오르고, 때로는 그 모든 영역을 동시에 포섭한다. 하위징아는 하를렘의 노인요양원에 걸려 있는 여자 섭정자들의 집단 초상화(할스의 작품)는 "전 시대, 전 민족이 우리에게 말을 거는 시詩"라고 논평했다.[30]

그는 시도 그림 못지않게 시각적이라고 주장했다. "브레데로의 희극들은 장면들로 구성되는데, 본델의 비극들도 마찬가지이다." 바로 이 때문에 그들의 희곡은 상연하기가 대단히 어렵다. 여기서 우리는 또다시 하위징아가 『중세의 가을』에서 이미 만났던 수수께끼와 대면한다. 언뜻 보기에 문학은 그림보다 스타일의 규칙이 자유로운 것처럼 보인다. 그림은 시장에 내다 팔아야 하기 때문에, 테크닉, 재료, 직업적 전통, 노동관계의 제약을 받는다. 이에 비해 시인은 그의 정신이 자유롭게 방랑할 수 있다. 그렇지만 역사는 이와는 다르게 가르친다. 문학은 그림보다 훨씬 완고하게 "오래된 형식, 구조, 사례, 권위"에 집착했다. 문학은 고전주의의 청사진에 붙잡혀 있었다. "외부 형식은 고전주의의 그것이었으되, 마음은 네덜란드의 초원과 모래 언덕의 영역을 돌아다녔다. 라위즈달Ruisdael과 카위프Cuyp 같은 화가들이 고상한 영감을 얻었던 곳이기도 하다. 본델은 고전주의의 양식에 매이지 않았을 때 가장 좋은 시를 써냈다."[31]

"모든 것을 적절히 혼합하자"

이런 예민한 감수성, 공감각과 무드 등은 학자 초창기부터 하위징아 저작의 특징이었다. 이러한 취향은 언어적 창조의 순간을 알아내려 하고, 또 단어의 순간적인 형성 과정을 알아내기 위해 언어의 기원을 연구하던 초창기 시절부터 두드러졌다.

하위징아는 언어가 감각적 인상들의 서정적인 혼합, 즉 공감각 속에서 태어난다고 믿었다. 이런 주장을 뒷받침하기 위하여 그는 박사 논문 제안서에—물론 지도교수는 깜짝 놀랐지만—박식함을 근거로 주장하는 사람과 언어가 시에 뿌리를 두고 있다는 사람 사이의 간단한 대화를 집어넣었다. 후자("시에 뿌리")는 물론 하위징아 자신이었고, 전자는 현대 언어학의 권위인 벡텔Bechtel이었다.

벡텔은 개척자적인 논문인 「인도 게르만 언어들의 감각적 인식들 사이의 관계에 대하여」(바이마르, 1879)에서 색깔과 소리는 빈번하게 서로 어울린다고 주장했다. 이 점을 분명하게 하기 위하여 벡텔은 아이적부터 맹인이었던 남자의 사례를 인용한다. 그 남자는 보라색이 어떤 색깔인지 안다고 하면서 트럼펫의 소리를 닮았다고 말했다. 벡텔은 이 맹인이 무슨 근거로 이런 진술을 했을까 스스로 질문했다. 색깔과 소리의 공통분모는 무엇일까? 벡텔은 소리와 색깔이 서로 침투하는 성질을 가졌다고 결론내리면서, 그 두 감각이 제3의 인상인 운동 감각과 연결된다고 말했다. 하위징아는 바로 이 지점에서 벡텔이 길을 잘못 들었다고 지적했다. 벡텔이 통합된 전체로만 인식될 수 있는 것을 서로 떼어놓으려 했다는 것이다.

하위징아는 벡텔의 '증명'을 해체하는 것으로 작업을 시작한다. 색깔과 소리에 상호 침투의 능력이 있기는 하지만, 벡텔이 말하는 것과는 다른 의미로 침투한다는 것이다. 벡텔이 소리와 색깔을 분리하려 했다는 하위징아의 지적은 바로 이런 의미에서 나왔다. 벡텔은 그 둘은 침투의 종류가 다르다고 보았다. 여기서 하위징아는 벡텔과는 다른 접근 방법을 취한다. 그는 색깔과 소리가 일치하는 순간을 추적하러 나섰고 "강렬한"이라는 정서적 형용사를 제시했다. 그는 "강렬한"이 하나의 "무드 단어"라고 제한하면서, 바로 이런 무드 속에서 단어들이 태어난다고 주장했다.[32]

하위징아는 '무드'라는 용어의 이점을 이렇게 설명했다(무드라는 용어 자체가 소리와 정서의 친밀한 관계를 표현한다). 무드는 감각의 어느 한 영역에만 국한된 것이 아니다. "동일한 무드가 다른 영역에서 나오는 인상들에 의해서도 창조될 수 있다." 바로 이런 무드 속에 들어 있는 인상들의 창조적 통일성(감각들의 협력 혹은 공감각) 속에서 단어들이 형성된다. 바로 이 때문에 하위징아는 무드를 심리학적 의미(즉, "어떤 지속적인 심리 상태")가 아니라 시적인 개념(즉 "직접적이고 순간적인 정서 상태")으로 사용한다. 그는 무드에 해당하는 stemming에 필적할 다른 말을 알지 못한다. 독일어 게퓔스톤Gefühlston이 가장 가깝기는 하나 미치지는 못하고, 그래서 그는 공감각적인 단어인 스테밍을 즐겨 쓰는 것이다.

그가 제시한 사례에 등장하는 맹인은 먼 거리를 여행했다. 하위징아는 그의 이름을 익명으로 처리했으나 벡텔은 그의 이름이 손더슨Saunderson이라고 밝혔다. 그는 로크Locke의 『인간 이해력에 관한 논문 An Essay Concerning Human Understanding』에서 익명으로 처음 등장했다가, 나중에 "로크 씨의 맹인"이라는 이름으로 문학 속에 재등장했다. 가령 헨리 필딩Henry Fielding의 장편소설 『톰 존스Tom Jones』에 나온다. 그러다가 마담 드 스타엘Mme De Staël의 소설 『코린Corinne』에서 실명으로 등장한다. 그는 영국 수학자 니콜라스 손더슨이었는데, 이런 비非 수학적 유추 덕분에 낭만주의 문학에서 불멸의 명성을 얻게 되었다. 아무튼 이런 비교의 계기는 낭만적인 것이었다. 마담 드 스타엘은 독일을 처음 방문하고 나서 『코린』을 썼는데, 이 책은 공감각의 실험이라고 할 만하다. 그녀는 이렇게 썼다. "모든 것을 적절히 혼합하자. 사랑, 믿음, 천재, 태양, 향기, 음악, 그리고 시를."[34]

바로 이것이 하위징아가 원하는 것이었다. 그가 최초의 박사 논문 제안서에 붙인 모토는 야콥 그림Jakob Grimm의 『다섯 감각Die V Sinne』에서 나온 인용문이었다. "사물을 서로 엮어 주는 비밀을 추측하는 것이 시의 특권이다. 아주 순진한 마음으로 시의 모범을 따르면서 그 비밀을 확인해주는 것이 사람들의 특권이다." 여기서 하위징아는 "비밀스러운 연결 관계를 직관으로 알기"라는 모토를 취했다. 이에 대한 야콥 그림의 용어는 kunstlerisch Ahnen(예술적이고 직관적인 이해)였다. [10] 이 때문에 하위징아는 예술가와 과학자가 하는 일이 똑같다고 보았다. 과학자도 예술가와 마찬가지로 사물의 연결 관계를 발견하고 그것을 분석하여 원인을 설명하는 사람인 것이다. 하위징아의 결론은 언어란 결국 서정성抒情性이고, 역사 또한 마찬가지라는 것이다.

이것은 하위징아 인생의 일관성과 하위징아 저서의 문학적 영감을 다시 한 번 확인한다. 일찍이 브로드스키Brodsky는 러시아 여류시인 안나 아흐마토바Anna Achmatova에 대하여 이렇게 말한 바 있는데, 그것을 하위징아에게도 적용할 수 있으리라. "그녀는 완전히 장비를 갖추어 왔고, 그 누구도 닮지 않았다." 하위징아는 제우스의 머리에서 태어난 팔라스Pallas(아테나 여신)로서, 갑옷을 한 벌 차려 입은 채로 이 세상에 왔다. 그는 세월이 경과하면서 발전한 것이 아니라 수정水晶처럼 온 사방으로 퍼져나갔다. 그건 그의 정신이 작동하는 방식이었다. 그 운영 방식은 직선적이 아니라 공감각적이었고, 실용적이 아니라 시적이었다. [36]

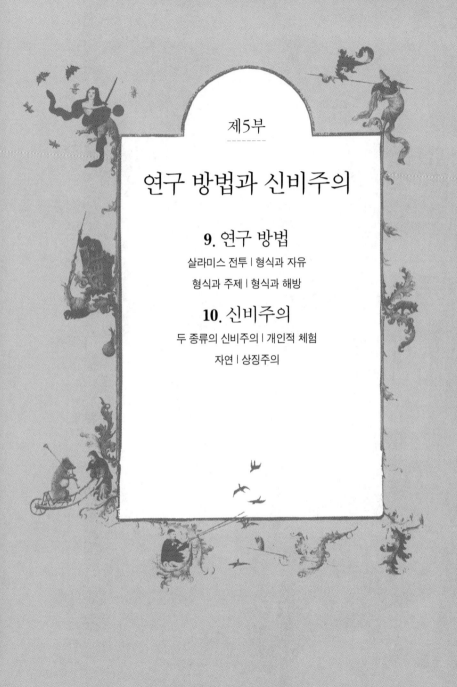

제5부

연구 방법과 신비주의

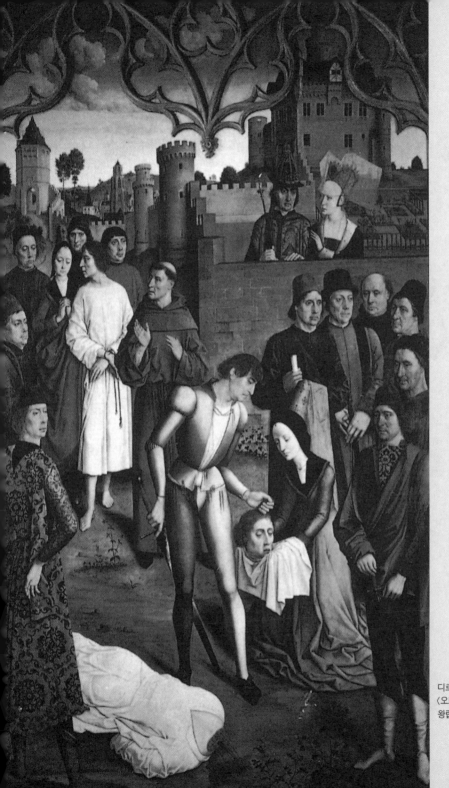

디르크 바우츠,
〈오토 황제의 재판〉
왕립박물관, 브뤼셀.

9

연구 방법

하위징아는 사상가는 아니었다. 적어도 그 자신이 그렇게 생각했다. "내 마음은 대체로 보아 이론적인 문제들에 매력을 느끼지 못한다"라고 그는 회고록에서 썼다. 이론을 다루는 것은 무해한 일이지만, 이론을 너무 깊이 파고들지 말라고 제자들에게 조언했다. 그렇게 하면 역사가의 실제적인 일은 방해를 받는다는 것이었다. 하지만 다른 상황에서는 이론 없는 역사는 생각조차 할 수 없다고 보았다. "차 스푼 정도의 이론"만 있으면 충분하다고 말했던 사람이 자그마한 책 한 권을 채울 정도로 이론적인 에세이와 논문들을 집필했다.[1]

이 논문들에서 하위징아는 고정시키기가 불가능한 것을 고정시키려 하며 수은처럼 변화무쌍한 것을 말로 설명하려 한다. 그는 동일한 것을 여러 다른 말로 되풀이하여 말한다. 그리고 대조를 논의의 출발점으로 삼는다. "우리는 역사적 사상이 그 속을 관통하며 움직이는 일련의 양극단에 거듭하여 되돌아오게 된다. 역사는 특수와 보편, 구상과 추상, 독특한 사건과 정기적으로 반복되는 사건 중 어떤 것을 더 알고자 하는가? 역사의 지식이라는 것은 생생한 재현을 의미하는가, 아니면 관념적 구성인가? 역사 연구의 목표는 분석인가 종합인가? 역사 연구의 대상은 개인인가 집단인가, 혹은 개인적 영향력인가 아니면 집단적 영향력인가?" 이런 질문에 대한 하위징아는 "둘 다"라고 대답한다.[2]

역사의식은 구체적이고 드라마틱한 것, 특수하면서 독특한 것에 집중하는 경향이 있다. 반면에 독특한 것은 보편적인 것과 관련될 때 비로소 이해된다. "역사 인식이 결핍되어 있는 사람이 볼 때, 플로리스 5세 Floris V의 암살과 데비트De Witt 형제의 암살은 둘 다 '암살'이라는 아주 사소한 정보에 지나지 않는다. 특수는 추상을 통해서만 접근할 수 있다. 이미지와 개념은 대척적對蹠的으로 반대되는 것이 아니다. 일단 역사적 지식의 양극성을 적절히 이해한다면, 의견을 크게 분열시키고 엄청난 논쟁을 촉발한 문제들에 대한 답변도 간단한 문제가 된다. 두 가지 답변 ("여기서 무슨 일이 벌어졌는가?" "그 벌어진 일은 이것인가 아니면 저것인가?") 중에 어느 하나만을 가진 듯한 질문들도 동일한 방식으로 해결될 수 있다. 두 답변 모두 정답이다. 하나의 답변에 다른 답변이 들어 있는 것이다.[3]

여러 가지 이유로 하위징아는 이론에 관심이 많았다. 그는 자연과학이 학문의 모델인 시대에 역사학자가 되었다. 역사학 또한 이 모델을 따를 것이 기대되었다. 하지만 하위징아는 그렇게 하고 싶지 않았다. 그가 볼 때, 역사는 신비하고 불가사의한 것을 다루는 학문이다. 무게를 달수 없는 물건을 저울 위에 올려놓아 봐야 아무 소용이 없다. 뉘앙스는 혓바닥 위에 올려놓고 맛을 봐야 알 수 있는 것이다. 게다가 하위징아는 동료 역사학자들보다 역사학의 창조적 측면을 더 강조했다. 하위징아가 볼 때 역사는 변모를 다루는 학문이었고, 그 변모는 "마음속 그림들의 저수지가 다른 그림들의 저수지로 변신하는 것"을 의미했다. 역사 기술記述은 재현에 그치는 것이 아니라 상상력의 발휘이며, 생생한 현실 인식을 이미지로 바꾸어놓는 창조적 행위이다.

살라미스 전투

이 점을 분명하게 설명하기 위하여 하위징아는 살라미스 전투를 묘사한 헤로도토스의 문장을 거듭하여 인용한다. "크세르크세스는 배들로 감추어진 헬레스폰트와 사람들로 가득 찬 아비도스의 해변과 들판을 보았을 때 그 자신을 가리켜 행복한 사람이라고 말했다. 그리고 그 다음 순간에 눈물을 터트렸다." 이런 문장은 한편으로는 우리의 오감을 작동시켜 우리의 주관적 견해를 이끌어내고 다른 한편으로 우리를 크세르크세스의 입장에 서게 한다. "그리하여 우리는 이 모든 것을 왕의 눈으로 본다."⁴

이 후자(왕의 눈으로 보기)가 문제의 핵심이다. 우리는 다른 사람의 눈으로 사건을 살펴보면서 동시에 보편적 인간의 정서를 체험하는 것이다. 그것은 오만과 우울의 결합이며, 인간은 모든 것을 할 수 있다는 믿음과 모든 것이 헛되다는 깨달음의 결합이다. 하위징아가 볼 때, 그것은 주관적 견해가 아니다. 그는 랑케의 말을 빌어와 그것을 Universalität des Mitgefühls(공감의 보편성)라고 정의했다. 그는 애국심을 연구하면서 그 자신의 사례를 제시했다. 그는 또다시 대조의 전제로부터 논의를 시작했는데, 이 경우는 애국심과 민족주의를 서로 구분하는 것이었다. 애국심은 형제애와 유사성을 의미하지만, 민족주의는 갈등과 차이점을 의미한다.

하위징아는 어떤 국가에 소속된 느낌이 그 어떤 인간 정서보다 우선되어야 한다고 보았다. 그것은 가장 깊이 뿌리를 내린 주관성의 한 형태였다. 만약 자신의 조국이 위험하다면 그 밖의 모든 것은 희생되어야 한다. 그것은 정서의 한 가지 측면이다. 거기에는 다른 보완적 측면이 있는데 다른 나라들의 아름다움과 가치에 대한 인식이다. 그는 독자들에게 그가 사랑했던 외국의 그림을 마음속에 환기해 보라고 촉구한다. "당신의 명상 속에서, 당신은 그 외국의 모든 보물들을 혼합하여 하나의 단일한 비전을 구축한다. 당신은 그 예술의 아름다움과 그 생활 방식의 강력한 양상들을 분간한다. 당신은 그 나라 역사의 우여곡절과 매혹적인 풍경을 체험한다. 당신은 그 나라의 지혜로운 격언을 듣고 그 나라에서 만들어진 불후의 음악의 가락을 듣는다. 당신은 그 나라 언어의 투명함과 사상의 깊이를 완벽하게 체험한다. 또 그 나라의 와인을 맛보고 그 나라의 용기, 힘, 생명력과 하나 됨을 느낀다."

이렇게 하여 우리는 다시 한 번 인상들의 융합, 무드의 공감각을 발견한다. 또다시 주관성과 객관성의 통합을 본다. "이 모든 것들이 어떤 특정 국민성의 지울 수 없는 표시를 집단적으로 지니고 있다. 그런 국민성은 독자 당신의 것이 아니다. 이 모든 것은 당신에게 낯선 것이다······ 당신 생활의 풍요로운 부유함 못지않게 이런 것들도 아주 소중한 것이다. 그러니 왜 갈등이나 질투를 느껴야 하겠는가?" 하위징아는 낯선 것과 소중한 것, 멀리 있는 것과 가까이 있는 것에 동시에 관심을 기울였다. 이 때문에 그는 역사가이면서 작가이다.[5]

하위징아가 자신의 주장을 명확히 하기 위해 살라미스 전투를 인용한 건 그게 마지막이 아니었다. 그는 잔 다르크를 주인공으로 하는 버나드 쇼의 희곡 『성 조안St Joan』을 비평한 논문에서 이 전투를 또다시 인용했고, 그 문장이 이미지와 현실, 주관성과 객관성이 잘 결합된 완벽한 사례라고 말했다. 반면에 잔 다르크는 문학적 처리, 특히 드라마로 만들기에는 까다로운 주제라고 보았다. 그는 『안내De Gids』 잡지에다 이렇게 썼다. "살라미스 전투는 헤로도토스가 말해 준 스토리 속에서 영원히 살 것이다. 어떤 주제, 가령 트로이 전쟁은 서사시에서 가장 고상한

살라미스 전투

표현 형식을 발견한다. 반면에 어떤 주제는 무대에 올려지기 전까지는 별로 활발하게 살아나지 않는다. 가장 심오하고 영속적인 주제들은 역사적 인식의 형식 안에 깃들어 있는데, 그 형식 안에서는 비극, 공감, 카타르시스 등의 고상한 정서가 역사적 내러티브敍事와 긴밀하게 연결되어 있다. 앞으로 오래 동안 클리오Clio 여신(뮤즈의 아홉 여신 중 하나로 역사를 주관-옮긴이)이 멜포메네Melpomene 여신(뮤즈의 아홉 여신 중 하나로 비극을 주관-옮긴이)보다 우위에 있게 하자."[6]

여기서 하위징아는 문학과 역사를 분리하여 역사를 더 중시하는 것처럼 보일 수도 있다. 하지만 그것은 사실이 아니다. 실제로 그는 역사와 소재의 문학적 처리 방식(비극)을 구분하고 있을 뿐이다. 그의 주장은 본질적으로 이러하다. 역사와 문학은 둘 다 동일한 기능에 의존하지만, 특정 종류의 체험과 특정 부분의 현실은 역사적 내러티브로서 더 잘 묘사된다. 이것은 헤로도토스 인용문에서 무슨 일이 벌어졌는가를 살펴보면 더욱 분명해진다. 이 문장을 하위징아는 친밀한 친구 졸레스와 자세히 논의했다. 하지만 이 인용문은 하위징아의 『전집』에서는 나오지 않는다. 왜냐하면 출판사가 원래의 판본을 사용하지 않고, 이 논문을 수록한 『10편의 논문집』의 수정판(하위징아가 헤로도토스 인용문을 빼버린 판본)을 사용했기 때문이다.

하위징아는 졸레스의 예리한 논평을 듣고서 이 문장을 삭제했다. 졸레스는 클리오와 멜포메네를 다룬 논문으로 하위징아에게 응답했다(졸레스의 논문 또한 『안내』 지에 실렸다). 졸레스의 "친구"(혹은 졸레스 자신?)가 아이스킬로스에 대한 책을 쓰다가, 헤로도토스의 살라미스 전투 장면이 아이스킬로스의 비극 『페르시아 사람들』을 바탕으로 집필되었다는 것을 발견했다. 이 때문에 그 친구는 두 가지 질문을 품게 되었다. 첫째, 아이스킬로스의 서술은 헤로도토스의 그것보다 덜 영원한 것인가? 둘째, 이것이 더 중요한 질문인데, 헤로도토스의 서술도 결국 하나의 "문학적 형식"이 아닌가? 졸레스는 하위징아가 언급한 지식의 역사적 형식이 결국 문학적 형식의 변종이고, 클리오는 "스스로 주도권을 잡고 나선 일종의 멜포메네"에 지나지 않는다고 주장했다.[7]

이것은 날카로운 관찰이었다. '역사가의 주관성은 과거를 접촉하는 데 방해가 된다'라는 명제에 대하여 하위징아는 주관성이 인간의 보편적 객관성과 상통한다고 말함으로써 피해 나갔다. 그러나 졸레스는 그런 객관성이 곧 문학이라고 다시 분류했고, 역사가는 다시 한 번 현실로부터 멀어지는데, 이 경우는 문학적 형식 때문에 그러하다고 주장했다. 졸레스는 역사가가 과거를 접촉하는 데는 노벨라novella(중세의 작은 이야기들), 사례사(case history), 비망록(memorabilia) 등 다양한 장르의 레퍼토리가 존재한다고 말했다. 이 모든 것은 소위 말하는 "간단한 형식들"이다. 이 형식들에는 신화와 동화도 포함된다. 그리고 이런 형식들이 없으면, 역사가들을 포함하여 그 누구도 과거의 의미 있는 사건과 소통할 수 없다.

그러나 하위징아는 패배를 받아들이지 않았다. 그가 볼 때, 졸레스는 역사=문학임을 증명하지 못했고, 단지 문학이 문장론(syntax: 문장을 만들어내는 기술)의 고등 형태임을 증명한 것이었다. 이것 또한 적절한 답변이었다. 그는 예전에 공감각과 단어 형성이 서로 연결된다고 추정했는데, 이제는 문장론과 이미지의 형성이 서로 연결된다고 주장한다. 문장론은 공감각과 마찬가지로 기본적인 인간 능력의 표현이다. 문장론은 "예술보다 훨씬 더 오래된 심적 기능이다." 그것은 역사가와 문학 작가들이 공통으로 사용하는 기능인 것이다.[8]

물론 이런 기능이 없는 원시 부족들도 존재했다. 하지만 그것은 논외이다. 어떤 부족은 냄새의 감각이 없기도 했다. 이 기능(문장론)은 두 가지 중요한 요소를 가지고 있는데 하나는 개인적인 것이고 다른 하나는 집단적인 것이다. 반면에 그 기능은 다양한 정보들의 중요성을 인식하는 감수성을 전제로 한다. 하위징아는 그것을 분별의 감각 혹은 선택의 능력이라고 불렀다. 하지만 집단적인 측면도 있었다. 이미지 형성과 관련하여, 하위징아의 관심사는 어떤 개인 역사가의 묘사나 특정한 묘사가 아니었다. "오히려 그 정의하기 어려운 이미지—움직이고, 바뀌고, 때로는 흐릿하여 때로는 선명하게 정의되는 이미지—는 모든 세대世代의 의식意識 속에 살아 있는 것이다."[9]

더욱이 선택과 상상은 둘 다 구체적 자료 즉 사료에 의해 촉발된다. 창의력은 완전히 자유로운 것이 아니라 특정 제한사항들의 구속을 받는다. 하위징아는 베네치아 역사의 사례를 들었다. 이 도시의 역사는 비잔

티움의 기원에서 1797년에 이르기까지 단일하고 일관된 그림을 제시한다. 스토리의 여러 요소들은 달라질 수 있지만—구아르디Guardi에 집중하는 스토리가 될 수도 있고 투르크족과 맞서 싸운 모로시니Morosini의 투쟁을 강조할 수도 있다—스토리 전체는 분명하며, 베네치아의 스토리가 파리의 스토리로 바뀌지는 않는다. 하위징아는 다른 사례들도 제시했다. 하지만 도시의 이미지가 먼저 떠오른다. 가령 암스테르담의 역사는 특정 사건들에 대한 불확정적 특성으로 구성된다. 이것은 사료에서 발견되고, 또 연구서에서 논의되어 있다. 그 역사는 "산 속의 원광석과 같다." "암스테르담의 역사라고 하는 이 지식의 집적물은 잠재적으로 존재할 뿐이다. 이것은 산속의 원광석이 잠재적인 광석인 것과 마찬가지 이치이다. 정말로 중요한 것은, 그 역사에 대하여 어떤 특정 학자가 알거나 알 수 있는 것이 아니고, 어떤 특정 시대에 살고 있는 특정 공동체가 그 역사를 어떻게 받아들였는가 하는 것이다. 더 중요한 것은, 이런 지식의 집적물이 어느 순간에나 똑같은 모습이 아니고, 또 개인의 마음속에서 불변하는 고정 사항도 아니라는 점이다."[10]

이렇게 하여 하위징아는 객관성과 주관성, 역사와 문학 사이의 괴리를 뛰어넘었다. 역사적 그림은 어떤 영감을 받은 개인이 만들어낸 것이 아니라, 역사에 관심 있는 사람들의 공동체가 주의를 기울여 만들어낸 작품이다. 무드 혹은 성조(stemming)는 조화(samenstemming)를 이루어야 한다. 역사학의 책무는 단지 무드를 도입하는 데 그칠 게 아니라 여러 관계들을 분명하게 밝히는 것이다. "구체적 연구 주제들은 수적으로 헤아릴 수가 없고, 각각의 주제는 오직 소수의 사람들에게만 알려져 있을 뿐이다. 하지만 각 시대의 정신은 연구 결과들 사이에 어떤 상당성, 조화로움, 일치성을 사전에 결정한다. 연구 분야가 아무리 다양하더라도 상관없다. 각각의 지적 시대는 역사 인식의 진정한 동질성을 만들어낸다. 그 동질성이 어떤 개인적 사상가의 머리속에서 존재하지 않는다 할지라도."[11]

형식과 자유

이 모든 것은 간단한 문제가 아니다. 성격상 이론을 싫어하고 좋은 스토리와 관련 사료들을 더 좋아하는 역사가에게는 말이다. 이것을 설명하는 가장 좋은 방법은 하위징아가 관계, 혹은 형식을 어떻게 정의하는지 살펴보는 것이다. 그는 『미국의 개인과 대중』에서 이렇게 썼다. "역사는 사건들의 관계에 빛을 뿌린다. 사건들을 드라마의 패턴으로 축소시키고 또 사건들을 간단한 형식에 입각하여 바라봄으로써." 이 인용문은 졸레스의 "간단한 형식들"의 개념이 초창기 단계에서부터 하위징아에게 영향을 미쳤음을 보여 준다. 하위징아는 이런 말도 했다. "본질적으로 역사적 사고방식은 아주 제한된 숫자의 윤곽과 형식들에 의존한다." 이런 말을 하는 하위징아는 졸레스의 개념에 동의하는 것이다.[12]

그렇지만 하위징아는 이 견해로부터 일정한 거리를 유지했다. 역사가가 그런 형식들을 이용하는 데 그치지 않고, 역사 그 자체가 그런 형식들을 제공한다고 보았다. 역사가와 과거의 관계는, 독자와 저자의 관계와 유사한 점이 있다. 읽기(lezen)는 선택하고, 수집하는 것이다.[13] 역사의 리얼리티는 역사가가 과거의 부름에 어떻게 반응하는가에 따라 형성된다. 문학은 어떤 형식적 규칙 없이는 존재하지 못하고, 그것은 역사 또한 마찬가지이다. 인간의 생활은 그런 형식적 규칙 없이는 존재하지 못하기 때문이다. 그런 규칙들은 일방적으로 규제하기만 하는 것이 아니라 역사가들에게 선택의 자유를 준다.

역사적 관계란 기본적으로 열린 형식이기 때문이다. 마지막으로 발표한 주요 이론 논문인 「역사학의 추구사항」[14]에서 그는 또다시 헤로도토스의 인용문을 꺼내들고 역사가의 "불확정적 관점"에 대해서 언급했다. "역사가는 자신이 역사의 어떤 한 점(point)에 집중한다는 사실을 늘 의식해야 한다. 그 한 순간에 대하여 알려진 요인들은 전혀 다른 결과를 내놓을 수도 있다. 살라미스 전투의 경우, 페르시아 사람들이 승리할 가능성이 여전히 있었던 것이다."[15]

여기서 주목할 만한 사항은 이런 것이다. 역사학 연구를 실천할 때, 하위징아는 빈번하게 정반대의 견해를 취했다. 그의 초창기 역사학 논문들에서도 역사의 확정성, 특히 지리와 경제의 영향에 대한 그의 생각이 반영되어 있다. 그는 하를렘 관련 논문의 시작 부분에서 이렇게 썼다. "하를렘은 케네메를란트Kennemerland의 주도가 될 운명이었다." 그의 하를렘 연구서는 "경제적 필연성"이라는 사상이 도처에 배어 있다. "예전의 야만적인 법률들은 경제적 필연성이 개입하기 전까지는 사라지지 않았다." 이와 유사하게, 『미국의 개인과 대중』은 경제적 힘이 강요하는 필연적 결과를 보여 주고 있다.[16]

여기서 첨언해 두어야 할 것은, 이런 견해는 물질주의적이라기보다 전체론적(holistic)이라는 것이다. 이 견해는 모든 사물들이 서로 연결되어 있다는 믿음에서 나온다. 하위징아는 문화가 "하나의 전체로서만" 존재한다고 확신했다. 이것은 실증주의자와 물질주의자, 철학자들과 시스템 구축자들의 견해를 그대로 반영한 것이다. "역사학의 모든 위대한 시스템이 인정하는 어떤 시대의 구체적 표현과 발현의 내적 일관성을 모든 사람이 느끼고 있지 않은가? 콩트가 그것을 solidarité(유대성)라고 부른 이래, 마르크스, 람프레히트, 슈펭글러가 그것을 인정했다. 비록 우리가 증명할 길은 없지만, 리슐리외Richelieu 없는 몰리에르Molière는 생각하기 어렵다." 그는 이와 유사한 전체론적 견해를 다른 데서도 피력했다. "놀이하는 시적 재주가 뛰어난 걸작인 알렉산더 포프 Alexander Pope의 『머리카락의 겁탈Rape of the Lock』은 다른 시대에서는 태어날 수 없는 것이었다."[17]

하위징아의 저서에는 노골적인 불가피성이 도처에 도사리고 있다. 그는 민족주의가 "부족들과 사람들(자연인들) 사이에 존재하는 원시적 혐오감에 뿌리를 두고 있다고 보았고, 그런 혐오감은 불가피하게 도처에서 발견된다." "그것은 언제나 그러했다." 그는 다른 데서는 이렇게 썼다. "절대적 행복의 이상理想은 반드시 삶의 제약을 초월하여 죽음의 소망으로 끝을 맺는다." 더욱 분명하게 이런 발언도 했다. "중력에 의해 당겨진 것처럼, 정치적·사회적·경제적 생활 속의 모든 것들은 수량의 집적을 향해 기울어지는 경향이 있다…… 정치의 세계가 힘의 법칙에 지배되는 것은, 물질세계가 중력의 법칙에 지배되는 것과 같다."[18]

하지만 이런 글을 쓴 하위징아는 동시에 "역사 법칙의 불가해성과 불가능성"을 확신했다. 역사는 어떤 확정된 과정을 갖고 있지 않다. 하위징아는 철저한 결정론을 "근시안적이고 아주 단순한 사고방식"이라고 정의했다. 그런 불가피성은 우리가 과거를 바라보는 방식에서 나올 뿐이다. 하위징아는 이렇게 썼다. "역사적 사실들을 일단 어떤 일정한 관점 속으로 배열하여 그 사실들 사이의 관계들을 이해했다고 생각해 버리면, 그 이해된 관계들을 증명된 인과관계로 생각하기가 너무 쉽다. 가령 네덜란드의 두 부분은 독립된 상태로 발전하게 되어 있고, 그래서 '벨기에와 네덜란드는 한 나라로 통합될 수가 없다'는 결론을 내리기가 너무 쉬운 것이다."[19]

사태가 다르게 흘러갔다고 한번 상상해 보자. 가령 플랑드르가 다른 주들에 그들의 국민적 정체성을 강력하게 밀어붙였다고 해보자. 홀란트 주가 나중에 공화국을 상대로 그렇게 했던 것처럼 말이다. "만약 이런 일이 벌어졌더라면, 그 부르고뉴 주(플랑드르)는 진정한 국가적 정체성을 획득했을 것이다. 하지만 이것은 불가능했다." 마지막 문장의 추가는 전형적인 하위징아 스타일이다. 그는 독일인 청중들에게 말했다. "때때로 그렇게 말하는 것이 적절하다고 생각될 때면, 나는 청중들에게 '벌어지지 않은 일이 벌어졌으면 어떻게 되었을까 하고 상상하는 것처럼 역사학에 무익한 것도 없다'라고 말한다." 이처럼 자신의 입장을 단호하게 밝혔으므로, 그는 부르고뉴의 역사가 계속 전개될 수도 있었던 세 가지 방식을 쾌활하게 논의했다.[20]

그는 다른 데서 "그렇게 대체 역사를 상상하는 것이 역사가의 가장 혐오스러운 약점이다"라고 말했다. 그는 19세기 초의 네덜란드를 회상하면서 이런 말도 했다. "만약 오란예 왕가 아래 성립된 새로운 국가의 제도가 반 호헨도르프의 원래 아이디어대로 구축되었더라면 어떻게 되었을까? 우리는 좀 더 고풍스럽고 귀족적인 국가를 갖게 되었겠지만, 1814년의 가짜 모더니티는 겪지 않아도 되었을 것이다."[21]

그는 이런 상상을 한 번에 몇 페이지에 걸쳐서 했다. "그가 좀 더 오래 살았더라면 어떤 일을 성취했을까?" 그는 휘호 그로티우스에 대하여 물었다. 가령 그로티우스가 3년 더(1648년까지) 혹은 10년 더(1655년까지) 살았더라면. 그가 84세나 85세까지 살았더라면. "그가 90세까지 살았더라면 1672년을 경험했을 것이다." 이 모든 것은 소망사항일 뿐이다. "필립 시드니가 그의 은밀한 소망대로 레스터의 입장이 될 수 있었더라면 그 모든 것이 다르게 끝났을까? 물론 다르게 끝났을 것이고, 아마도 더 좋게 끝났을 것이다." 하위징아 자신도 그런 가능성을 에라스뮈스에서 발견하자 이런 종류의 추론을 했다. 그것은 신념과 취향의 연계를 보여 주는 것이었다. 이왕 에라스뮈스 얘기가 나왔으니 이렇게 한번 말해 보자. 만약 에라스뮈스 옆에 마리 라이거스버그가 있었더라면 얼마나 좋았겠는가! 그가 『대화집』을 "16세기의 활기찬 네덜란드어로 썼더라면 얼마나 좋았겠는가!(실제로는 라틴어로 집필 ─ 옮긴이)" "하지만 이것은 반反 역사적인 추론이다"라고 하위징아는 황급히 덧붙였다. 하지만 이런 공상에 빠져들지 말라는 법도 없다.[22]

하위징아에게 있어서 이런 대체 역사는 날카로운 시각적 감수성의 변종이었다. 눈으로 볼 수 없는 것을 보는 것이 하위징아 역사학의 추진력이었다. 우리는 그의 저작에서 시각적 이미지들이 하나의 추론 게임으로 제시되어 있는 것을 본다. "1132년에 이미 유서 깊은 백작들의 소유로 묘사된 이런 집들이 어떻게 생겼는지 우리는 들어 아는 바가 없다. 하지만 예배당, 홀, 금고, 석조 건물, 케네메를란트의 농산물을 저장해 두는 헛간 등 오래된 부속 건물들이 달린 영주의 장원으로 상상해도 그리 틀리지는 않는다." 그는 마찬가지 방식으로 중세 기사들과 중세 도시의 모습을 상상했다. "우리는 무역 도시가 되기 전의 흐로닝언, 가령 1100년경의 흐로닝언을 드렌테Drenthe의 한 마을로 상상해 볼 수 있다."[23]

그는 마찬가지 방식으로 인도의 베나레스Benares 성시聖市를 상상했다. 산스크리트 학자 케른Kern이 1863년 베나레스에 도착했을 때, 그 도시는 "세상의 중심이고 지구상에서 가장 성스러운 곳이었다." "인도 사람들은 그 도시에서 죽은 사람은 천국에 간다고 말한다. 또 어디 갈 데가 없는 사람은 베나레스에 가면 은신처를 발견할 수 있다고 말한다. 이것은 거대한 유동 인구 집단을 가리키는 말이기도 하다. 이 집단이 50만 도시 인구의 5분의 1을 차지한다. 이 도시는 갠지스 강 북쪽 둑, 강변 옆의 넓은 땅에 있으며, 번성하는 도시 생활은 강물을 마주 보며 이루어진다. 신전과 바자의 도시, 축제 행렬과 황홀경에 빠진 거지들의 도시이다. 날마다 활기찬 전시, 시장, 행렬이 들어선다. 연중 가장 중요한 날, 가령 춘분 축제 때에, 이 축제 분위기로 열광하는 도시보다 더 화려하고 더 활기찬 생활의 축은 상상해 볼 수가 없다."[24]

형식과 주제

이 모든 것이 졸레스가 말한 단순한 형식들과 어떻게 관련을 맺는가? 하위징아는 베나레스가 가본 적이 없고, 말이 난 김에 13세기의 하를렘이나 14세기의 파리에도 가보지 못했다. 그렇지만 그가 이런 도시들에 대하여 환기하는 이미지는 근본적으로 문학적 형식의 특질을 갖추고 있다. 그는 하를렘에 대해서는 이렇게 썼다. "이것은 1274년의 자치도시 설립 면허장이 우리 눈앞에 불러일으키는 실제 도시의 모습이 아닌가? 원하는 사람은 누구나 이 도시에 대하여 약간의 장르 그림을 그려볼 수 있다. 소재는 얼마든지 있다. 그의 테이블에 앉아 있는 옷 잘 차려 입은 옷감 장사, 스파르네 강 옆에서 곡식을 부리는 양조장 주인, 그는 우리에게 쉬프마커스다이크Scheepmakersdijk의 배를 건조하는 쇠망치 소리를 환기시킨다…… 하지만 나는 그의 일을 대신 할 생각은 없다."[25]

『중세의 가을』에서 그는 빈번히 그런 일을 대신 한다. 「르뇨와 제앙느통(Regnault et Jehanneton)」이라는 시에 의해 촉발된 이 간단한 전원시를 한번 보라. "르네 왕은 자연을 잘 묘사하기 위한 모든 소재, 말하자면 일련의 그림물감을 제공하지만, 그저 물감에 지나지 않는다. 게다가 어스름이 짙어지는 풍경을 묘사할 때, 그는 어떤 의도에 맞추어서 그 분위기를 표현하려고 노력한다. 다른 새들은 침묵을 지키지만 메추라기는 여전히 지저귀고, 자고새는 황급히 둥지로 날아가고, 사슴과 토끼들이 나타난다. 태양은 좀 전까지 종탑 위에서 어렴풋이 빛났으나 이제 서쪽으로 넘어가고 대기는 쌀쌀해지고, 올빼미와 박쥐는 푸드덕푸드덕 날개치며 날기 시작했다. 그러면서 교회 종탑에서는 삼종기도를 알리는 종소리가 울렸다."

〈아르놀피니의 결혼〉과 거기에 붙어 있는 반에이크의 라틴어 기명, Johannes de Eyck fuit hic, 1434(요하네스 반에이크가 1434년 여기에 있었다)에 대한 하위징아의 열렬한 논평을 우리는 어떻게 이해해야 할까? "얀 반에이크는 그 결혼식 현장에 있었다. 1434년의 어느 날에 말이다. 깊은 정적이 흐르는 실내는 아직도 그의 목소리가 여운으로 감돌고 있다. 우리가 뒤에 렘브란트의 그림에서나 다시 만나게 되는 온화한 마음, 고요한 분위기가 이 그림 곳곳에 스며들어가 있다. 마치 얀 반에이크의 속마음인 듯하다. 결혼식이 있었던 중세의 그날 저녁이 문득 되살아난다. 그 시대의 문학, 역사, 신앙생활에서 자주 찾아보았지만 실패했던 그 저녁을 이제야 바로 보게 된다. 민요와 교회 음악에서 들려오는 행복하고 고상하고 순수하며 단순한 중세 시대를 말이다. 이 그림 속에서 호탕한 웃음소리와 한없는 열정의 세상은 천리만리 떨어져 있다. 이 순간, 우리는 상상 속에서 얀 반에이크의 모습을 본다. 그는 중세의 긴장되고 격렬한 생활에서 초연하게 벗어난 사람, 고개를 숙이고 자신의 내면을 들여다보면서 인생을 살아가는 단순명료한 사람, 혹은 꿈을 꾸는 사람으로 우리 앞에 나타난다. 여기서 우리는 주의를 기울여야 한다. 이 그림은 보기에 따라서는 공작의 "시종(varlet de chambre, 즉 반에이크)"에 대한 예술-역사적 소설이 될 수도 있다!"[27]

그럼에도 불구하고 그는 여기서 장르를 결정하는 것은 역사가가 아니고, 역사 그 자체 혹은 사람들이 상호 거래를 위해 선택하는 형식이라고 계속 고집한다. 그 시대의 생활은 "여러 면에서 동화의 색깔을 가지고 있다"라고 그는 『중세의 가을』 시작 부분에서 말했다. 심지어 궁정 연대기 작가들 같은 박식한 사람들도 그들의 왕을 "상고적尙古的이고 성직자 같은 외양"으로만 보았을 뿐이다. 궁정 신하들이 이 모양이니 평민들은 더 말해 볼 것도 없다. 하위징아는 역사가 샤틀랭이 말해 주는, 젊은 시절의 대담공 샤를의 생애에서 나온 한 장면을 소개한다.

샤를은 주방 심부름꾼 소년에 이르기까지 수행원들을 모두 집합시켰다. 그런 다음 그는 감동적인 연설을 하면서 그 자신의 불운을 그들에게 알린다. 연설하면서 샤를은 아버지 필립에 대한 존경심, 백성들의 안녕에 대한 관심, 수행원 전원에 대한 사랑을 표시한다. 이어 샤를은 별도 재산이 있는 수행원들은 자신과 함께 자신의 운명을 기다려 달라고 요청한다. 재산이 없는 수행원들은 그들 마음대로 어디로든 가도 좋다고 말한다. 그의 수행원들은 그의 제안을 거부하고 그에게 충성을 맹세한다. 샤를은 깊은 감동을 받았고, 그들의 충성 맹세를 받아들였다. 그러자 부하 귀족들이 마치 관대한 마음을 두고 샤를과 경쟁이라도 하려는 듯이 그에게 다가와 그들의 전 재산을 샤를에게 내놓았다.

여기에서 하위징아의 주된 관심사는 샤틀랭이 내러티브를 조직하는 방식이다. "샤틀랭은 군주를 민속 담시譚詩의 주인공이라는 단순한 형식으로 바라보고 있다." 이것이 역사가가 하는 일이고, 졸레스가 고집한 그 단순한 형식이다. 하지만 하위징아는 거기서 한 걸음 더 나아간

얀 반에이크, 〈아르놀피니의 결혼〉

다. 단순한 형식에 의존하는 것은 역사가와 작가들뿐만이 아니라, 모든 인간이 모든 행위에서 하고 있는 것이다. "국가의 행정 기구나 국가 예산 등은 실제에 있어서 아주 복잡한 형식들을 취하지만, 정치는 아주 간단한 형식을 취한다. 특히 일반 민중의 마음속에서 정치는 불변하는 간결한 몇 개의 인물 유형으로 구체화된다. 일반 민중이 마음속에 갖고 있는 정치적 틀은 민요나 기사도 로망스에 나오는 그런 틀이다. 따라서 어떤 시대의 왕들은 몇 개의 유형으로 압축되고, 그 유형은 대체로 보아 민요나 모험 이야기의 모티프와 일치한다. 가령 고상하고 정의로운 왕, 간신에 의해 배신당한 왕, 가족의 명예를 위해 복수하는 왕, 역경 속에서도 지지자들의 지원을 받는 왕 등으로 압축되는 것이다. 중세 후기 국가들의 백성들은 엄청난 조세를 부담했으나 조세 행정에는 아무런 발언권이 없었다. 그들은 자신들의 얼마 안 되는 돈이 낭비되고 있다는 의구심을 품었고, 그 돈이 국가의 복지나 이익을 위해서 사용되지 않는다고 생각했다. 국가 행정에 대한 이런 의심은 다시 이런 간단한 인식으로 굳어졌다. 왕은 탐욕스럽고 간교한 신하들에게 둘러싸여 있고, 또 왕국의 과시적 낭비로 국가 재정이 허약해졌다. 이러한 정치적 문제는 일반 대중의 눈으로 볼 때 동화 속의 전형적인 사건들과 비슷했다." [28]

간단한 형식은 문학적 형식이 아니라 행동의 형식이다. 하위징아가 「문화사의 책무」[29]라는 논문에서 "역사는 일상생활 속에 형성된다"라고 썼을 때의 바로 그 행동의 형식이다. "역사는 자연스러운 생각의 소재를 가지고 작업한다. 바로 이런 사실 때문에 역사는 생활 그 자체와 불가분의 관계를 맺는다. 역사적 사고방식은 일반 생활 속 사고방식의 외연外延이다." 생활 속 사고방식은 간단한 인상에서 추상적 사고에 이르기까지 엄청난 범위를 갖고 있다. 하지만 그 모든 생활은 형식들로 결

정結晶된다. 생활의 형식과 역사학의 형식 사이에는 근본적인 연계 관계가 있다.[30]

하위징아는 여기서 특수한 형식과 일반적 형식을 구분했다. 특수한 형식들은 생활 가운데서 생겨나고 그 고유의 기능을 가진다. "문화사의 주제들은 문명의 다양한 형식과 기능들이다. 그런 형식과 기능은 사람들과 사회적 집단의 역사 속에 반영되어 있고, 문화적 특징, 모티프, 주제, 상징, 아이디어, 이상, 스타일, 감정 등으로 압축되어 있다." 이런 것들은 각각 그 고유의 특별함을 갖는데, 가령 문학적 주제, 예술적 스타일, 지적 아이디어, 신성한 행위 등이 그런 것이다.

어떤 특정한 모티프(가령 전원시)가 여러 분야(문학사와 예술사, 지성사와 정치사)에 걸쳐 있다면, 우리는 일반적 형식들의 영역, 문화사의 영역에 들어서게 된다. "봉사, 명예, 충성심, 복종, 경쟁, 저항, 행복의 추구 같은 문명의 기능들은 모두 사회학의 주제들인데," 특히 문화사의 분야에 소속된다. 이런 주제들은 허영의 역사, 오만의 역사, 7대 죄악의 역사 등을 포함한다. 그 주제들은 또한 "문화적 형식으로서의 정원의 역사, 도로의 역사, 시장의 역사, 여관의 역사, 말·개·매의 세 동물, 문화적 기능을 가진 모자와 책의 역사" 등을 포함한다.[31]

하위징아는 '주제'의 관점에서 발언하기를 좋아했다. 이 용어는 "행동하는 존재들과 그들의 주변 여건"이라는 복합적 메아리를 울려 퍼지게 한다. "더욱이 여기서 주제는 음악 속에서 발휘되는 주제의 의미로 이해되어야 한다. 삶, 예술, 사상이라는 아주 오래된 스타일에서, 이런 각각의 주제는 전체 스타일에 스며들어간 내재적 원칙을 확인하거나 표명하는 역할을 했다. 대성당의 건축물이나 스콜라주의의 말씀 중에서, "왕" 혹은 "한 해의 해야 할 일들"은 상징적인 의미가 충만했다. 그것들은 비석이나 책 속에 새겨지는 스타일의 원칙에 따라 아주 엄격하게 정의되었다. 각각은 전체의 코러스 중에서 중요한 스탠자[聯句]를 발언했다. 그것들은 모두 같은 언어를 말했으나 다른 방식으로 같은 것들을 말했다. 모든 불협화음은 영원한 하모니 속으로 용해되었다."[32]

형식과 해방

바로 앞의 인용문은 하위징아가 역사의 일관성을 하나의 형식으로 볼 뿐만 아니라 이상으로 본다는 것을 보여 준다. 하위징아는 마지막 이론 논문에서 이 주제를 다시 다루었다. 1941년에 네덜란드 한림원에 제출한 「역사의 변모에 관하여」[33]라는 글이었는데 다시 한 번 살라미스 전투를 거론했다. 여기에서 그는 현대의 역사가 점점 더 형식을 잃어가기 때문에 어떤 특정한 형식을 부여하는 것이 더욱 어려워진다고 말했다. 우리가 앞에서 살펴본 바와 같이, 그는 미국 역사를 거론하면서 이 명제를 예증했다. 그는 이런 질문을 던졌다. "미국의 대통령 선거가 미국인의 마음에 역사의 이미지를 떠올리는가? 살라미스 전투가 우리의 상상력을 자극하는 것처럼 이미지를 환기시키는가?" 그는 아니라고 생각했다.[34]

하위징아는 과거에도 이 문제에 대하여 자신의 생각을 표명했지만, 시대정신과 관련하여 그렇게 한 것이 아니라 역사학과 관련하여 그런 변화를 설명했다. 그가 "삶의 역사적 이상"[35]이라는 제목으로 교수 취임 연설을 했던 1915년에, 묘사 가능한 형식으로서의 역사가 이미 역사학 그 자체에 의해 해체되고 있다고 주장했다. 과거에는 이상과 형식, 삶의 역사적 이상과 역사적 이미지 사이에는 일관된 연결고리가 있었다. 그러나 현대의 역사학은 역사적 이상을 희생시키면서 역사적 요인들만 강조했다. "이렇게 하여 역사학 그 자체가 삶의 역사적 이상을 쫓아내버 렸다. 마치 그게 형체 없는 도깨비인 양."

역사적 삶의 이상들은 그 가지 수가 제한되어 있었고, 그것 나름의 특수한 발전 양상을 보였다. 그 이상들은 어떤 역사적 근거 없이 신화로 시작되었다. 완벽한 행복을 내세우는 이상들이었고, 그 구체적 개념은 아주 막연하고 애매했다. 가령 황금시대가 좋은 사례이다. 시간이 흘러가면서 역사적 내용이 증가했고, 이상들은 점점 더 구체적으로 되어 갔다. 사람들은 그 이상에 맞추어 다른 이상들을 살아나가고 싶어 했다. 가령 복음적 가난의 이상, 전원적 이상, 기사도적 이상 등이 그런 것들이었다. 하지만 마지막 이상이었던 고전고대의 이상(르네상스가 이상으로 삼 았던 휴머니즘의 이상―옮긴이)은 역사 인식認識을 아주 강화시켰고, 그리하여 삶의 이상은 상대적 개념으로 약화되었다. 삶과 이상의 통합을 추구했던 것이, 오히려 그 둘의 분열 쪽으로 유도한 것이었다.

제1차 세계대전이 터지고 얼마 되지 않아 행한 레이던 대학 취임 연설에서, 하위징아는 삶의 역사적 이상들을 추구하는 사람에게 어떤 길들이 남아 있느냐고 물었다. 그가 내놓은 대답은 아주 중요하다. 왜냐하면 그 대답은 그의 연구방법과 실천, 그의 역사관, 그의 문화비평을 단하나의 문장으로 요약하고 있기 때문이다. 그는 네 가지 가능성을 제시했다. 그중 세 가지는 도피주의의 형식이었다. 첫째는 "고대의 아름다움과 지혜"로 도피하는 것이었다. 둘째는 아시리아 전쟁들과 마찬가지로 시간이 흘러가면 모든 고통이 사라진다고 믿는 것이었다. 셋째는 문화란 결국 죽음에 대한 준비라는 불가피한 사실을 받아들이고 체념하는 것이다.

하지만 인생을 포기하고 싶지 않은 사람들, 전쟁의 비참함과 많은 것들이 파괴된 상황에 적극적으로 대면하고 싶어 하는 사람에게는 네 번째 길이 있었다. "그것은 과감하게 행동하는 길이다. 전선의 참호 속에 든 그 어떤 종류의 진지한 일이든. 자기 자신을 내어놓는 것은 인생의 모든 교리의 시작이요 끝이다. 문화의 포기가 아니라 자아의 포기 속에서 해방이 얻어질 수 있다."[36]

신비주의

위대한 산스크리트어 학자인 헨드릭 케른이 1917년에 사망한 직후, 하위징아는 『안내』지에 엄청난 학은學恩을 입은 은사에 대하여 간결하지만 정곡을 찌른 조사를 썼다. 그는 은사를 가볍게 비판하면서 그 글을 맺었다. 하위징아는 케른과 마찬가지로 브라민 계급의 엄격한 생활 철학을 좋아했지만 불교의 세속 포기는 별로 좋아하지 않았다. 그렇지만 하위징아는 케른보다 좀 더 뉘앙스가 있는 입장을 취했다. 케른은 소위 "거룩한 체하는 수도자들"을 싫어했고 그들이 신봉하는 종교가 어떤 시스템으로 기울어지는 경향을 혐오했다. 하지만 이런 피상성과 우울함에도 불구하고 '불교의 가르침은 케른이 파악하지 못한 지혜를 갖고 있었다'라고 하위징아는 적었다. "어쩌면 케른은 깊이 있는 비합리성 혹은 우울함, 다시 말해 신비주의적 감수성을 만들어내는 기질이 없는 것인지 모른다." 확실히 케른은 신비주의적 감수성이 없었다. 그렇다면 하위징아는?[1]

두 종류의 신비주의

이런 케른의 초상화를 서술했을 때, 하위징아는 『중세의 가을』의 원고를 마지막 손질하고 있었다. 이 책은 신비주의를 자세히 다룬다. 제10장 "상상력의 실패"는 내포적 대 외연적, 부정적 대 긍정적, 술취함 대 냉정함, 거시적 신비주의와 미시적 신비주의, 이렇게 두 종류의 신비주의를 다룬다. 거시 신비주의는 드니 카르투지오Carthusian 수도사, 마이스터 에크하르트Meister Eckhart, 하인리히 조이제Heinrich Suso, 얀 반 루이스브뢰크Jan van Ruusbroec 등과 관련이 있고, 미시 신비주의는 빈데스하임 공동체 수도회나 수도원에서 번성했고, 토마스 아 켐피스의 『그리스도를 본받아』에 지속적인 명성을 안겨주었다.

거시 신비주의는 하위징아가 불교에서 발견했던 그런 세속 포기를 품고 있었고, 불교와 유사한 퇴폐의 징조를 보였다. 그것은 신과 구원을 수량화하려 했고, 측정 불가능하고 수량화 불가능한 성질을 열거하는 데 골몰하여, 당초의 의도와는 달리 정반대 결과에 도달했다. 그것은 지복至福에 대한 생각을 산술적으로 강화했을 뿐, 그 의미를 더욱 분명하고 심오하게 밝히지는 못했다. 가령 이런 식으로 최고라는 형용사를 남발하는 것이다. "최고의 숭배와 존경, 최고의 실체로서 지고선至高善인 삼위일체는…… 우리를 최고의 명석과 묵상의 길로 이끌어 주소서." 하느님은 "최고의 자비, 최고의 존엄, 최고의 친절, 최고의 빛, 최고의 전능, 최고의 지식, 최고의 영광이시다." 하지만 이런 식으로 최상급이나 높이, 넓이, 무한함, 무진장함의 양적인 이미지를 한군데 집결시키는 것이 무슨 소용이 있을까? 이것들은 이미지에 지나지 않고, 무한이라는 아이디어를 유한한 세계의 이미지들로 파악하려는 것이다. 이것은 불가피하게 영원이라는 관념을 약화시키고 피상적인 것으로 만든다. 이런 식으로 영원을 표현해 놓으면 영원은 셀 수 있는 것처럼 되어 버린다. 어떤 감동도 한번 입 밖으로 나와 표현되어 버리면, 그 직접성과 단순명쾌함을 잃어버린다. "하느님에게 돌려진 모든 속성은 하느님의 위엄을 높이는 것이 아니라 오히려 덜어낸다."[2]

이런 신비주의는 이런 결과를 의식하게 되었고 마침내 정반대의 것, 적극적인 이미지를 부정적인 이미지로 바꾸어놓는 데서 도피처를 찾았다. 빛은 어둠으로 바뀌고 충만은 텅 빔으로 바뀐다. 마침내 일련의 정반대 것들은 순수 부정을 낳았다. 신을 노래한 시에서 실레시우스Silesius는 이렇게 썼다.

하느님은 '지금'과 '여기' 구애되지 않는 순수한 '없음'이다.
하느님을 파악하려 할수록, 그분께서는 사람들로부터 더 멀어지신다.[3]

하위징아는 이런 사상이 무시간적인 사상이라고 보았고, 또 기독교 신비주의의 원천이라고 생각했다. 그는 이 사상을 논의하면서 아주 아름다운 사례를 제시한다. 그 중 하나가 루이스브뢰크의 인용문이다.

신과 하나가 되는 은총의 기쁨은 미로를 헤매는 것과 같이 혼란스럽기 그지없다. 정처 없이 길도 오솔길도 없고, 규칙이나 척도도 없기 때문이다…… 그 안에서 우리는 되돌아올 줄 모르는 영원한 상태에 몰입하여, 높이, 깊이, 넓이, 길이의 감각을 잃을 것이다.[4]

하위징아는 루이스브뢰크를 좋아했지만 정작 그 자신을 다른 길을

개척해 나가려 했다.[5]

내포적 신비주의와 외연적 신비주의의 차이는, 하위징아가 볼 때, 공기가 얼마나 더 희박하냐, 수행자가 얼마나 더 높이 산으로 올라가느냐의 차이일 뿐이었다. 하위징아 자신은 "나무들의 라인[線] 아래에" 머물기를 더 좋아했다. 삼림 아래쪽은 신비주의가 아직 문화를 무용지물로 만들지 아니하고 오히려 문화에 기여하는 지역이기 때문이다. "거기에는 도덕적 완성이 꽃피어나는 과수원이 있다. 명상생활에 들어가는 사람들에게는 그러한 형식의 준비가 기대된다. 평온함과 온유함, 욕망의 진압, 단순명료함, 절제, 근면, 진지함, 내적 응시 등. 그런 사정은 고대 인도도 마찬가지였고 여기에서도 그러하다. 신비주의의 최초 작업은 도덕과 실천인 것이다." 그 때문에 마이스터 에크하르트는 마리아보다 마르타를 높이 쳤고, 루이스브뢰크는 간단한 노동을 칭송했다. "신비주의의 부속적 성질들 가령 도덕주의, 경건성, 순수함, 근면함 등을 높게 평가한 곳은 네덜란드였다." 바로 거기에서 상식적이고 집단적인 신비주의가 발달했다. "그것은 사소한 논쟁을 싫어하는 사람들이 추구하는 건실한 신비주의였다."[6] (신약 성서 누가복음 10장 39-40절에는 이런 말이 나온다. "마르타에게는 마리아라는 동생이 있었는데, 마리아는 주님의 발치에 앉아 그 분의 말씀을 듣고 있었다. 그러나 마르타는 갖가지 시중드는 일로 분주하였다. 그래서 예수님께 다가가, '주님, 제 동생이 저 혼자 시중들게 내버려두는데도 보고만 계십니까? 저를 도우라고 동생에게 일러 주십시오' 하고 말하였다." 마리아는 신앙을 마르타는 실천을 상징한다─옮긴이)

개인적 체험

하위징아가 어느 의미에서 신비주의자가 된 것은 자연이라는 우회로를 통해서였다. 그의 짧은 자서전에서 하위징아는 아주 어릴 때부터 자연의 인상에 아주 민감하게 반응했다고 적었다. "청소년 시절 이전에도 자연을 보고서 강렬한 느낌을 받았고, 그 느낌은 언어의 매개가 없이도 서정적·감정적 황홀로 전환되었다." "나는 20대 후반까지 철저한 공상가요 몽상가였다"라고 그는 적었다. 동료 대학생들이 실험실 세션에 몰두하는 오후 시간에 그는 혼자서 마을 밖으로 산책을 나갔고, 늦은 오후 술 마시는 시간까지 돌아오지 않았다. 이런 산책길에서 그는 가끔씩 "일종의 몽환에 빠져드는" 자기 자신을 발견했다. "나는 무슨 생각을 하는 건 아니었다. 적어도 구체적인 어떤 것을 생각하지는 않았다. 내 마음은 일상생활의 경계 바깥으로 나가서 일종의 천상의 즐거움을 맛보았다. 그것은 자연에 대한 반응 같은 것이었다. 하지만 그런 즐거움은 곧 스러지고 나는 대낮의 환한 빛으로 돌아왔다."[7]

천상의 즐거움이 신비주의와 관련된 것인지 보기 나름일 것이다. 하지만 하위징아가 "자아의 상실"을 체험한 것은 분명하다. 자위트호른에 머물 때, 그는 훈디프 강 옆의 초원에 우뚝 서 있는 커다란 외로운 나무를 한 번에 몇 분씩 "경건한 숭배"의 시선으로 쳐다보곤 했다. 그것은 멜랑콜리에 아주 가까운 느낌이었고, 고등학교 교사 초창기의 기억에 의해 예증된다. "여러 번 자전거 여행을 떠난 것 이외에, 이 당시 나의 생활은 은자隱者의 생활을 닮았다. 쾌활하고 약간 들뜬 듯한 조증의 무드가 지배하다가 곧 불규칙적인 간격으로 몇주간 계속되는 울증의 무드로 바뀌었다. 울증일 때, 외부 사람들이 보면 약간 말이 없는 상태 정도로 보였을 것이다. 하지만 나 자신은 심한 압박감을 느꼈다. 단 그런 울증의 무드가 '일상생활'의 영위를 방해하지는 않았다." 이 회고록의 원래 판본에서는, 이런 울증의 시기에는 입안에 "동전 냄새"를 느꼈다고 적었다.[8]

하위징아는 젊은 신부 마리아를 발견하자마자 우울증이 사라졌다. 그러나 그 후에도 자연에서 느끼는 행복감을 계속 언급했다. 그는 아내 마리아와 함께 "드렌테의 친밀하면서도 황량하고 또 따뜻한 땅들을 많이 보았고, 영광스럽고 반에이크 같고 단순하면서도 풍요로운 색깔을 가진 젤란트를 많이 둘러보았다." 곧 사라져버리는 것이긴 했지만 자연에서 느끼는 행복감을 이렇게 표현했다. "초원 위로 영광스러운 태양이 빛났다. 모든 것에 봄의 약속이 깃들어 있었다. 저녁에는 밖에 나가면 즐길 수 있는 달빛이 있었다."[9]

친구들에 대한 기억도 자연에의 감응과 연계되었다. 카프테인 Kapteyn에 대해서는 이렇게 썼다. "나는 그 시절을 자주 회상하네. 1906년인지 1907년인지 잘 모르겠는데, 성령강림절 무렵에 카프테인과 스바엔Swaen과 함께 아침 일찍 비가 내리는데 길을 나섰지. 자이어 초원에서 춤추고 있는 뇌조雷鳥를 보기 위해서 말이야. 우리는 그 전날 밤을 브리스에 있는 그의 작원 전원 별장에서 뒤척이며 보냈지." 데 시터De Sitter에 대해서는 이렇게 썼다. "벨뤼베의 광활함과 고적감이 그의 존재에서 어떤 자리를 차지하는지 우리는 잘 알고 있지. 히스와 삼림지를 통하여 그가 성큼성큼 걸어갈 때 우리는 그 걸음걸이를 따라가려고 애를 썼지. 그는 우주적 황홀감에 빠져서 그 자신의 정신에 영양분을 마음껏 주는 사람처럼 보였어."[10]

또 하나의 좋은 사례는 그의 미국 여행 일기에서 엿볼 수 있다. 하위징아는 1926년 4월에서 6월까지 미국을 여행하면서 조지 워싱턴의 고택인 마운트 버논Mount Vernon을 방문했다. "이 얼마나 아름다운 풍경인가! 저 언덕, 나무, 분홍색과 하얀색의 꽃망울, 새들, 향기들! 자그마한 방들이 많이 있는 간단한 농가. 잠시 뒤에 하늘에 먹구름이 끼었다. 나는 그때 처음으로 미국이 무엇인지 깨닫기 시작했다." 그것은 하위징아의 전형적인 순서였다. 먼저 인상들의 융합이 있고, 공감각적 감수성이 있으며, 단순함과 절제에 대한 강조가 있고, 마지막으로 깨달음이 있다. "이 나라의 리얼리티는 먼저 자연 풍경, 그리고 옛 도시들의 풍경을 통해 내 마음 속에 새겨졌다. 아니면 그 리얼리티는 이 나라의 이상성과 관련이 있는가? 미국 역사는 독립기념관, 링컨 기념관, 마운트 버논에서 생생하게 되살아난다. 이 대국의 사랑과 기억은 몇몇 위인들에게 집중된다. 그렇게 되는 것이 너무나 당연하다. 미국의 위인들은 얼마나 심플한가." 그리고 에피파니epiphany(갑작스러운 깨달음)가 와서 모든 사물은 서로 연결되어 있다는 것을 계시해 준다. "포토맥 강 옆에서 나는 나라들이 서로 분리되어 있지만 물은 하나라고 느꼈다. 포토맥 강과 스헬트 강은 서로 연결되어 있다."[11]

"자연에 대한 감응"은 하위징아를 역사가로 만든 여러 요인들 중 하나였다. 학생 시절 중세의 사료—색슨 세계의 연대기—를 읽으면서 그는 나중에 포토맥 강 옆에서 느꼈던 것과 유사한 체험을 했다. 이 연대기의 서문은 "반 레페고베van Repegouwe"라는 사람을 언급했다. 하위징아는 스승이며 역사가인 블록으로부터 이 사람이 유명한 법학자이며 삭소니Saxony 왕가의 고문관인 아이케 폰 레프고우Eike von Repgow를 가리키는 것인지 조사해 보라는 지시를 받았다. 이 연대기에서 하위징아는 홍수의 기록을 읽었다. "그 당시 엄청난 비바람이 호수 위로 불어왔고

물들이 땅에서 산더미처럼 높이 솟아올랐다. 그리하여 호수 인근에 사는 사람들은 모두 익사했다." 이 문장을 읽는 동안 하위징아는 피아노의 굉음을 들었고 몽환에 빠져드는 자기 자신을 발견했다.[12]

이와 유사한 체험 덕분에 하위징아는 『중세의 가을』을 처음으로 구상하게 되었다. 그는 자신이 잘 아는 지역으로 자주 산책을 나갔다. 이 당시 이미 교수였던 하위징아는 마을 바깥으로 혼자 산책을 나가 "흐로닝언 지역의 탁 트인 풍경"을 감상했다. "어느 일요일 그런 산책길에서 담스테르디프Damsterdiep 강을 따라 산보하다가 중세 후기가 다가올 것의 예고자라기보다 사라져가는 시대의 마지막 숨결이 아니었을까 하는 생각이 떠올랐다." 후에 그는 에라스뮈스에게도 그런 자연과 통찰이 잘 결합되어 있다는 사실을 발견했다. 에라스뮈스는 알프스 산에서 두 번의 깊은 영감을 얻어 두 편의 대작을 썼다. 그리하여 첫 번째 영감으로는 『노래Carmen』를 썼고 두 번째 영감으로는 『우신 예찬Encomium Moriae』을 썼다.[13]

하위징아가 볼 때 역사학은 자연에 대한 감응에 크게 의존하는 학문이었다. 그의 논문, 「18세기의 자연관과 역사관」에서[14], 역사학은 슈투름운트드랑Sturm und Drang[질풍노도] 시대에 발생한 자연관의 변화로부터 생겨났다고 주장했다. 18세기의 자연 신앙은 상상력을 신화와 전원시라는 원판으로부터 해방시켰고, 네덜란드 그림의 사례에 비추어 보면, 상상력과 자연의 접촉을 회복시켰다. 이어 슈투름운트드랑은 "자유, 단순함, 원래 그 상태의 자연을 회복시키려고 노력했다. 원래의 자연은 감각적이고, 시각적이고, 실제적이고, 개인적이고, 무의식적이고, 즉각적이고, 본능적인 것, 곧 야생에서 그대로 피어난 것이었다. 이런 것들이 유기적으로 구성되었다······ 또한 역사적인 것과 존중받는 것도

그런 식으로 조직되었다." [15]

18세기 말에 이르러 좀 더 폭넓은 자연관이 유행하게 되어 가볍고 우아한 것에 무겁고 황량한 것이 덧붙여졌다. 대낮은 어두운 밤의 측면을 획득했다. 자연의 재현에 "새로운 우주적 인식"이 스며들었다. 서정성과 꿈에 대하여 새로운 감수성이 생겨났고, 이 감수성은 또한 역사적인 것에 대한 감수성을 소생시켰다. "과거를 바라보는 데 있어서 정신은 열정에 사로잡혔다. 과거는 더 이상 하나의 모델, 사례, 수사학의 창고, 골동품이 들어찬 헛간이 아니었다. 그것은 멀리 떨어져 있는 낯선 것에 대한 욕망으로 마음을 채웠고, 또 한때 있었던 것을 다시 재연하고 싶은 욕망을 안겨주었다. 역사 인식은 노스탤지어와 hantises[강박적 공포]에 가득 차게 되었다." 그리하여 하위징아의 역사 인식 또한 동경과 공포로 가득 찼다. [16]

자연

하위징아의 저서는 자연에 대한 연상들로 가득 차 있다. 식물과 곤충, 바람과 비가 많이 등장한다. 가령 아벨라르 관련 논문에서 '꽃피다'라는 단어가 한 페이지에서 네 번 등장한다. 그리고 그 앞에 이런 문장이 나온다. "그것은 태양이 구름을 뚫고 나타나는 것과 비슷하다." 상투어로 보일 수도 있는 것이 실제로는 강렬한 체험으로 다가오는 것이다. 하위징아가 중세의 전원시와 관련하여 "햇빛 환한 꿈나라가 아지랑이 같은 플루트 음악과 새 소리 속에다 욕망을 감춘다"라고 썼을 때, 그 꿈나라는—이것은 중세 사람들뿐만 아니라 하위징아 자신에게도 해당한다—"태양과 여름, 그늘과 신선한 물, 꽃과 새들에 대한 직접적인 즐거움으로부터 나온다."[17]

자연에 대한 감응은 하위징아가 볼 때 모든 사람에게 공통이다. 말하자면 이 공통의 터전이 모든 시간 차이를 해소해 준다. 장 드 몽트레유Jean de Montreuil는 상리스 부근의 샤를리외 수도원을 아주 느긋한 어조로 묘사하면서, "참새들이 수도원 식당에서 사람들과 함께 음식을 먹는다"고 말했다. 귀족 장 드 뷔에이Jean de Bueil를 다룬 전기적 · 기사도적 로망스인 『르 주방셀Le Jouvencel』에서 하위징아는 이렇게 썼다. "들판을 한 번 도는 야간 순찰은 독자에게 청량한 밤공기와 밤중의 평온함을 느끼게 해준다." 크리스틴 드 피장Christine de Pisan의 시는 "검은 새의 노래처럼 분명하고 낭랑한 소리로 시작한다." 그리고 카라드리우스라 Charadrius는 새가 등장하는데 하위징아는 아주 박식한 논평을 가한다. 이 새는 물떼새인가, 아니면 마도요인가? 아리스토파네스Aristophanes는 이 새가 날카로운 소리를 낸다고 말했다. "이것은 물떼새와 마도요에 아주 잘 적용된다. 어두운 9월 하늘을 날아가는 물떼새들의 낭랑하고 우울한 노래를 사람들은 금방 알아들을 것이다."[18]

인간은 자연만 잘 따라가면 실수를 하지 않는다. 하위징아는 화가들의 자연 숭배가 아주 매력적이라고 생각했다. 그는 독일 화가 뒤러Dürer를 논평하면서 "화가들은 아주 공경하는 마음으로 말을 더듬듯이 자연을 의인화한다"고 말했다. 이 때문에 하위징아는 자연의 형태를 완전히 포기해 버린, 고야Goya에서 르동Redon을 거쳐 칸딘스키Kandinsky에 이르는 현대 미술의 경향을 아주 싫어했다. "그들은 자연을 끊임없이 모방하는 것을 지겨워했고 이집트의 위대함과 아름다움 이후 그것을 따르는 경향에 심한 압박감을 느꼈다. 그들은 가장 깊고 본질적인 느낌을 표현하고 싶어 했는데 그 욕구를 충족시켜 줄 그림의 형태나 언어가 없었다. 그들은 신비 그 자체를 향해 떨리는 두 손을 내뻗었다. 그들은 이제 자연이 지겨워졌다. 그 형태들은 그들에게 족쇄가 되었다." 이렇게 하여 현대의 추상 미술은 일종의 부정적 신비주의가 되었다.[19]

하지만 자연은 부드럽고 온순한 방식으로 복수를 했다. "왜냐하면 그 것은 신성한 것이기 때문이다." 사실, 그 무정형은 실제로 "새로운 자연 주의…… 원초적 자연주의였다." "왜냐하면 여기에서 말을 더듬는 것은 사람이 아니라, 물질 그 자체이기 때문이다. 일을 해주는 것은 형식과 색상 그 자체이기 때문이다." 하위징아가 볼 때, 아름다움은 선, 색, 형 태의 문제였다. 그래서 화가 자신은 부정할지 모르지만 현대 미술은 실 제로 자연을 모방하고 있다. "당신이 그걸 당신의 예술이라고 믿는다거 나 하얀 종이 위의 검은 선이 꿈틀거리는 아름다움 혹은 백단과 순은이 곡선과 공간 속에 남기는 빛과 그림자의 아름다움이 당신의 공로라고 믿는다면, 당신은 물질과 밀통하는 사람이거나 얼룩무늬 가축을 얻기 위해 싱싱한 나뭇가지의 껍질을 벗겨내는 야곱이다."[20]

(구약성경 창세기 30장 37절에 이런 기사가 나온다. 야곱은 은백양나무와 편도나무 와 비즘나무의 싱싱한 가지들을 꺾고, 흰줄무늬 껍질을 벗겨내어 가지의 하얀 부분이 드러나게 하였다…… 양들과 염소들은 그 가지들 앞에서 짝짓기를 하여 줄쳐진 것, 얼 룩진 것, 점 박힌 것들을 낳았다. 위의 문장에서는 마법적 힘을 발휘하는 사람이라는 뜻—옮긴이)

자연의 기적은 형태의 창조이다. 문화는 그런 형식들에 내용을 채운 다. 이런 형식들을 따로 떼어내어 공고하게 만들면 곧 문화사의 틀이 된 다. 그런 공고함을 뚫고 들어가는 것이 예술의 책무이다. 그 뚫고 들어 감의 모범은 자연이다. 왜냐하면 자연은 '스타일'이 없고 양식(maniera) 이 없으며 자기 자신 그 자체이기 때문이다(하지만 인간은 아무리 노력해도 자연처럼 자연스럽게 자기 자신이 되지는 못한다). 이런 뚫고 들어감 때문에 하위징아는 17세기 네덜란드의 그림들이 아주 매혹적이라고 생각했다. 또 19세기 미국 작가들에게서도 그런 것을 발견했다.

에머슨, 호손, 휘트먼 같은 미국 작가들에게 있어서, 무정형과 형태감각, 자연과 예술은 서로 분명하게 연결 관계를 맺고 있다. "자연을 들여다보면서 자연 이상의 것을 찾기"라는 것이 문제의 핵심이었다. 호손에 대하여 하위징아는 이렇게 썼다. "그의 유창하고 자연스러운 자연 묘사를 읽고 나면 이런 것들이 마음속에 남는다. 9월 어느 날의 안개 같은 햇빛과 부드러운 온기, 이제 막 조락하려는 잎사귀의 청동 색깔과 슬픈 향기 등이 남는 것이다." 그리고 휘트먼에 대해서는 이렇게 논평했다. "삶의 모든 즐거움과 태양, 바람과 물 등이 소란스러운 웃음의 코러스 속에서 흘러간다. 성 프란체스코의 태양 찬가의 현대판이다." 중요한 것은 언제나 의미의 잉여(잉여는 언외의 의미를 뜻함─옮긴이), 즉 '통찰'이다. "자연은 언제나 정신을 말하고, 절대의 이상을 암시한다." 하위징아는 이 것을 "가장 순수한 신비주의"라고 불렀다.[21]

그가 17세기 네덜란드 미술에서 발견한 것도 이와 똑같은 신비주의였다. 이것은 하위징아가 레이크스프렌텐카비네트Rijksprentenkabinet에서 열린 헤르쿨레스 세허르스Hercules Seghers의 판화 전시회를 다녀와서 쓴 간단한 인상기에서 분명하게 드러난다. "엊그제 그 전시회의 방문자는 우리들뿐이었다. 그것은 즐거운 일이었지만 동시에 창피한 일이었다." 그래도 즐거움이 더 컸다. 세허르스를 감상하려면 혼자서 하는 것이 제격이니까. "마이스터 에크하르트를 만나려면 혼자서 가야 하듯이." 세허르스는 모방자도 선구자도 아니었고, 당대의 스타일과 깊은 관련이 있는 화가도 아니었다. "헤르쿨레스 세허르스는 시간 밖에 서

있는 자"였다. 하지만 홀란트 밖에 있는 자는 아니었다. 하위징아는 세
허르스가 반 고흐나 테이스 마리스Thijs Maris와 관련이 있다는 악마적인
속삭임―하위징아가 그를 조용히 하라고 시키기 전에―을 들었기 때문
이다. 하위징아는 이런 관념들을 훌쩍 뛰어넘으면서, 세헤르스가 다른
화가들로부터 멀찍이 떨어져 엘리시움Elysium(천국)에서 야콥 뵈메Jacob
Boehme와 앙헬루스 실레시우스Angelus Silesius 옆에 "말없이" 앉아 있다
고 상상하기를 좋아했다.[22]

　아무리 그렇다 해도 세허르스는 베르메르로부터 그리 멀리 떨어진
곳에 앉아 있을 수는 없다. 하위징아가 볼 때, 베르메르 그림 속의 사람
들은 일상생활의 리얼리티 밖에서 존재하는 것 같았다. "그들은 평온함
과 조화로움의 분위기 속에서 살고 있고, 그들의 말은 더 이상 울려나오
지 않고 그들의 생각은 더 이상 아무런 형태도 취하지 않는다." "그들의
행동은 꿈속에 나오는 사람들처럼 신비로 가득 차 있다. 여기서 리얼리
즘이라는 말은 빗자루로 이빨을 닦는다는 말처럼 타당성이 없다. 전체
적인 장면은 비할 데 없는 시정으로 흘러넘친다. 만약 당신이 그들을 자
세히 들여다본다면, 이들은 1600년대 어느 시기의 네덜란드 여자들이
아니라 평화와 고요함이 가득한 목가적인 꿈의 세계에서 온 사람들이
다. 그들은 당대의 옷을 입고 있는 것이 아니라 환상의 옷을 입고 있다.
그것은 청색, 녹색, 황색의 교향악이다." 바로 이 문장에서 하위징아는
베르메르Vermeer를 전형적인 네덜란드인으로 규정하고 있는데 그 이유
는 이 화가가 "스타일이 없기" 때문이다.[23]

상징주의

신비주의의 형태들은 다양하지만 거기에는 공동의 출처가 있다. 좀 더 정확하게 말해 보자면, 신비주의는 인과적 사고방식 혹은 역사적 사고방식과는 대척점에 있는 지식의 형태 혹은 사고방식이다. 신비주의는 인도 신비주의, 플라톤적 이상론, 중세의 실재론 등 여러 이름으로 불린다. 하지만 그건 그리 중요한 문제가 아니다. 그 핵심은 앞에서 이미 인용한 하위징아의 짧은 문장에 잘 표현되어 있다. "모든 사물이 그 즉각적인 기능과 발현 형식으로 존재 의미가 국한된다면(가령 저녁노을이 그저 저녁노을에 불과하고 그것이 중세의 가을을 가리키는 의미는 없다고 한다면—옮긴이), 그 사물은 곧 부조리하게 되어 버린다. 모든 사물은 나름대로 중요한 방식으로 피안의 세계를 향해 손을 내뻗고 있다." 그는 이어서 이렇게 썼다. "이런 통찰이 어떤 순간의 형언할 수 없는 감정임을 우리는 잘 알고 있다. 가령 나뭇잎에 떨어지는 빗소리나 탁자 위에 비치는 등불이 실용적인 생각과 행동에 봉사한다기보다 마음속 깊은 곳의 인식에 도달하게 해주는 그런 순간 말이다."[24]

다시 한 번 우리는 상징적 사상, 즉 "반성적反省的 질서"로 되돌아온다. 하위징아가 볼 때 이 질서는 역사적 질서나 인과적 질서와는 전혀 다른 것이지만, 그렇다고 해서 그 가치가 그런 질서들보다 못하지는 않다. 하위징아는 인과관계의 관점에서 보면, 상징주의는 사고방식의 지름길이라는 사실을 인정한다. "이것은 고비마다 은밀하게 숨겨진 인과관계를 더듬어 찾지 않고, 느닷없이 비약하여 사물 상호간의 관계를 찾아낸다. 다시 말해, 인과관계를 뛰어넘어 의미와 목적의 관계를 추구한다. 중세인들은 두 가지 사물이 보편 가치의 본질적 특성을 공유한다고 생각하면, 그 둘은 의미와 목적이 관련된다고 믿었다. 바꿔 말해, 어딘가 비슷하다는 연상聯想은 신비스러운 본질적 관계를 직접 불러일으켰다."(가령 장미와 피는 서로 아무 상관이 없지만, 둘 다 붉은 색깔이고, 그 붉은 색깔은 예수 그리스도의 속성을 가리키므로 이 둘이 서로 연결된다고 보는 사고방식—옮긴이)[25]

그래서 이 지름길은 상징과 상징되는 것이 정말 본질적인 특성을 갖고 있을 때 의미가 있다. 하위징아는 흰 장미와 붉은 장미의 사례를 제시한다. 두 장미는 가시를 지닌 채 꽃이 피어난다. 중세 사람들은 곧 이런 사실에서 곧바로 '처녀와 순교자가 자신을 박해하는 사람들 사이에서 영광스럽게 빛난다'라는 상징적 의미를 알아본다. 이런 동일시는 어떻게 가능할까? 아름다움, 부드러움, 순수함과 같은 특성을 양쪽이 공통적으로 지니기 때문이다. 핏빛이 도는 붉은 장미는 처녀와 순교자의 속성이기도 하다. 이런 외양과 내면적 본질이 결합하여 불꽃을 튀기는 것이다. "그러나 이런 연관성은 두 가지의 구성 요소가 특별한 상징주의의 연계, 특성, 본질을 나눠 가져야만 진정으로 신비스러운 의미를 지닐 수 있다. 달리 말하면, 흰색과 붉은색은 양적인 기준에서 물리적 차이를 나타내는 형용 어구가 아니라, 저마다 실체이고 현실이 되어야 한다…… 이런 성질이 그 사물의 존재이며 또 본질의 핵심이라는 것이다. 가령 아름다움, 부드러움, 흰색은 그 본질에 있어서 서로 같은 것들이다. 즉, 흰색을 가진 모든 것은 아름답고 부드럽다. 흰색을 가진 모든 것은 서로 연관되고, 똑같은 존재 이유를 지니고, 하느님 앞에서 똑같은 중요성을 지닌다."[26]

하위징아는 자신이 상징주의에 애착을 느끼고, 또 상징주의에 바탕을 둔 사회 내의 관계를 중시한다는 사실을 감추지 않는다. 이것은 그의 개인적 신념이나 다를 바 없으므로 나는 해당 문장을 전문 인용하도록 하겠다.

자연과 역사 전체를 아우르면서 상징주의는 확고한 계급 질서, 건축적 구조물, 계층적 종속 관계를 만들어냈다. 각각의 상징적 맥락에서 어떤 것은 더 높아야 하고, 어떤 것은 더 낮아야 하기 때문에 사물들 사이의 위계질서는 불가피하다. 가치가 대등한 사물은 서로에 대한 상징이 될 수 없지만, 하나로 합치면 원래의 것보다 높은 제3의 의미를 나타낼 수 있다. 상징적 사고 방식에서 사물들 사이의 관계는 한없이 다양했다. 각각의 사물은 다양한 성질에 따라 다른 사물의 상징이 될 수 있으며, 어느 한 특수한 사물이 다양한 사물을 의미할 수 있다. 이렇게 하여 상급의 개념은 무수히 많은 하급의 상징을 거느리게 된다. 아무리 낮게 위치한 사물이라도 숭고한 개념을 나타내고 그것을 바라보며 영광을 찬양할 수 있다. 견과류인 호두는 전체적으로 그리스도를 의미한다. 즉, 씨알은 그리스도의 신성神性을, 껍질은 그분의 인성人性을, 둘 사이의 피막은 십자가를 나타낸다. 정신이 영원으로 올라갈 때, 모든 사물은 정신을 뒷받침하여 위계질서의 안정이 이루어지도록 도와준다. 한 사물은 다른 사물을 한 단계씩 높은 곳으로 밀어 올리는 것이다. 상징적 사고방식은 하느님의 위엄과 영원에 대한 감정을, 지각될 수 있는 모든 사물로 끊임없이 구체화시킨다.(관념을 사물로 표현하여 구체화시킨다─옮긴이) 이렇게 하여 신비스러운 삶의 불길은 결코 꺼지지 않는다.

이처럼 상징주의의 드높은 미학적, 윤리적 가치는 대상을 가리지 않고 골고루 모든 개념에 스며든다. 상징적 가치가 눈부시게 빛나는 모든 보석을 알아볼 수 있는 기쁨을 상상해 보자. 그 순간, 처녀성과 장미의 동일시는 그저 시적인 나들이옷에 그치지 않고, 그 둘의 본질을 드러낸다. 이것은 생각의 다성적多聲的 연주이다. 완전히 다듬어진 상징주의의 요소들은 저마다 상징의 화음 안에서 울려 퍼진다. 상징적 사고방식은 황홀한 생각을 불러오면서, 아직 지성이 작용하지 않는 상태의 흐릿한 사물의 윤곽을 파

악하게 하고, 이성적理性的 생각을 침묵시키며, 삶에 대한 강렬한 감정을
드높이 승화시킨다.[27]

여기서 하위징아는 단지 신비주의만 묘사한 것이 아니라 그 방법도
제시한다. 그의 이론적 논문들의 여러 군데에서, 그리고 무엇보다도
1920년에 『안내De Gids』에 기고한 독특한 논문, 「역사 박물관」[28]에서 그
는 사물들을 역사적 자료로서 논의한다. 여기서 말하는 사물은 도구, 판
화, 증서, 소논문 등 다양한 형태를 취할 수 있다. 중요한 것은 그 사물이
어떤 대상을 가리키고 있으며, 또 관람자의 마음을 움직여 은총의 상태
로 인도할 수 있느냐 하는 것이다.

이 논문에서 하위징아는 예술의 향유와 역사의 향유 사이의 구분을
없애버린다. 그는 얀 반 데르 벨데Jan van der Velde의 일 년 열두 달을 그
린 판화를 가지고서 그것을 설명한다. 확실히 이 그림들은 "위대한" 그
림으로 분류할 수는 없다. 사실 이것들은 "조잡하고", "까놓고 말해서
원시적이다." 하지만 하위징아는 이 그림을 "어린애 같은 즐거움"으로
"감상한다." 가령 4월은 집을 옮기는 가족을 묘사한다. 간단한 집안 세
간들이 도시의 운하를 운행하는 무개 거룻배에 선적된다. 아버지는 배
의 키 앞에 서 있다. "그는 유일한 배 앞쪽의 키잡이이다." 그리고 그의
두 아이가 있다. "아들은 의기양양하게 스패너를 잡고 있다." 또한 튤립
을 파는 여자와 젊은 어부가 그려져 있다.

바로 이런 역사적 세부사항들, 여기서는 판화지만 법률문서에서도 발
견되는 세부사항들, 이런 것들이 하위징아에게 과거에 직접 접촉하는 느
낌을 주었다. "그것은 그림을 감상할 때와 같은 깊은 느낌을 주고, 거의
나 자신을 잊어버리는 듯한 황홀한 감각을 안겨준다(웃지 마세요). 내 주

위의 세상으로 흘러들어가, 사물의 본질을 손으로 직접 만지고, 역사를 통하여 '진실'을 체험하는 느낌을 준다." 하위징아는 「문화사의 책무」[29]라는 논문에서도 이와 유사한 "역사적 느낌"에 대하여 언급한 바 있다. 그는 그런 느낌을 뭐라고 형언하기 어렵다고 생각한다. "그것은 미술 감상도 아니고, 종교적 느낌도 아니고, 형이상학적 인식도 아니지만, 이런 부류에 소속되는 어떤 것이다." 그것은 과거와 직접 접촉하게 해주고 "진정성의 완벽한 확신"을 동반한다. 그것은 자치조합 면허장이나 연대기의 한 문장이든 혹은 오래된 노래의 몇 소절이든 그런 것은 중요하지 않다. "모든 역사적 소여所與는 영원으로 직방 인도한다." 이런 개념의 중세적 특징은 『중세의 가을』에 나오는 그의 관찰에서 분명하게 드러난다. "모든 죄악은 아무리 하찮더라도 온 우주에 영향을 끼친다."[30]

이것은 신비주의일까? 그럴 수 있다. 어쩌면 이것은 일종의 문학적 동종요법同種療法일지 모른다. 독서를 사랑하는 사람, 텍스트가 타임캡슐이 될 수 있다는 것을 아는 사람, 아주 멀리 떨어져 있는 낯선 작가가 친구가 될 수 있음을 아는 사람은 이 동종요법의 의미를 금방 이해할 것이다.(동종요법은 미량의 독성 천연 물질을 건강한 사람의 몸에 투입하여 질병과 비슷한 상태를 유도하여 면역체계를 형성시킨 다음, 나중에 그 질병이 생기면 스스로 이기게 해주는 치료법인데, 가령 미량의 복어 알을 사전에 먹어둠으로써 다량의 복어 독을 이기는 것을 말한다. 소소한 역사적 세부사항을 가지고 역사의 큰 부분을 이해하는 것을 동종요법에 비유하고 있다―옮긴이)

어떻게 한 권의 책―나아가 한 장의 그림 혹은 한 곡의 음악―이 감수성 강한 독자에게 충격을 줄 정도로 의미를 획득하게 되는 것일까? 그것은 우리 독자가 책에 주는 것이 아니라, 책이 우리에게 주는 것이다. 영국의 문학평론가 조지 스타이너George Steiner는 이것을 가리켜 "실제적 현존의 평범한 신비"라고 했다. 그런 신비의 가장 멋진 형태로서 우리는 마르셀 프루스트를 인용할 수 있겠다. 프루스트는 베르메르의 그림 〈델프트 풍경〉중의 노란색 부분에 온 세상이 응축되어 있는 것을 보았다. 그 노란색은 강으로 나가는 문이다. 혹은 토마스 만Thomas Mann은 베토벤의 작품 111번(피아노 소나타 32번 C 단조—옮긴이)을 들으면서 "그 가락이 자신의 온몸을 휩쓸고 지나갔다"라고 적었다. 그러나 스타이너는 에디트 피아프Edith Piaf의 샹송 "Je ne regrette rien(난 아무것도 후회하지 않아)"의 첫 몇 소절과 그녀의 쉰 목소리에서도 실제적 현존을 느꼈다. 스타이너는 이런 체험을 성육신이라는 종교적 용어, 그리고 영성체의 신비라는 개념으로도 설명하려고 했다. 하지만 그가 얘기하려는 실제적 현존은 어디까지나 예술과 관련된 것이었다.[31]

이 모든 것들은 하위징아에게 아주 친숙한 것이었다. 그는 포토맥 강가의 마운트 버논을 방문했을 때도 그런 체험을 강력하게 느꼈고, 또 플랑드르 원시파 화가들의 그림에서도 느꼈다. 이 느낌은 수수께끼 같은 것이긴 하지만, 사랑에 빠진 사람, 마음에 드는 상대와 새롭게 친구 관계를 맺은 사람은 이 느낌의 의미를 이해할 것이다. 그것은 리얼리티 혹은 진실에 대한 고양된 느낌이며, 하위징아를 포함하여 많은 사람들이 종교적 용어로 그걸 설명하려 했다. 하지만 그 느낌은 종교보다 앞서는 것이다. 하위징아는 반에이크의 〈어린 양에 대한 경배〉에 대하여 이렇게 썼다. "종교화라는 선입견을 먼저 마음에 품고 〈어린 양에 대한 경배〉를 보는 경우는 모르겠지만, 그 외의 경우에 성찬 전례를 거룩하게 묘사한 이 그림을 보면서 느끼는 감동은, 로테르담 미술관의 엠마누엘 데 비테Emmanuel de Witte의 〈생선가게 좌판〉을 감상하면서 느끼는 감동과 별반 다르지 않다." 그는 에사이아스 부르세Esaias Boursse의 네덜란드 실내 그림에 대해서도 같은 말을 했다. 우리는 벽난로 옆에 있는 한 여자를 본다. 그녀의 뒤에는 상자형의 침대가 있는데 시트와 담요가 밖으로 흘러내리고 있다. 하위징아는 이 그림을 이렇게 논평했다. "벗겨진 침대로 영원을 묘사했다." [32]

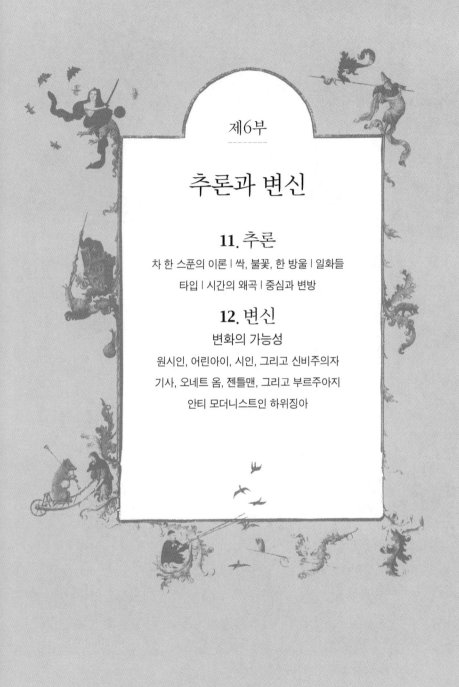

제6부

추론과 변신

11. 추론

12. 변신
변화의 가능성

랭부르 형제, 〈동정 마리아의 정화의식〉, 『베리 공의 화려한 성무일도서』 중에서. 뮈제 콩데, 샹티이.

추론

우리가 제3장에서 살펴보았듯이, 하위징아는 동화에 지속적인 매력을 느꼈다. 그의 회고록에서 한스 안데르센의 동화를 특별히 언급하면서 그 중에서도 「오래된 집」, 「도깨비와 야채상」을 사랑한다고 말했다. 그러나 그가 특별한 애착을 느낀 세 번째 안데르센 동화가 있었는데 「물방울」이 그것이다. 이것은 이웃들이 "크리블 크래블Kribble Krabble"이라고 부르는 어떤 노인의 이야기다.[1]

노인은 언제나 뭐든지 최고만을 원했고, 다른 모든 수법이 통하지 않을 때에는 마술을 사용했다. 그는 확대경을 가지고 장난하는 것을 좋아했고 어느 날 도랑 물 한 방울에 확대경을 대보았다. 그는 그 속에서 일천 마리의 미생물이 춤추고, 뛰어놀고, 서로 뜯어먹는 것을 보고서 깜짝 놀랐다. "정말 끔찍하군!" 하고 늙은 크리블 크래블은 말했다. "이 미생물들에게 평화와 조화를 이루며 사는 법을 가르쳐서, 다들 자기 일만 열심히 하도록 만들 수는 없을까?" 그는 오랫동안 곰곰이 생각하다가 유일한 해결 방안을 마술의 사용이라고 결론 내렸다. "내가 저들에게 색깔을 입혀 주면 어떨까?" 그는 생각했다. "그러면 상대방의 모습이 좀 더 좋아졌다고 생각할 거야." 그래서 그는 그 도랑물에 적포도주 같은 물을 한 방울 보태 주었다. 하지만 그것은 실제로는 귓밥에서 나온 마술사의 피였고, 한 방울에 10센트나 하는 가장 좋은 피였다. 이제 자그마한 미생물은 완전히 붉은 색깔이 되었고, 도랑물은 알몸의 야만인들이 사는 도시 같아 보였다.

"거기 있는 거, 그거 뭐지?" 또 다른 마술사가 물었다.

"저게 뭔지 추측할 수 있다면," 크리블 크래블이 말했다. "저걸 당신에게 주지."

그래서 또 다른 마술사는 확대경으로 물방울을 들여다보았고, 그가 본 것은 정말 알몸의 사람들이 살고 있는 거대한 도시 같았다. 사람들이 서로 밀고 때리고, 깨물고 걷어차는 모습이 정말로, 정말로 끔찍했다. 맨 위에 있는 자들은 끌어내려졌고, 맨 밑에 있는 자들은 위로 올라가려고 안간힘을 다했다. 오로지 조그마한 한 소녀만이 평화와 정적을 간절히 애원하고 있었다. 하지만 그 소녀도 곧 끌려가서 먹혀 버렸다.

"정말 우스운 광경이군." 마법사가 말했다.

"그래. 근데 자네는 저게 뭐라고 생각하나?" 크리블 크래블이 물었다.

"아, 그건 대답하기 쉬워." 그 친구가 대답했다. "저건 코펜하겐이나 그 비슷한 도시야. 다 비슷하게 생겼지. 저건 대도시야."

"저건 도랑물 한 방울이야." 크리블 크래블이 말했다.

이 동화의 도덕은 마법사의 피처럼 애매하나, 그것을 하위징아의 눈으로 읽은 독자는 맑은 물이 온 세상을 의미한다는 것을 깨닫는다. 하위징아는 1939년 겐트에서 행한 연설, "백 년 전의 사상과 무드"에서 이렇게 말했다. "그 백 년의 짧은 세월도 다양한 생활과 노고가 흘러넘친다. 현미경 아래의 물 한 방울처럼."[2]

차 한 스푼의 이론

한 방울의 물이 온 세상을 의미한다는 얘기는 문학에서 흔한 메타포이다. 네덜란드 시인 레오폴드는 「오스터르쉬 3세」라는 시에서 이렇게 썼다. "반짝이는 물 한 방울을 통하여 나는 세상의 모든 바다들이 하나라는 것을 보았네/ 기둥에서 희롱거리는 한 점 햇빛이 내게 태양의 본질을 보여 주네." 이 시의 최초 버전에서는 한 방울의 와인이 온 바다와 끝없이 뒤섞이는 것으로 되어 있었다. 이 버전에 대해서, 레오폴드는 많이 논의되는 시, 「오이누 헤나 스탈라흐몬Oinou hena stalagmon」에서 고전적 형태를 보여 준다.

> 술잔에서 반짝거리며 떨어지는 와인 방울들이
> 대양을 채색하네. 몇 개의 진주 같은 방울들이
> 그 물빛 투명성 속으로 스며드네. 그리하여
> 그들의 본질을 저 먼 해안, 저 깊은 바다 속으로 전달하네.[4]

물방울의 가장 오래된 버전은 크리시푸스Chrysippus에게서 나왔다. 이 스토아 철학자의 격언들 중 두 개가 플루타르코스의 저작에 보존되어 내려왔다. 첫째 격언은 "한 방울의 와인이 온 바다와 뒤섞이는 것을 막을 수는 없다"이고, 둘째 격언은 "이 한 방울은 그 뒤섞임으로 인하여 온 세상에 퍼져나간다"이다. 물방울과 관련된 두 번째 전승은 피타고라스에게서 나온 것이므로 크리시푸스보다 더 오래된 것이다. 이 전승은 물방울 신비주의의 수학적 기반을 추구하면서 어떤 동그라미의 아이디어에 집중한다. 그 동그라미의 중심은 어디에나 있지만 그 둘레[圓周]는 어디에도 없다. 하위징아는 단테의 『신생』을 읽어서 이 아이디어를 잘 알고 있었다. 이 책에서 천사는 단테에게 말한다. "나는 원의 중심과 같아요. 원주의 모든 부분은 이 중심과 동일한 관계를 맺고 있지요. 하지만 당신의 경우에는 이렇지 않아요."[5] 하위징아 자신은 알랭 드 릴 관련 논문에서 이 문장을 인용했다. "하느님은 이해 가능한 동그라미이다. 그분의 중심은 어디에나 있지만 그 둘레는 어디에도 없다(Deus est sphaera intelligibilis cuius centrum ubique circumferentia nusquam)."[6]

이 논문을 읽어보면, 알랭이 이 동그라미의 아이디어에 내재된 신비주의를 완벽하게 이해하지는 못했다는 것을 하위징아가 몰랐던 게 분명하다. 원래 라틴어는 sphaera intelligibilis(이해 가능한 동그라미)가 아니라 sphaera infinita(무한의 동그라미)였다. 알랭에 의하면 하느님은 시작도 끝도 없고 모든 것을 포용하고 계신 분이다. 이것은 원의 둘레만 강조하는 것일 뿐 원의 중심도 똑같이 강조하는 것은 아니다. 또한 '이해 가능한'이라는 형용사는 하느님을 비교 대상으로 격하시켜 시각화될 수 있는 어떤 존재로 만든다. 창조의 원천인 중심이면서 무한한 둘레를 갖고 있다는 신비주의적 통일성이 알랭의 묘사에는 들어 있지 않다. 하지만 이것이 하위징아에게는 그리 중요한 것은 아니다. 그의 관심은 "나무들의 라인[線] 아래에" 있기 때문이다.(숲보다 나무를 더 중시한다는 뜻─옮긴이) 가령 역사적 시대들을 더 잘 표현하기 위해 하위징아가 동그라미의 비유를 사용할 때에는, 금방 이해되는 이미지의 형태를 취하기 때문이다. "크기가 다른 여러 개의 원들이 있는데 그 원들의 중심들은 불규칙한 덩어리 속에 무리를 이루고 있다. 그들의 둘레는 여러 지점에서 교차한다. 그리하여 멀리서 볼 때 그 원들의 외양은 하나의 묶음 혹은 덩어리처럼 보인다."[7]

싹, 불꽃, 한 방울

하위징아에게 이 모든 것은 신비주의라기보다 "퀄리티quality를 알아보는 감각"에 더 가깝다. 여기서 퀄리티는 "무엇인가를 드러내는 사소한 사항들"의 중요성을 알아보기, "퀄리티를 가진 성질에 예민하고도 직관적으로 반응하기" 등을 의미한다. 만약 그것을 굳이 신비주의라고 한다면, 그것은 그가 잘 아는 현대 종교의 변종이라 할 수 있다. "그것은 미시微視 신비주의이다." 사람은 "갑자기 그런 느낌을 갖고" 또 "어떤 불꽃이 눈앞에 번쩍 하는 것이다." 하위징아의 저서에는 이런 불꽃들이 많다. 거기서 아이디어가 생겨나고 사람들이 서로 접촉하고, 또 희망이 생생하게 생겨난다. 그는 『호모 루덴스』에서 이렇게 썼다. "존재와 이해의 간극은 상상력이라는 지름길의 불꽃으로 메워진다."[8]

역사학에 자양분을 주는 것은 바로 그런 불꽃이라고 하위징아는 생각했다. 그 누구도 역사학의 온전한 모습을 파악하거나 재현할 수 없다. "고대 종교인의 언어로 말해 보자면," 아무리 박식한 학자들이라도 "겨우 불꽃을 받는 것에 지나지 않는다." 하위징아는 자신의 역사학을 그렇게 생각했다. "빈데스하임 공동체 사람들의 말을 빌려 보자면, 나는 불꽃을 하나 받은 것에 지나지 않고, 게다가 그 불꽃은 가끔씩 빛을 발할 뿐입니다."[9]

불꽃을 발하는 것은 싹을 틔울 수도 있다. 하위징아는 초창기 산스크리트 학자 시절에 이렇게 썼다. "철학의 싹은 원시 부족민들의 수수께끼 시합에 있었다." 그는 또 초창기에 쓴 역사서에서 이런 말도 했다. "도시의 구조에서는 오래 전에 시작되었던 발전이 원숙하게 무르익고 또 새로운 삶이 후대의 세기들을 위해 싹을 틔우는 것이다." 정치적 파당들, 주인과 노예의 관계, 봉건적 충성심, 신적神的 권위에 대한 복종 등을 명상하면서, 하위징아는 "근대적 국가 의식의 싹"을 보았다.[10]

그는 존경했던 존 오브 솔즈버리에게서 발전의 가장 좋은 사례를 보았다. 왕의 책무에 대하여 이 "기사도적 서기"는 이렇게 썼다. "왕은 신에게 온 존재를 바쳐서 충성한다. 그의 조국에 대해서는 자신의 몸의 가장 큰 부분을 바치고, 그의 친척과 이웃들에게는 상당 부분을 바치며, 낯선 사람들에게 영은 아니고 최소한을 바친다." 하위징아는 "영은 아니고 최소한을(minimum, nonnihil tamen)"이라는 표현에 감동을 받고서 이렇게 외친다. "보라, 여기에 국제법의 싹이 있지 않은가." 그는 르네상스와 종교개혁이 공유하는 구원의 기대에 대하여 "정신적 갱생을 바라는 마음의 오래된 씨앗에서 나온 것"이라고 했다. "하지만 이런 거대한 운동의 주창자들에게 영감을 준 어떤 아이디어들이 하나의 작은 싹에서 나왔다는 것은 의미심장하다."[11]

싹, 불꽃, 물방울은 하위징아 이론의 믿음, 희망, 자비였다. 이 셋이 가장 중요한데 그 중에서도 가장 중요한 것은 물방울이다. 하나의 물방울에서 그는 문학적 동종요법을 추구했다. 너무 소란스럽고, 너무 풍성하여 도저히 셀 수 없는 것들, 그 모든 들을 이해하는 방편으로 삼았다. 그는 이렇게 썼다. "우리가 이해할 수 있는 아주 자그마한 역사적 실체 뒤에는 인간 생활의 저 먼 지평선이 언제나 도사리고 있다." 이런 맥락에서 물방울은 그가 좋아하는 메타포였다. 중세인의 마음은 예수의 피에 대하여 "초超 물질적 개념"을 갖고 있었다. "그것은 실제적인 물질이었고 한 방울만으로도 온 세상을 구원하기에 충분한 것이었다." 그는 서구 문명의 구원을 똑같은 관점에서 보았다. "동정심과 정의감, 고통과 희망. 이런 것들이 한 방울만 있다면 당신의 행동과 생각을 신성하게 만들 수 있다." "동정심 한 방울이면 우리의 행위를 분별하는 마음 위로 들어올리기에 충분하다."[12]

일화들

마찬가지로 물 한 방울의 스토리가 역사의 바다를 채색하기에 충분하다. 상황을 스케치하고, 시대를 정의하고, 시대의 그림을 그리기 위하여, 하위징아는 끊임없이 일화들에 의존했다. 그는 이미 젊은 산스크리트 학자 시절부터 그렇게 했다. 사리푸타Sâriputta가 금방 머리를 면도하고서 황홀경에 빠져 훤한 달빛 아래 앉아 있었다는 얘기는 내러티브[敍事]의 효과를 보여 주는 좋은 사례이다. 마침 두 명의 악마가 그 옆을 지나갔다. "그들은 천상의 북쪽에서 남쪽으로 심부름을 가던 도중이었는데," 한 악마는 성자의 면도한 머리를 때려보고 싶은 충동을 억누르지 못했다. 동료 악마는 마법의 힘을 부릴 줄 아는 위대한 수도자이기 때문에 조심해야 한다고 경고했다. 그래도 악마는 성자의 머리를 내리쳤고, 그 힘은 "키가 7큐비트(1 큐비트는 약 50센티미터) 혹은 7.5큐피트는 되는 코끼리를 쓰러트릴 수 있는 힘, 혹은 산꼭대기를 쪼갤 수 있는 힘"이었다. 그 결과는? 악마는 화염에 불탄 채로 지옥으로 굴러 떨어졌고, 성자는, 어떤 느낌이었느냐고 질문을 받자 약간 두통을 느꼈다고 말했다.[13]

이런 종류의 "도덕적 이야기들"은 하위징아의 흐로닝언 대학 역사서를 일화 모음집으로 만들었다. 가령 그는 재정압박의 여파로 식물학 담당으로 임명된 내과의사 이야기를 전해 준다. 그 학자는 국왕 폐하를 식물원에 안내했을 때, 이름을 모르는 식물들에 대해서는, 인간 신체의 근육 이름들, 가령 삼각근, 삼두근, 봉공근, 승모근 등을 대면서 위기를 모면했다고 한다. 또 모자를 쓴 채 강의를 하는 교수가 있었는데, 고대의 위대한 인물 이름이 나오면 모자를 살짝 들어서 경의를 표시했다고 한다. 불쌍한 반 에르데Van Eerde 교수는 강의실 내에서 학생들이 아주 떠들어서 강의를 할 수 없을 때마다 안도감을 느꼈다고 한다. 어느 날 한 학생이 하도 떠드니까 교수는 참지 못하고 소리쳤다. "자네 어머니는 자네를 유치원에 보냈어야 해." 그러자 학생이 대답했다. "교수님, 어머니는 저를 이미 유치원에 보냈습니다."[14]

『중세의 가을』에서는 부르고뉴 대공인 선량공 필립이 자신의 근위 궁사 한 명을 릴의 부유한 술도가 딸과 결혼시킬 생각을 했다는 얘기가 세 번 나온다. 첫 번째는 이러하다. 술도가 아버지가 그 일을 거부하자, 화가 치민 필립은 당시 바쁜 나랏일로 네덜란드에 나가 있었지만 그 일을 뒤로 미루고, 부활절 전의 성스러운 기간이었는데도 불구하고 로테르담에서 슬뤼이스까지 위험한 뱃길을 마다않고 돌아와 자신의 뜻대로 일을 처리했다.

두 번째로 그 일화가 소개될 때에는 좀 더 자세하다. "선량공은 양조장 주인의 딸을 안전한 장소에다 납치하라고 지시했고, 그러자 화가 난 아버지는 전 재산을 가지고 선량공의 힘이 미치지 못하는 투르네Tournai로 이사를 갔다. 그리고 아무런 지장도 받지 않고서 파리 의회에 그 문제를 제소했다. 양조장 주인은 그런 노력에 대하여 고통과 슬픔의 대가를 받았을 뿐이고, 그 결과 병에 걸렸다. 선량공의 충동적 기질을 잘 보여 주는 이 스토리의 결말은, 우리 현대인의 기준에 따르면, 선량공을 별로 선량한 사람으로 만들어 주지 않는다. 그는 결국 그 처녀를 어머니에게 돌려주었다. 하지만 그 어머니가 공을 찾아와 간원을 한 후에야 비로소 그 요청을 들어주었고, 그 과정에서 그 어머니를 조롱하고 모욕했다.

평소에는 선량공을 비판하는 걸 두려워하지 않는 샤틀랭도 이 경우에는 완전히 공작 편을 들었다. 피해를 입은 아버지에 대하여 그는 이렇게 말했다. "이 반항적인 시골 양조장 주인 놈, 너야말로 고약한 평민 놈이로구나." 하위징아가 세 번째로 이 이야기를 언급한 것은 기사도적 명예 의식의 허구성을 강조하기 위해서였다.[15]

이러한 일화들의 요점은 독자들에게 역사의 "낯선" 특질들을 이해시키기 위한 것이다. 이 경우는 중세 생활의 동화적 특성을 보여 주고, 이 군주가 서구의 통치자라기보다 『천일야화』에 나오는 칼리프를 닮았음을 예시하려는 것이다. 선량공은 아들 대담공 샤를과 언쟁을 벌이다가 화가 머리끝까지 치밀어 브뤼셀을 탈출하다가 도중의 숲속에서 학교를 빼먹은 학동처럼 길을 잃어버렸다. 그가 마침내 궁중으로 돌아오자, 그를 설득하여 정상으로 되돌려 놓는 일은 기사인 필립 포Philippe Pot에게 떨어졌다. 이 노련한 궁중 신하는 적절한 말로 응대했다. "폐하, 안녕하십니까? 이건 도대체 무엇입니까? 폐하는 아서Arthur 왕 역할을 하고 계시는 겁니까, 아니면 기사 랜슬롯Lancelot 역할을 하시는 겁니까?" 선량공은 자신의 주치의로부터 머리를 면도하라는 얘기를 듣고서 모든 기사들의 머리를 면도시키라는 명령을 내렸다. 하지만 어떤 기사가 면도를 하지 않자, 그에게 강제로 이발사를 붙여서 머리를 밀어버렸다.[16]

하위징아는 모들린 칼리지에서 식사하는 에라스뮈스의 모습을 묘사했는데, 그건 멋진 일화의 한 장면이었다. "그것은 그의 마음에 딱 드는 저녁 식사였고 그가 후일 『대화집』에서 자주 언급하는 그런 식사였다. 세련된 식사 친구들, 좋은 음식, 절제된 술자리, 고상한 대화." 카인에 대하여 심각한 대화를 주고받은 후, 에라스뮈스는 좋은 스토리를 하나 해서 그 자리의 분위기를 가볍게 해야겠다고 생각했다. 그럴 목적으로 에라스뮈스는 오래된 육필 원고(실재하는 것은 아니고 그가 있다고 꾸며낸 원고)에서 읽었다고 하면서 농담을 꺼냈는데 그 내용은 이러하다. 카인은 부모님으로부터 에덴 동산에서는 식물들이 아주 웃자란다고 말하는 것을 여러 번 들었다. 그래서 그는 천국의 문을 지키는 천사를 찾아가 그 식물들의 씨앗을 좀 달라고 요청했다. "이건 사과나무의 씨앗을 달라고 하는 것도 아니니, 하느님도 반대하지 않으실 것 같은데요" 하고 카인은 말했다. 카인은 천사에게 그 무거운 칼을 들고서 하루 종일 천국문을 지키는 것이 재미있느냐고 물었다. 그러면서 지상에서는 그런 경비 업무는 경비견에게 맡긴 지 이미 오래되었다고 너스레를 떨었다. 지상은 늘 일을 잘 하고 있으며, 앞으로 조그만 더 있으면 또 다른 천국이 될 거라고 덧붙이기까지 했다. 마침내 그는 천사를 설득하는 데 성공했다. 하지만 하느님은 카인의 영농 방식이 어떤 결과를 가져왔는지 보고서 신속한 징벌을 내렸다. "창세기와 프로메테우스의 신화를 이처럼 멋지게 혼합시킨 휴머니스트는 에라스뮈스 말고 다시없을 것이다."[17]

당연한 일이지만, 하위징아는 에라스뮈스의 "생생한 일화 감각"을 강조했다. 하지만 하위징아 자신도 그에 못지않게 일화를 알아보는 감각이 있었다. 그는 네덜란드 공화국의 근검절약 정책을 보여 주기 위해 『17세기의 네덜란드 문명』에서 아주 멋진 일화 하나를 소개하고 있다. "외국인들은 부유한 상업 도시들의 생활에 대해서 깊은 인상을 받지 않겠지만, 네덜란드의 시골 생활에 대해서는 어떤 인상을 받을까? 아드리안 레흐바터Adriaan Leeghwater는 멋진 사업 계획으로 우리나라의 건전하고 심오한 실용적 비전을 완성한 인물이다. 그는 자신의 멋진 회고록에서 어린 시절을 이렇게 회상했다. 그가 태어난 고향 마을 데레이프De Rijp에서는 구두라고는 딱 세 켤레밖에 없었다. 이 구두들은 고향의 고위 행정관들이 국무國務를 보기 위해 헤이그의 중앙정부에 갈 때만 보관소에 신청하여 신고 갔다."[18]

타입

하나의 케이스(사례)를 가지고 전체를 추정하는 것, 즉 특수에서 보편을 이끌어내는 것을 가리켜 중세 역사학에서는 "타입주의(typism)"라고 하거니와, 하위징아는 그것을 가리켜 "이상주의(idealism)"라고 했다. "그것은 사물의 구체성을 보지 못하는 것이라기보다, 가장 높고 가장 윤리적인 이상에 비추어 온 세상의 사물들을 해석하려는 의식적 욕구이다. 그리하여 중세에서는 제3계급이라고 하면, 달력을 대신하는 그림 혹은 계절의 노동을 묘사한 부조浮彫처럼 단순명료한 것이어서, "들판에서 일하는 농부," "공장에서 일하는 장인," "상점에서 바쁘게 움직이는 상인"을 가리켰다. 동일한 목적 아래 하위징아는 어떤 특정 타입의 이상들을 환기시켰는데, 그 이상들은 구체적이면서 보편적이었고, 상상 가능하면서도 재현 가능한 것이었다. 아르헨티나의 현대 작가 보르헤스라면 이런 이상들을 "따뜻한 추상개념들"이라고 말했을 것이다.[19]

산스크리트 연구에서 후기의 문화비평에 이르기까지 이런 타입주의의 사례는 반복적으로 벌어지고 있다. 그리하여 비두샤카bidûshaka는 "표준적 희극 타입이고, 인도 문학사의 특정 시대를 대표한다." 하위징아의 북네덜란드 중세 연구는 초창기에 "정치적으로나 사회적으로 다양한 타입을 제시하는데, 독일 제국 내의 한 자그마한 지역인 북네덜란드는 그 어떤 다른 지역이 따라올 수 없는 다양성을 보였다." 흐로닝언 대학의 역사를 다룬 하위징아의 책을 읽으면 그 안에는 사람들 못지않게 많은 타입이 있다는 느낌을 받게 된다. 문팅헤Muntinge는 "그 시대의 타입"이었다. 반 스빈데렌Van Swinderen의 마음은 "그가 소속된 서클과 그 시대의 전형적 타입"이었다.("개인의 신성을 그처럼 어린애 같이 믿으며 살아간 사람은 없었다.")[20]

미국을 다룬 그의 첫 번째 책, 『미국의 개인과 대중』에서, 모든 페이지가 타입들로 넘쳐난다. 오래된 상인 모험가(존 제이콥 애스터John Jacob Astor)에서 현대의 산업 지도자(윌리엄 듀어William Duer)에 이르기까지, 또 개척자 민주당원(앤드루 잭슨Andrew Jackson)에서 개척자 산업가(제이 굴드 Jay Gould)에 이르기까지 각각의 인물은 미국 사회의 핵심적 단체 혹은 계층의 대표로 제시된다. 그리하여 독자는 복잡한 전체의 그림을 쉽사리 파악할 수 있다. 이런 식으로, 하위징아는 뉴잉글랜드의 고상한 칼뱅주의자 겸 자기중심적인 상업정신을, 귀족적 농장주 제도가 자리잡은 버지니아와 대비시킨다. "버지니아의 농장주는 훨씬 세련된 사회적 타입이지만, 본바닥(유럽) 정신문화의 관점에서 보자면 뉴잉글랜드의 상인들보다 조잡한 타입이다." 간단히 말하면, "다양하고 복잡한 타입이 있었다"는 얘기이다.[21]

하위징아는 네덜란드의 역사도 마찬가지 방식으로 접근한다. 가령 에라스뮈스는 "지적인 타입"이고 "무한한 이상주의자인 동시에 아주 절제된 견해를 가진 희한한 계층의 사람"이라고 보았다. 그는 휘호 그로티우스도 같은 계급으로 보았다. 이 두 사람은 "네덜란드 사람의 지적 타입"을 구체화한 인물이다. 하위징아는 이 타입을 가리켜 "새롭고 자유로운 나라의 사회적 타입"이라고 했다. 도시 생활은 특수한 도시의 타입들도 구성되었고, 심지어 네덜란드 공화국도 특수한 정부 타입을 내보였다. "그 자체로는 허약한 정부이지만, 도시의 과두체제들의 공동

이해관계에 의해 추진되는 정부였다.""이 국가와 국민의 타입은 프로테스탄트였지만, 배타적일 정도로 칼뱅주의적인 것은 아니었다."[22]

이러한 종류의 타입주의에 대하여 『중세의 가을』은 좋은 사례를 제시한다. 이 책은 세 명의 부르고뉴 연대기 작가들, 즉 조르주 샤틀랭Georges Chastellain, 올리비에 드 라마르슈Olivier de la Marche, 장 몰리네Jean Molinet의 자료에 크게 의존한다. "각각 플랑드르, 부르고뉴, 피카르디 출신인 이 세 작가는 부르고뉴 공국의 3대 기본 요소를 대표한다." 하위징아는 세 명의 모범적인 기사, 즉 부시코, 장 드 뷔에이, 자크 드 랄랭으로부터 중세 기사도 정신의 이미지를 정립한다. 그는 12세기 르네상스가 고딕 시기 이전의 사상가들, 즉 알랭 드 릴, 존 오브 솔즈버리, 아벨라르에게서 고스란히 구현된다고 보았다. "나는 지적인 분위기 속에서 아벨라르의 마음에 접근한다. 존 오브 솔즈버리는 그의 윤리학이 내게 강한 인상을 주었다. 알랭 드 릴은 12세기 미학 정신의 대표적 주창자이다." 일찍이 하위징아는 19세기에 흐로닝언 대학에서 근무한 교수들을, "폭넓은 수집가, 자연을 낭만적으로 사랑하는 사람(전원 경제에 능통한 사람), 대규모 산업의 기술적 발달을 옹호하는 사람" 등 세 타입으로 나눈 바 있었다. 이런 접근방법은 베버 식의 사회학이 아니라 중세적 이상주의의 접근방법이다.[23]

시간의 왜곡

이런 이상주의 때문에 하위징아는 자신의 주제와 사료를 아주 조심스럽게 선택했다. 그는 불교를 일종의 시간 왜곡이라고 보았다. 이것 덕분에 불교적 아이디어를 구축하는 전체 과정이 가속화될 수 있었다. "인도의 정신은 구속이 많았던 원시부족민의 개념적 생활로부터 갑자기 결별하여 보다 높은 추상적 영역으로 도약한 듯하다. 이렇게 하여 당초의 원시적 문화의 잔재들이 부식될 시간적 여유를 주지 않았다. 고대 인도의 개념 체계에는 원시적 개념들의 모든 형태가 깃들어 있다." 미국이나 네덜란드 공화국의 경우에도, 발전의 속도가 너무 급속하여 원시적 시작 상태와 완숙한 발달 상태가 일정한 시간대 내에 가시적인 형태로 병존하고 있다.[24]

미국의 목축업에 대하여 그는 이렇게 썼다. "불과 반세기 전만 해도 미국의 목축업은 가장 원시적인 형태였으나, 그 시기가 끝나는 무렵에 가장 현대적 형태의 경제 조직으로 발전했고, 또 가장 현대적인 경제 갈등 속에 휘말리게 되었다." 그는 네덜란드 공화국에 대해서는 『17세기의 네덜란드 문명』에서 이렇게 물었다. "17세기 유럽에서 외따로 떨어진 소국 네덜란드가 어떻게 어엿한 상업 국가로 성장할 수 있었을까? 어린 네덜란드 공화국이 어떻게 문명의 중심이라는 위상을 차지했을까?"[25]

그것이 하위징아가 역사를 연구하는 방식이었다. 즉 삶의 집중으로 보는 것이다. 17세기의 네덜란드 문명은 "과거의 현실, 즉 추상적 현실이었다. 그렇지만 생활과 구체성이 충만한 현실이어서, 그 외형은 전혀 추상적인 느낌을 주지 않는다." 그 삶은 역사 그 자체 안에 깃들어 있고, 역사의 사료들 속에도 스며들어가 있다. 하위징아가 하를렘을 연구할 때 핵심 사료로 삼았던 자료는 1274년 12월 13일에 반포된 플로리스 5세Floris V의 소비세 칙령이었다. 이 칙령은 시민 과세 정책의 핵심을 건드리는 것이었다. "그 문서는 시민들의 다양한 활동과 직접적인 관련이 있었기 때문에, 개개 조항이 하를렘의 사업과 쾌락의 몇몇 측면에 대하여 밝은 빛을 던진다." "마치 온갖 소동과 활동이 벌어지는 13세기 하를렘의 그림이 잠시 밝은 불빛 속에서 날카롭게 드러나는 듯하다. 그러나 우리가 그것을 좀 더 자세히 들여다보려 하면 사료는 우리를 다시 어둠 속으로 밀어넣는다."[26]

이렇게 말한다고 해서, 하위징아가 사료로부터 거리를 유지하지 못했다는 뜻은 아니다. 또 그가 세부사항들에 너무 집착하여 전반적 성격의 문제들을 소홀히 한 것도 아니다. 「문화사의 책무」[27]에서 그가 제일 첫 번째로 내놓은 주장은, "역사학은 부적절한 질문들의 제기로 인해 몸살을 앓고 있다"는 것이었다. 하위징아가 일화들을 아주 좋아하기는 했지만 미시사(微視史, petite histoire)는 그의 마음을 사로잡는 주제가 아니었다. "여기에는 소국의 한미한 외교관이 보낸 편지들이 있고, 저기에는 궁핍한 소규모 수도원의 일지가 있다." 이런 것들은 역사를 "사소한 것들의 흐름"으로 격하시킬 뿐이다. 세부사항이 적으면 적을수록, 질문은 좀 더 일반적인 것이 되어야 마땅하다. 이것이 하위징아가 역사학을 대하는 한결 같은 태도였다. 그는 공감각이 언어의 요람이라고 주장했는데 이것은 융그라마티커Junggramatiker(과학적 분석을 중시하는 젊은 문법학자)와는 반대되는 입장이다. 인도 드라마의 희극적 인물이 문화사의 발달을 체화體化한다고 주장했는데, 이는 산스크리트 학자 실뱅 레비 Sylvain Levy와 같은 의견이었다. 하위징아가 내세운 중세 도시의 기원론은 부르다크Burdach와는 반대 되는 입장이었다. 국가의 기원에 대해서도 벨기에 역사학자 피렌Pirenne과는 다른 의견을 보였고, 근대의 기원에 대해서도 부르크하르트Burckhardt와는 다른 견해를 제시했다. 마찬가지로 그는 미국의 역사가 곧 유럽 역사의 예고편이라고 말했다. "현대 문화에 대한 논의가 유럽보다 미국에서 더 간명하게 추구되고 있다. 우리 유럽은 그것을 따라갈 것인가?

중심과 변방

이와 비슷한 장치가 변방을 중심으로 바꾸어 놓았다. 비두샤카의 어리석은 행동들은 "놀이의 진지한 측면"을 반영한다. 반에이크의 〈어린 양에 대한 경배〉에서 우리의 관심은 하느님, 성모 마리아, 세례자 요한 등 커다란 인물에 그다지 끌리지 않는다. 주요 장면에서, 우리의 시선은 거듭하여 작품의 주제인 '어린 양'에서 벗어나 좌우 양쪽에서 기도하는 사람들의 행렬과, 배경의 자연 풍경으로 쏠린다. "우리의 눈길은 멀리 가장자리에 있는 아담과 이브에게로, 기증자의 초상으로 향한다. 〈수태고지〉의 그림에서 가장 감동적이고 불가사의한 매력은 천사와 동정 마리아의 모습, 즉 경건한 모습을 풍부하게 표현한 솜씨라고 하더라도, 여전히 우리의 시선은 그 주위의 구리 주전자와 햇빛 찬란한 거리 풍경에 사로잡히는 것이다. 화가에게 부수적인 관심사에 지나지 않던 세세한 부분 속에서, 일상적인 사물들은 은근하게 피어난 꽃처럼 신비롭게 빛난다. 우리는 여기에서 모든 사물의 불가사의한 특성을 직접 접촉하고 감동한다."[29]

이와 마찬가지로 하위징아는 에라스뮈스를 하나의 국외자, "그 당시의 일반적 경향"으로부터 벗어난 사람으로 묘사한다. 네덜란드의 법학자 반 볼렌호벤Van Vollenhoven에 대해서는 이렇게 썼다. "이 사람은 검소하게, 아니 금욕적으로 살았다. 그렇지만 자그마한 마을에 있는 조용한 집에서 손님을 환대하는 데 있어서는 타의 추종을 불허했다. 그는 사교의 중심이었고, 군주국가의 세계적으로 유명한 공인도 그를 따라갈 수 없었다." 비사교적인 사람 얀 베트 또한 "네덜란드 문화의 초점"이었다. "인간의 삶이란 일정한 길이를 가진 시간이다. 그 시간은 개인적 의

〈수태고지〉

식意識의 중심점을 통과하여 흐른다. 어떤 사람들에게 인생은 물방울이
똑똑 떨어지는 하수구이지만, 어떤 사람에게는 빛과 파동이 온 사방에
서 무한한 거리를 여행해 와, 그 중심점에서 만나고 교차하는 파노라마
이다."[30]

하위징아는 향토사鄕土史에서도 이런 게임을 자유롭게 펼쳤다. 그가

중세 연구의 초창기에 잡았던 북 네덜란드는 "오래된 문명의 중심지들로부터 떨어져 있다는 것"이 주된 특징이었다. 이것은 특히 홀란트에 잘 적용된다. 그 지역은 위트레히트의 주교인 헤르베르트Herbert가 볼 때 세상의 아주 외진 가장자리(in extremo margine mundi)에 있었다." 하를렘은 "백작이 소유한 땅들 중에서 가장 멀리 떨어진 자그마한 마을이었다." 그 도시의 경제와 도시 발전, 교회와 정치 조직 등 모든 측면이 변방의 전형이었다. 모든 면에서 하를렘은 "서유럽 문명의 중심지로부터 아주 멀리 떨어져 있었다." 그는 에라스뮈스 전기에서 이렇게 썼다. "홀란트에서 생겨난 것은 화려하게 꽃피다가 사라졌다."[31]

동시에 모든 마을은 소규모든 대규모든 "지금보다 훨씬 더 교통의 중심지였고, 인근의 시골 지방과 함께 생산과 소비의 자급자족형 동그라미를 형성했다." 이것은 하를렘에 그대로 적용되는 말이다. "도로와 수로가 하를렘 근처에서 집결했다. 모든 수송로가 거기로 수렴되었다." 이것은 하를렘이 켄네메르란트Kennemerland에서 차지하는 의미와 네덜란드 역사에서 차지하는 중요성에 그대로 적용되는 말이다. 1274년에 나온 소비세 칙령이 하를렘의 시민 생활을 환히 비추듯이, 하를렘은 홀란트 전체를 환히 비추는 것이다. "하를렘은 그 자체를 위해서 살지 않고 홀란트 전체를 위해서 살았다. 아주 멀리 떨어진 이 고장에서 사는 나이 어린 학생이었을 때에도, 우리는 하를렘의 숲, 다미아트제스damiaatjes(성 바보St Bavo 교회의 종탑),[32] 모래언덕과 성들, 브레데로데Brederode의 폐허, 포위공성전, 성 바보 교회의 오르간 등을 잘 알고 있었다. 우리는 다른 도시에 대하여 이처럼 많이 알지 못했다. 하를렘은 네덜란드 역사의 모든 부분에 영향을 미치고, 그 역사의 가장 아름다운 부분에 반드시 접촉한다."[33]

이러한 변방과 중심의 일치는 흐로닝언에도 적용된다. 이 도시는 네덜란드의 열쇠이고, 독일과 젤란트로 가는 관문이다. "이곳은 네덜란드의 가장 매혹적인 지역이다. 다른 곳에 비하여 이곳은 빛이 더 부드럽고, 풍경이 더 감동적이고, 초원이 더 푸르며, 마을들은 더 친밀하다. 그리고 도시들은 더 깨끗하다." 레이던과 그 도시의 구출에 대해서도 같은 말을 해볼 수 있다. "나는 국가와 민족의 운명과 미래가 이처럼 단 하나의 사건에 의존했던, 다른 역사적 사례를 알지 못한다…… 네덜란드의 운명은 레이던의 구출에 달려 있었다." 간단히 말해서, 하위징아가 살았고, 또 역사서를 집필했던 모든 장소들에 대하여 같은 말을 할 수가 있다.[34]

그는 자신의 조국을 상대로도 이 게임을 능숙하게 펼쳤다. 하위징아가 볼 때, 네덜란드는 유럽의 변방에 있는 작은 나라였다. 동시에 네덜란드는 그 어떤 나라보다 주변 국가들의 문화를 아주 왕성하게 흡수했고, 따라서 국가들의 협력에 일정한 역할을 할 수 있는 자격이 충분했다. 네덜란드의 '특이성'은 유럽에서 중심 역할을 할 수 있는 핵심적 자격이었다. "우리의 문명이 망각으로 가라앉지 않는다면, 자그마한 정치적 실체들이 새롭게 평가되어야 할 시간이 되었다." 하위징아가 묘사하는 네덜란드는 중심은 어디에나 있지만 둘레는 어디에도 없는 동그라미였다.[35]

변신

"역사는 발전의 과정보다는 번데기의 관점에서 보는 것이 더 좋을 듯하다"라고 부르크하르트는 역사를 정의했다. 하위징아는 글자 그대로 역사를 번데기의 놀라운 과정으로 보았다. 그는 여러 형식들을 변화무쌍한 인생과 영원불변의 인간성을 결합시켜 주는 특징(trait d'union)이라고 보았다. 인생은 무한한 변양變樣으로 존재하지만 기본적 형식은 숫자가 제한되어 있는 반면, 인간의 본질은 사실상 변하지 않는다. 현세의 다채로운 다양성과 영원함의 심오한 형상 사이에, 그리고 일화들의 모자이크와 무시간적인 내러티브[敍事] 사이에, 역사적 형식들이 존재하면서 하나의 '접착제' 역할을 한다. 그것이 인간의 정체성에 접근하는 유일한 길이고, 역사의 진정한 내용이다. 그래서 하위징아는 『중세의 가을』의 네덜란드어판 서문에서 이렇게 말했다. "이 책에서는 생활과 사상의 형식들이 시대의 증거물로 제시되었다. 형식 안에 들어 있는 본질적 내용을 탐구하는 것, 이것이야말로 역사 연구의 타당한 과제가 아니겠는가?"

하위징아는 '경계선들'을 그음으로써 변화하는 역사에 단단한 형식을 결합시켰다. 『중세의 가을』에서 그는 이렇게 썼다. "여기서 우리는 초창기 프랑스 군국주의의 태동을 보게 된다. 그 정신은 나중에 부르봉

렘브란트, 〈거지들〉, 아트 리소스, 뉴욕.(왼쪽)
테오필 스탱랑, 〈대로변의 꽃 파는 사람〉, 뮈제 드라빌 드 파리,
　뮈제 카르나발레, 파리.(오른쪽 위)
바르톨로메 무리요, 〈거지 소년〉, 루브르, 파리.(오른쪽 아래)

왕가의 기마병(musketeer), 나폴레옹 군대의 근위병(grognard), 제1차 세계
대전시의 프랑스 군인(poilu)을 탄생시켰다." 이어서 이런 말도 했다. "달
력 세밀화는 몹시 기뻐하면서 밀밭에서 곡물을 수확하는 사람들의 낡아
서 무릎이 보이는 옷을 강조하거나, 자선을 받는 거지들의 넝마를 즐겨
그렸다. 바로 여기에서 우리는 하나의 출발점을 본다. 그 출발점은 렘브
란트의 스케치와 무리요Murillo의 〈거지 소년〉을 거쳐 스탱랑Steinlen의
거리의 사람들로 이어지며 연속적인 선線을 그리는 것이다."[1]

하위징아의 관심사는 직선적 발달을 추적하려는 것이 아니라, 형식들의 변신을 드러내려는 것이다. 이러한 형식들은 늘 일정하다. 한 시대가 다음 시대로 그런 형식들을 전수하고, 대부분의 형식들은 고대 시대처럼 오래된 것이다. "하지만 고대 시대에 그 형식들은 중세와는 전혀 다른 의미를 갖고 있었다. 그 형식들은 그것들(형식들)에게 부여되는 문화의 중심적 원칙에 늘 적응했다." 르네상스도 고대 시대의 방식을 바꾸지 않았고 바로크도 바꾸지 않기는 마찬가지였다. 그 형식들은, "베일을 두른 여신 주위에서 벌어지는 원무圓舞 같은 것이다."[2](고전 고대, 르네상스, 바로크는 내용[중심]과 형식이 서로 협력하며 원무를 이루었으나 중세에는 내용이 부실한 채로 형식만 발달했다는 뜻—옮긴이)

변화의 가능성

역사의 그림이 그려지는 과정에 대한 하위징아의 관찰은 결코 체계적인 것이 아니었지만, 존재 가능한 형식들은 그 숫자가 제한되어 있다는 것이 그의 핵심 주장이다. 그는 『중세의 가을』에서 이렇게 썼다. "그 어떤 시대가 되었든 사랑의 이상이 그 외피로 내세울 수 있는 형식은 몇 가지 되지 않았다." 그 시대의 꿈에 대해서도 같은 말을 해 볼 수 있다. 하위징아는 중세 후기의 귀족 생활을 꿈을 연출하려는 시도라고 보았다. "프랑스든 부르고뉴든 피렌체든 중세 후기의 귀족 생활은 꿈을 연출하려는 시도였다. 그 꿈은 예전과 똑같은 꿈이었다. 오래 전의 영웅들과 현자들의 꿈, 기사와 시녀의 꿈, 심플하면서도 흥미로운 목동들의 꿈이었다. 프랑스와 부르고뉴는 오래된 스타일로 그 곡조를 연주했고, 피렌체는 오래된 주제에 새롭고 좀 더 아름다운 변주를 가미했다는 것만이 다른 점이었다."

하위징아는 이어 이런 유한한 형식들의 번데기 과정을 추적한다. 전원시는 그 좋은 사례이다. "15세기의 귀족들은 목동과 목녀의 게임을 놀이하기는 했지만, 자연에 대한 진정한 숭배와 단순함과 노동에 대한 존경은 아직도 매우 취약한 상태였다. 3세기 뒤인 18세기에 마리 앙투아네트Marie-Antoinette가 트리아농Trianon(광대한 베르사유 궁의 한 귀퉁이에 마리 앙투아네트를 위해 일부러 조성한 인공의 농촌 - 옮긴이)에서 소젖을 짜고 버터를 만들었을 때, 자연 숭배의 이상에는 중농주의의 진지함이 깃들어 있었다. 자연과 노동은 이미 그 시대(18세기)의 위대한 잠재적潛在的 신성으로 등장했으나, 귀족 문화는 그것을 여전히 하나의 놀이로 만들 수 있었다. 1870년대에 러시아의 지식인 청년들이 농민들 사이로 스며들어 가 농민들처럼 생활하는 운동을 전개했을 때, 그 이상은 아주 진지한 것이 되었다. 하지만 이렇게 뒤의 시기에서도 여전히 그런 이상의 실현은 망상인 것으로 판명되었다."[4]

하위징아는 이런 변신을 "일련의 끊임없이 되풀이되는 르네상스"라고 묘사했다. 우리는 이미 앞에서 그가 레이던 대학 취임 연설에서 이 아이디어를 어떻게 조립했는지 살펴보았다. 전원시에서 기사도적 이상에 이르기까지, 각각의 개념은 기존 형태들의 재창조이고, 그 형태들은 쇠락하다가 다시 살아나는 것이다. 형식의 탄력성은 이상理想의 약속에 의해 결정되고, 거짓이 영감을 능가할 때에는 형식이 쇠퇴한다. 이어 그 형식은 죽어 버리고 그 후에 그 형식의 상징들은 폐기된 무대의 소도구처럼 저장된다. 하지만 그런 형식을 가시화可視化시킨 지적 욕구는 계속 살아남아서 그 자신을 위해 다른 외양의 형식을 만들어낸다.[5]

형식은 진실과의 상거(相距: 서로 떨어진 거리)에 따라 외양이 달라지는

데, 달에 비유해 보자면 보름달이 되기도 하고 아니면 초승달이 되기도 한다. 만약 그 달이 태양에 너무 가까이 다가가 있으면 우리는 그것을 보지 못한다. 그것은 '새로운 달'이다. 그 형식은 비어 있다. 하지만 그 것이 태양으로부터 점차 멀어지면 우리는 그것을 보다 분명하게 볼 수 있다. 최대의 거리에 도달했을 때, 그것은 보름달(full moon)이 된다. 형 식 또한 충만하게(full) 되지만 그것은 허구인 것이다.(앞에서 고전 고대는 내용과 형식이 잘 균형을 이루지만, 중세는 형식이 너무 발달하여 내용이 빈약하다는 얘기가 나왔는데, 허구라는 것은 곧 실제 내용을 감추고 있다는 뜻이다. 가령 중세의 기사도와 궁정연애는 유혈적 폭력과 야수적 성욕을 아름답게 도치시켜 만들어낸 문화 의 형식일 뿐 실제 내용은 그렇게 고상하지도 아름답지도 않다는 것이다─옮긴이) 하 위징아는 민속학 문헌을 섭렵하여 이런 원칙을 오래전부터 잘 알고 있 었고, 고대 인도문학을 연구하면서도 그 원칙을 발견했다. 거기서 그는 막연한 죄책감이 철학적 비관론으로 변신한 것을 면밀히 추적했다. "그 러나 사상의 외피, 그 형식은 견고한 것으로 판명되었다." 역사가 자격 으로 그는 국가적 정체성의 발달에도 동일한 현상이 작용한다는 것을 목격했다. "종교의 발달에서, 좀 더 고상한 아이디어는 더 오래되고 조 잡한 개념들을 바탕으로 원숙하게 성장한다. 마찬가지로 국가라는 근 대적 의식은 원시적 내용을 가진 좀 더 오래된 개념들에 접목되어 형성 된다."

하위징아가 볼 때, '보름달'은 형식주의이다. 『중세의 가을』에서 그는 이것을 요지부동의 윤곽으로 묘사했다. 그 윤곽은 어떤 특징적 형식을 드러내는데, "가변적 형식 속에 고립되어 있으며, 지배적인 지위를 갖는 다." 하지만 이것은 반전反轉의 순간이기도 하다. 어떤 아이디어나 개념 은 아주 날카로운 윤곽을 가지고 다른 아이디어들 사이에서 단단하게 자리잡아, 거의 사람처럼 구체적 실체를 가진 듯이 느껴진다. 말하자면 형식이 생생하게 살아난 것인데, 일단 그것이 단단하게 조직되어 있는 도덕적·종교적 위계질서 속으로 편입되면, 그 내용은 사라져버린다.[6]

『중세의 가을』에서 그 반전의 순간이 중심 주제이다. 이 때문에 하위징아는 이 책에서 슬로건과 모토의 사용에 대하여 많은 페이지를 할애했다. 왜냐하면 슬로건은 외부화外部化의 압축된 형식이기 때문이다. "말하자면 외부적 형식이 그 용어의 실질을 대신한다. 인디언의 경우 부족 의식이 토템을 통하여 형식과 내용을 획득하듯이, 15세기 또한 어느 정도 이와 유사했다. 15세기는 두드러질 정도로 모토와 상징, 제명題銘과 문장紋章의 세기였던 것이다."[7]

형식의 일반적 규칙은 이러하다. 형식이 아주 분명하고 자세하게 정의되면, 그것은 강력한 친근감과 예측 가능성을 만들어낸다. "잘 알려진 성인들의 입상은 외국 도시에서 경찰관을 보았을 때처럼 사람을 푸근하게 안심시킨다." 한편으로 이것은 스타일의 상실을 의미했으나, 다른 한편으로 하위징아는 그것을 퇴락으로 보는 것을 경계했다. "현대의 문화가 가장 높은 꼭짓점에 올라가는 것이나, 미래의 퇴락의 씨앗을 뿌리는 것은 동일한 과정 안에 들어 있는 것이다." 마침내 문화를 형성하는 균형 상태에서, 그 과정은 무게 중심이 다른 데로 이동되었음을 의미한다. "마리아가 높이 올라갈수록 요셉은 그에 비해 단순한 희화戲畵가 되어 버린다." 중세에 알레고리라고 알려졌던 것이 르네상스에서는 신화로 인식되었다. "시간이 흘러가면서 올림포스의 신들과 님프들이 장미와 중세의 감각적 의인화를 누르고 승리했다."[8]

여기서 문제가 되는 것은 퇴락이 아니라 레퍼토리의 변화이다. 중세 연애 생활의 빛은 아주 조잡한 실제 행동을 감추지 못했다. "그러나 조잡함은 단지 이상에 미달하는 것으로 그치지 않는다. 고상한 정신적 사랑과 마찬가지로, 난봉 행위도 그 나름 오래된 스타일을 갖고 있었다. 그것을 가리켜 결혼 축가의 스타일이라고 할 수도 있다." 여기에서도 하위징아는 아주 원시적인 형태의 에로티시즘―성교의 찬양과 남근 상징주의―을 사랑의 형식적 개념들 중 일부라고 생각하고 있다. 이렇게 하여 형식의 "파괴"가 형식이 되는데, 이것은 놀이에서 속임수가 놀이의 일부인 것과 마찬가지이다.[9]

(결혼 축가의 스타일에 대해서는 『중세의 가을』 제4장 "사랑의 형식들"에 자세한 설명이 나온다. "그 뻔뻔스러운 웃음과 남근적男根的 상징 등 축혼 의식의 소도구들은 결혼 축제라는 성스러운 의식에서 필수적인 한 부분이었다. 결혼의 성적 결합과 결혼 의식은 한때 불가분의 것이었다. 그것은 남녀 간의 성적 결합에 집중하는 하나의 거대한 신비였다. 그러다가 교회가 등장했고 결혼과 성적 결합을 엄숙한 일치의 성사로 바꾸어 버림으로써, 혼배성사의 신성함과 신비함을 교회가 독차지했다. 이 신비한 성사의 부수적 측면들, 가령 결혼식 뒤풀이 행진, 노래, 환희의 외침 등은 결혼 축제의 행사로 남겨두었다. 성스러운 힘을 빼앗겼지만, 결혼 축제는 더욱 더 호색한 방종으로 표현되었고, 교회는 결코 이런 행사들을 다스리지 못했다. 교회의 윤리는 "히멘Hymen(결혼의 여신), 오 히메나이에(결혼의 축가여)!"라는 환희에 넘치는 삶의 외침을 억압하지 못했다. 그 어떤 퓨리턴 정신도 결혼 초야의 침대를 엿보는 저 뻔뻔스러운 관습을 없애지 못했다. 심지어 17세기에 들어와서도 이 뻔뻔스러운 특징이 만개했다. 오로지 현대의 개인적 감수성만이 이런 공개적 과시를 완전히 철폐할 수 있었다. 현대인들은 결혼 당사자 두 사람에게만 속한 것(섹스)을 호젓함과 어둠 속에 감추어두기를 바라는 것이다―옮긴이)

하위징아에게서 발견되는 이런 항구적인 변화, 형식들의 변신이라는 개념은 그의 초창기 체험과 독서로부터 나온다. 이 개념의 본질은 세상을 동화의 관점에서 바라보는 것이다. 그는 『중세의 가을』에서 이렇게 썼다. "여러 측면에서 중세의 생활은 아직도 동화의 색깔을 갖고 있었다." 하위징아가 볼 때 인생에서 동화의 색깔은 결코 사라지지 않는다. 그래서 두 개의 변신을 소개하며 이 마지막 장을 마무리짓고자 한다. 하나는 심리적인 변신이고 다른 하나는 도덕적 변신인데, 이것은 하위징아에게 단지 역사학의 주제로 끝나는 게 아니라 그의 자서전이기도 하다.[10]

원시인, 어린아이, 시인, 그리고 신비주의자

그의 저서 여러 군데에서 하위징아는 다수의 표준적인 심리적 인물들을 결집시킨다. 그것은 기이한 라인업(사람들의 대열)인데, 이 대열에 그는 독창적이고 때묻지 않은 것, 원시적이고 순수한 것을 모두 꾸려 넣는다. 그는 『중세의 가을』 중 상징주의를 설명하는 문장에서 이것을 처음 시도했다. "흰색과 붉은색은 양적인 기준에서 물리적 차이를 나타내는 형용 어구가 아니라, 저마다 실체이고 현실이 되어야 한다. 우리가 원시인, 어린이, 시인, 신비주의자의 지혜를 잠시 빌려올 수 있다면, 언제나 이런 식으로 사물을 바라볼 수 있다. 이런 사람들(원시인, 어린이, 시인, 신비주의자)은 사물의 타고난 본질이 그 사물의 일반적 성질에 스며들어 있다고 생각한다. 이런 성질이 그 사물의 존재이며 또 본질의 핵심이라는 것이다."[11]

　슈펭글러와 H. G. 웰스의 역사관을 비교 검토한 논문 「천사와 씨름하는 두 씨름꾼」[12]에서, 하위징아는 지혜를 가리켜 세상을 이해하는 다음 두 가지 방식 중 하나라고 말했다. 첫 번째 방식은, "사물을 총체적으로 또 상호관련의 관점에서 즉각적으로 인식하는 방식이다. 사물의 본질적 성질과 형태를 파악하고, 사물들을 시간의 맥락 속에서 살펴보며, 그 초자연적 의미와 영원한 움직임과 비극적인 운명을 즉각적으로 파악하는 것이다. 이것은 원시인, 어린아이, 시인이 세상을 이해하는 방식이다." 두 번째 방식은 문화의 후기 단계에서만 발달한다. "이것은 사물들을 따로 떼어놓고서, 공간의 맥락 속에서 분석, 측정, 계산, 체계화하면서, 인과성의 범주로써 모든 신비를 해결하는 방식이다."[13]

훨씬 뒤의 저서인『호모 루덴스』에서 하위징아는 원시적·독창적 접근을 시의 이해에도 적용시켰다. "어떤 진지한 진술이 오로지 각성覺醒 중의 생활 속에서 만들어지는 것이라면, 시는 결코 진지한 진술이 되지 못할 것이다. 시는 진지함을 넘어서는 더 원시적이고 근원적인 단계에 속해 있다. 그것은 어린아이, 동물, 원시인, 예언자 등이 마음대로 넘나드는 꿈, 매혹, 황홀, 웃음의 영역이다."『호모 루덴스』의 전편이 어린아이와 원시인의 구분을 허무는 작업이다. 원시인이 마법의 춤을 통하여 캥거루와 하나가 되듯이, 어린아이는 놀이와 하나가 된다. 이러한 변신 또한 동화에 바탕을 둔 것이다. "신성한 놀이라는 관점에서 볼 때, 원시인은 어린아이와 시인에 가장 가까운 존재이다." 그리고 원시인의 "미적 감수성"은 현대인들로 하여금 "놀이의 영역에 한 걸음 가깝게 다가서게 했다."[14]

그는『중세의 가을』에서 어린아이를 원시인과 동일시했다. 중세인들이 고통과 즐거움, 재앙과 행복 사이에서 체험한 그 둘 사이의 거리는 우리 현대인들과 비교해 볼 때 훨씬 더 먼 것처럼 보였다. "모든 경험은 어린아이의 마음에 새겨지는 슬픔과 즐거움처럼 직접적이면서도 절대적인 성격을 띠었다." "일상생활에는 불타는 열정과 어린아이 같은 상상력이 무제한적으로 펼쳐지는 공간이 있었다." 백성들이 군주에게 느끼는 애정은 "그 성질이 어린아이 같이 충동적이었다." 어린아이의 몰수 게임은 "그 놀이만큼 오래된 갈등과 구애"의 낮은 형태일 뿐이다. 중세의 모든 전통들, 특히 출산, 결혼, 죽음과 관련된 것들은 "원시적 신앙과 컬트(예배)"에서 생겨난 것이다. 중세의 상징주의는 본질적으로 원시적인 사고방식으로서, 중세의 사상을 "저 먼 선사시대의 사고방식"에 연결시켜 주는 연결고리이다. 15세기가 전반적으로 "순진하고, 신선할 정도로 상고적尙古的"이었다.[15]

월트 휘트먼의 시 또한 "아주 원시적이고 이교도적이었다." 하위징아가 볼 때, 그것이야말로 미국 문학의 진정한 매력이었다. "어떤 문학에서 진정한 인간성이 깃들어 있는지 찾아보는 시험대는, 동물과 어린아이들이 그 문학에서 어떤 위치를 차지하는가를 살피는 것이다." 하위징아는 하나의 일화로서 친구이며 화가인 얀 베트의 사례를 들었다. 베트는 사진을 바탕으로 그림을 그리는 것을 거부했다. 하위징아는 베트의 이런 원칙에도 예외가 있다는 것을 알았다. 어느 날 14세 소년이 베트에게 편지를 보내 죽은 형의 그림을 그려달라고 요청했다. 그 소년은 베트가 그림을 그려 준다면 그걸 아버지의 50세 생일 선물로 쓰고 싶다는 뜻을 간절하게 말했다. "화가님, 당신이 그를 위해 어머니를 그려 주었듯이, 이번에도 한번 그렇게 해주실 수 없을까요?" 하위징아는 계속해서 말한다. "그 소년 청원자는 마침내 그림을 얻어 아버지에게 선물로 드렸다. 은근하면서도 약간 슬픈 드로잉이었는데 완벽한 이미지였다. 아버지가 그 그림을 그려 준 사람에게 감사를 표시하려 하자 화가는 말했다. '소년의 편지가 너무나 애틋하여 그 자리에서 해주겠다고 했습니다.'" 그 14세 소년은 레온하르트였고 아버지는 요한 하위징아였으며, 죽은 형은 18세에 요절한 디르크였다. "이 모든 것―그러니까 애들의 입에서 나온 말들—이 예술과 무슨 관계가 있을까요?" 하위징아가 물었다. "중요한 건 예술의 '의미'이지요." 베트가 대답했다.[16]

기사, 오네트 옴, 젠틀맨, 그리고 부르주아지

두 번째 라인업도 첫 번째 것 못지않게 하위징아에게 해당되는 사항이다. 그리스의 교육적 이상이 다수의 연결 고리를 통하여 19세기 상류 중산층의 모범적 역할론으로 피어난다. 그 이상은 칼라카가티아 Kalakagathia인데 선량함을 의미하는 칼로스kalos와 아름다움을 의미하는 아가토스agathos를 합성하여 만든 신조어이다. 이 연결 관계는 『호모 루덴스』에서 명확하게 설명되어 있다. "이 사상은 중세의 기사를 거쳐 17세기의 정직한 사람(오네트 옴honnete homme)을 경유하여 현대의 젠틀맨으로 연면하게 이어져 왔다." 서유럽의 라틴 국가들은 이 컬트에 연애하는 자의 이상을 덧붙였다. 그리하여 기사도 정신과 궁정 연애가 서로 뒤섞여서 어느 것이 먼저인지 알 수 없는 난형난제의 관계가 되었다. 이보다 앞서서 『중세의 가을』에서 하위징아는 기사도를 "사회적·윤리적·미학적 필연"이라고 묘사했다. 이 이상의 힘은 과장誇張에 있었고 그것은 동시에 그 활력을 빼앗았다. 새로운 시대는 너무 높은 음정音程의 야망을 포기했다. "기사는 17세기의 프랑스 장티욤gentihomme(젠틀맨)으로 변모되었다. 이 장티욤은 의식과 명예에 관련된 다수의 개념을 아직도 지지했지만, 신앙을 지키는 전사이며 약자와 억압받는 자의 옹호자라는 자격은 포기했다. 프랑스 귀족의 신분은, 비록 수정되고 세련되었지만, '젠틀맨'이 이어받았는데 그는 옛 기사의 유형에서 유래한 인물이다. 이렇게 연속적으로 변모가 진행되는 동안, 기사도 이상의 제일

겉에 있던 외피들은 가짜로 판명되어, 거듭거듭 뜯겨져 나갔다."[17]

하위징아는 모범적 기사이며 잔 다르크 군대의 지휘관이었던 장 드 뷔에이의 초상화를 묘사하면서 이 모든 것이 어떻게 그리스의 훈육 이상과 연결되는지 보여 주었다. "전쟁은 즐거운 것이다." 그는 뷔에이를 다룬 당대의 전기에서 이 문장을 인용하면서 이렇게 논평한다. "이런 심리 상태는 15세기의 기사뿐만 아니라 현대의 병사들에게서도 발견될 수 있다. 이것은 기사도 이상 그 자체와는 아무런 상관이 없지만, 전쟁 중의 순수한 용기를 만들어내는 정서가 어떤 것인지 보여 준다. 그 정서란 속 좁은 이기주의를 탈피하여 죽음의 위험을 무릅쓰는 용기, 동료 전우의 용기에 대한 감동적인 공감, 충성심과 자기희생의 자발적 발휘 등이다. 이런 원시적이고도 금욕적인 흥분은, 기사도의 이상을 남성적 완벽함의 고상한 환상으로 구축시키는 기반이다. 이것은 그리스의 칼로카가티아와 유사한 것으로서, 이 선미善美는 지난 여러 세기 동안 아름다운 삶을 얻기 위해 애쓰는 사람들을 추진시키는 힘이었다. 그러나 우리는 기사도 이상이 때때로 탐욕과 폭력의 세계를 감추어 주는 가면 노릇을 했다는 점을 잊어서는 안 된다."[18]

이 이상이 폭넓은 범위를 갖고 있다는 것은 고대 인도의 브라민들과 19세기의 유럽 부르주아지들도 그런 이상을 추구했다는 사실로 분명하게 밝혀진다. 하위징아의 산스크리트어 스승인 케른이 브라민에게서 매혹되었던 것, 가령 윤리적 평정심, 절제하는 마음, 침착함, 용서하는 마음 등은 본질적으로 기사도의 가치였다. "케른이 브라민에게 매혹을 느꼈던 것은," 하위징아는 자문했다, "그가 스페인 사람들에게서 보았던 매혹적인 사항들과 관련된 것이 아닐까? 브라민이나 스페인 사람이나 beau geste(멋진 행동)에 커다란 자부심을 느꼈다. 스페인 사람들도 그런 기사도 이상을 갖고 있었다. 다소 과장을 좋아하지만 고상한 돈키호테가 대표적 사례이다. 스페인 사람들은 정도 차이가 있지만 이런 기질을 갖고 있고 그래서 케른은 돈키호테를 읽는 것 못지않게 스페인 사람들과 사귀는 것을 좋아했다. 데라위테르는 1676년에 이렇게 선언했다. '내 목숨을 내놓겠다는 나의 결심은 조금도 흔들리지 않습니다. 그러나 주연합州聯合이 그들의 깃발을 내놓겠다는 것은 나를 슬프게 합니다.' 케른은 이렇게 말하는 데라위테르가 브라민 같다고 논평했다."[19]

하위징아 자신도 기사와 부르주아지를 연결시키면서 이런 주장을 폈다. 오늘날 부르주아 생활의 고상한 형식들은 귀족주의적 전통을 모방한 것이다. "세르비에트serviette(냅킨) 위에 올려놓은 빵과 '세르비에트'라는 단어가 중세 궁정의 화려함에서 나온 것처럼,[140] 부르주아의 결혼 전야제 같은 것도 릴의 장엄한 '여흥 행사(entremets)'로부터 나온 것이다. 문화적·역사적 관점에서 기사도 이상의 의미를 제대로 이해하려면, 우리는 셰익스피어와 몰리에르의 시대로 거슬러 올라가야 하고 심지어 근대의 젠틀맨으로까지 소급해야 한다." 우리는 이미 기사와 부르주아 젠틀맨의 융합을, 다른 유사한 사례에서도 발견할 수 있는데 그것은 하위징아의 자전적 이야기이기도 하다. 그는 한평생 서기(혹은 학자)와 기사를 서로 융합시키려는 삶을 살아왔다.[20]

하위징아가 자기 자신과 이런 이상을 동일시한다는 사실은 그 이상의 위대한 주창자들, 가령 알랭 드 릴, 존 오브 솔즈버리, 필립 시드니Philip Sidney 경을 존경한다는 데서 추론 가능하다. 그는 알랭의 『클라우디아누스를 반대하며Anticlaudianus』가 진정한 젠틀맨의 초상화를 그려낸다고 적었다. 또 존 오브 솔즈버리를 가리켜 "기사도적 서기", "자신이 하는 모든 일에 적극적인", "늘 봉사하고, 열심이고, 용감하고, 성실하고, 충실한" 사람이라고 묘사했다. 필립 시드니는 그가 보기에 기사이며 시인이었다. 시드니를 "자유를 위하여 기꺼이 투쟁하는 시인"이라고 묘사하면서 이렇게 말했다. "그는 아주 독창적이면서 단순명료한 용기를 발휘했다. 그 용기는 영원히 위대한 것으로 남을 것이다. 그가 상대한 대상이 기사도적 영광의 광휘 속에서 살해된 팔라딘Paladin(샤를마뉴 대왕의 12용사 중 1인)이든 흙더미 뒤에서 굶어 죽은 투르크 병사든 관계 없이 말이다."[21]

이들이 제시한 모범은 최고의 덕목은 아니더라도, 동정심, 정의감, 절제심, 적극적인 봉사 정신 같은 특별한 덕목이다. 하위징아는 충성심을 특히 강조했는데 이것은 기사도 정신과 애국심의 핵심 가치이다. "주변 국가들의 정치를 지배하는 천박함과 변덕스러움"을 지적하면서, 하위징아는 17세기 네덜란드의 부르주아 정치는 "성실성의 정수精髓"라고 말했다. 정치에 적용되는 것은 예술에도 적용된다. "미학의 분야에서 스타일이라고 하는 것은 윤리학의 분야에 오면 충성심과 질서가 된다."[22]

하위징아의 놀이 개념에도 이 충성심이 깊숙이 배어들어가 있다. "고대 사회의 귀족적이고 아곤agon(경쟁)적인 전사 생활에서 직접 유래한 것이 있는데 바로 충성심이다. 충성심은 아무것도 따지지 않고 그 가치를 조금도 의심하지 않고 어떤 사람, 대의, 사상에 자기 자신을 헌신하는 것이다. 그런데 이런 태도는 놀이와 유사한 점이 아주 많다. 충성심, 순수한 형태에서는 그처럼 축복일 수가 없고 왜곡된 형태에서는 아주 악마적인 이 미덕은 놀이 영역에서 직접적으로 유래했다. 이러한 주장은 결코 황당무계한 것이라 할 수 없다. 충성심의 정화精華라 할 수 있는 기사도 정신은 풍성한 수확을 가져왔는데, 진실로 문명의 최초 열매라 할 것이다. 아주 고상한 정신을 표현한 서사시와 서정시, 아름다운 장식 예술, 위엄에 넘치는 의례. 이런 것들은 모두 전쟁을 고상한 게임으로 여기는 저 오래된 사상으로부터 유래했다."[23]

안티 모더니스트인 하위징아

이러한 사상과 이상을 살펴볼 때, 하위징아는 모더니티에 반대하는 사람이다. 그의 문화 비평은 우연하고 일시적인 발전을 개탄하는 표면적인 비평이 아니었다. 그것은 비가역적非可逆的 발전, 사회적 변화의 가속화, 그에 따른 인간성의 표면적 파악 등을 거부하는 사람의 확고한 결론이었다. 하위징아는 인생에서 열정과 반복을 보고자 했지만, 그가 실제로 발견한 것은 침착성과 창의성이었다. 이 때문에 그는 당대의 흐름을 격렬하게 거부했고, 이로 인해 그의 저서들은 무시간적 특성을 획득한다.

하위징아의 안티 모더니즘을 파악하자면 먼저 그의 인간관을 파악해야 한다. 그가 사랑과 충성심, 우정과 의리 등에 부여한 역할을 파악하면 그의 인간관을 자연스럽게 알 수 있다. 하위징아의 사상을 잘 이해하기 위해서, 우리는 열정이 시간의 경과에 따라 어떻게 변모했는지 알아야 하고, 그 맥락에서 하위징아의 인간관을 살펴보아야 한다. 아주 간단하게 말해서, 이 변모는 두 개의 뚜렷한 변신으로 구성된다. 첫 번째 변신(열정의 변신)은 중세에 들어와 발생했다. 고전고대의 수동적 인내를 그리스도의 모방이라는 능동적 열정으로 바꾸어 놓은 것이다. 두 번째 변신은 19세기에 벌어졌는데, 과학 정신에 입각하여 기독교도의 복잡한 열정을 일면적一面的인 정서의 심리학으로 바꾸어 놓은 것이다.[24]

고전 고대에서 열정은 곧 스토아학파(견인주의자)의 열정을 말하는 것이었다. 아리스토텔레스는 열정을 참음/고통이라는 중립적 윤리 개념으로 규정했으나, 스토아학파는 페르투르바티오perturbatio(광분과 혼란)라는 부정적 함의를 추가했다. 그리하여 열정은 냉정과 이성의 정반대 개념으로 파악되었다. 진정한 현자는 삶의 소란과 존재의 갈등에 전혀 동요되지 않는 사람(impassibilis)으로 인식되었다. 이런 견인주의 철학의 영향을 받아서 많은 기독교 저자들은 열정을 육욕 및 죄악과 동일시했다. 동시에 기독교 윤리는 좋은 열정(bonae passiones)을 강조했다. 초창기 기독교 저자들은 스토아학파의 평온함을 거부하면서, 기독교도는 세상에서 물러가거나 고통과 열정을 회피하려 해서는 안 된다고 주장했다. 그 대신 열정을 적극 추구해야 하는데, 이때의 열정은 예수 그리스도를 닮으려는 열정이 되어야 한다. 중세에서 예수 그리스도를 닮으려는 열정은 베르나르 드 클레르보의 고양高揚된 열정에서 토마스 아 켐피스의 한적한 지혜에 이르기까지 아주 폭넓은 것이었다.

하위징아는 이러한 열정의 전통을 옹호하는 일에 적극적으로 나섰다. 그는 열정의 가식적 드라마에 대해서는 강력하게 반대했지만, 그 치열한 윤리적 측면은 옹호했다. 역사의 드라마는 맹목적인 보수주의자들과 오만한 혁신주의자들 사이의 상호 불이해라는 불가피한 현상 속에서 발생한다. 역사의 윤리는 죽었으되 아름다운 것을 존경하는 데 있고, 또 젊고 생생한 것을 사랑하는데 있다. 하위징아는 빛과 어둠, 선과 악의 우주적 갈등에 참여했다. 이 때문에 그는 역사의 시기를 주도적 열정에 따라 구분하면서, 고대의 악덕은 오만이고, 현대의 악덕은 탐욕이라고 규정했다.(하위징아는 오만과 탐욕을 모두 열정으로 보고 있다—옮긴이)

한편 열정은 두 번째 변신을 거쳐 갔다. 18세기의 배아 기간을 거쳐서 19세기 초반에 들어와, 열정에 대한 관점이 급격하게 반전했다. 전에는 열정이라고 하면 영혼과 양심, 죄악과 용서, 정신과 악마, 자유로운 의지와 검은 욕망 등이 등장했으나, 이제는 그것이 전혀 다른 용어로 번역되었다. 심리학과 자연 법칙, 유기체와 진화, 두뇌와 내장, 표현과 행태 등과 연관되어 파악되었다. 열정은 하나의 정서가 되었고, 세속화된 정서는 인간의 심리 구조에서 비좁은 한 구석을 차지하는 구성요소로 파악되어, 느낌(feeling)과 이해력(understanding) 사이의 중간쯤에 있는 것으로 치부되었다. 그 이론은 이렇게 주장했다. 정서는 두뇌, 신경, 내장에서 생겨나서 거기로부터 신체의 다른 곳으로 전달된다. 결과적으로, 정서는 기독교 도래 이전의 저 심리적 수동성으로 회귀했다.

기독교 사상은 좋은 열정과 나쁜 열정을 구분했지만, 현대 과학은 그것들을 하나의 감정으로 통합했다. 기독교 심리학은 동물 같은 저급한 열정과, 동물과 구분되는 고급한 열정을 분리하여 보았지만, 현대 심리학은 정서란 인간과 짐승의 구분 없이 모든 동물의 영역에 있는 것으로 격하시켰다. 기독교 사상은 열정의 정신적이고 인지적인 요소들을 우선시했지만, 현대 과학은 신체적 반응, 객관적으로 묘사될 수 있는 행동을 우선시했다. 현대 심리학은 두뇌와 신경의 활동, 근육과 행태를 관찰함으로써 진정한 과학이 되었다. 하지만 이렇게 함으로써 그것은 인간 열정의 넓은 범위를 비좁게 축소시켰다.

바로 이것이 하위징아가 열렬히 반대한 것이었다. 언어학자로서, 그는 시를 이해하지 못하는 자는 언어학을 할 수 없다고 주장했다. 역사학자로서, 문학을 읽지 않는 자를 역사를 할 수 없다고 논증했다. 그는 1905년의 교수 취임 연설에서 이렇게 말했다. "만약 역사학자가 교황청의 공식 문서들만 읽고 디에스 이라에Dies Irae(분노의 날. 중세에 널리 유포되었던 기독교 사상을 담은 시—옮긴이)를 읽지 않는다면, 그는 13세기에 대하여 어떤 그림을 그려낼 것인가?" 그는 『중세의 가을』에서 이런 사상을 피력했다. "문화의 역사는 인구 숫자나 통계 수치와 관계 있는 것처럼 아름다운 꿈과 고상한 삶의 환상과도 깊은 관련이 있다."[25]

과학적 연구에 잘 반응하는 정서의 요소들만 강조함으로써, 현대 심리학은 열정을 단순화시켰을 뿐만 아니라 열정의 도덕적 의미도 박탈했다. 공식 사료를 강조함으로써 현대 역사학도 똑같은 어리석음을 저질렀다. 하위징아에게 역사는 "행동하는 도덕"이었다. 『부서진 세계』에서 그는 죄악과 미덕을 논의하면서 이렇게 썼다. "나의 말을 비웃지 말기 바란다. '이 낯익고 오래된 추상 개념들, 오래전에 사라져버린 개념적 세계에서 나온 이런 일반적 개념들이 오늘날 우리에게 무엇을 말해 주는가? 이런 개념들을 대신하여 우리는 오늘날 심리학이라는 학문만 갖고 있을 뿐이다!' 이것은 지난 40년 동안 나의 확고한 신념이었다. 나는 그런 믿음을 그 동안 여러 번 표명했다. 여기서 다시 한 번 말하자면 이러하다. 우리가 그것을 일곱 개로 치든 여덟 개로 치든 미덕과 악덕의 세트들은 가장 중요한 개념적 도구이다. 이것은 2천 년 전이든 오늘날이든 동일하다. 인간의 정서적 생활과 도덕적 규범에 관한 모든 것을 탐구하자면 이런 세트가 반드시 필요하다."[26]

문제의 핵심은 이런 것이다. 하위징아는 문화적 영향으로 인해 인간의 이미지가 표준화되는 것을 혐오했다. 그가 옹호하는 열정은 결코 정서로 격하되지 않았고, 그가 지지하는 정서는 결코 충동으로 둔갑하지 않았다. 그는 전통적인 열정의 인식틀을 고집했기 때문에 자연스럽게 안티 모더니즘의 원칙을 갖게 되었다. 『호모 루덴스』는 현대의 세 거두—마르크스, 다윈, 프로이트—에 대한 하위징아 나름의 독특하면서도 장대한 반발이었다. 그는 이 책에서 열정의 모든 복잡한 측면을 밝히면서 열정을 복권시키려 했다. 하위징아는 세 거두의 발견사항이 타당하다는 것을 부정하지 않는다. 단지 그에 바탕을 둔 일방적 교리가 싫다는 것이다. 열정은 쌍방 통행으로서 주기이면서 받기이고, 추진력이면서 자제력이고, 의식적인 것인가 하면 무의식적인 것이다.

(세 거두의 일방적 교리는 인간을 오로지 돈(마르크스), DNA(다윈), 성욕(프로이트)으로 파악할 수 있다고 보는 것인데, 하위징아는 인간은 그 셋의 종합이면서 동시에 그 셋의 부정이라는 인식을 갖고 있고, 그것을 놀이의 개념으로 설명한 것이 하위징아의 마지막 대저 『호모 루덴스』이다—옮긴이)

바로 이런 이유로 헬무트 플레스너Helmuth Plessner는 『인간의 조건에 대한 질문Die Frage nach der Conditio humana』에서 다음과 같은 명석한 주장을 폈다. 과학은 정서를 신체의 차원으로 격하시키지만, 문학은 정서의 가장 포괄적인 모습을 그려낸다. 심리학이 정서적 충동에 대하여 기계적인 모델을 구축하면서 열정을 공격성과 퇴행, 억압과 승화 등의 용어 아래 매장시키려는 바로 그 순간에, 문학은 열정이라는 개인적 드라마를 원하는 갈증을 주목하면서 그것을 해소시키려 애쓴다. 이런 관점에서 보자면, 역사는 다른 수단에 의한 문학의 계속에 지나지 않는다. 하위징아는 역사학이 바로 그것이라고 보았다.[27]

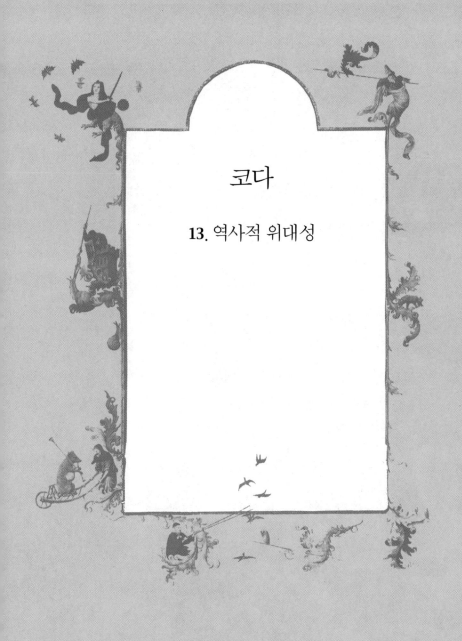

코다

13. 역사적 위대성

헤라르트 다비트, 〈캄비세스의 재판〉, 시립박물관, 브뤼헤.

역사적 위대성

하위징아라는 이름은 어떤 지역과 어떤 가계를 가리킨다. 여기에는 이상할 것이 별로 없다. 하지만 요한 하위징아의 경우에는 그것이 평소보다 더 중요한 의미를 갖는다. 요한이 태어난 하위징아 가문은 16세기 하고도 하위징아 마을의 멜케마 농장으로 거슬러 올라간다. 그는 가문의 이름을 그리 자랑스럽게 여기지 않았으며, 어떤 때는 "아주 평범한 가문"이라고 말하기도 했다. 하위징아 가문에는 요한이라는 이름을 가진 가족이 많았다.[1] 그 이름은 할아버지에게서 손자로 전해져 내려왔다. 낙타털 겉옷을 두르고 황야에서 외치는 사람의 고행과 관련이 없다면, 그 이름은 아주 흔해 빠진 이름이었을 것이다. 메노파 공동체에서 '요한' 하면 세례자 요한을 연상하는 것은 그리 특이한 것도 아니었다.

하위징아는 자신의 이름에 대하여 기이한 견해를 갖고 있었다. 가장 친한 친구인 얀 베트의 아내 안나는 하위징아에게 오랜 세월 사귀어 왔는데 아직도 어떻게 불러야 할지 모르겠다고 말했다. 그는 안나에게 보낸 편지에서 이렇게 썼다. "아, 그래요, 내 이름. 난 실제로는 이름이 없어요. 나는 안데르센의 마법사 같은 사람입니다. 나는 공식적으로는 요한으로 등록되어 있으나 아주 먼 사촌들만 나를 그렇게 부르지요. 아주 어릴 때에는 사람들이 나를 한이라고 불렀어요. 하지만 나는 그 이름도 절반만 인정합니다. 내 이름은 내게 잘 맞지 않는 것 같아요."[2]

그가 이렇게 말한 뜻을 이해하기 위해서 우리는 안데르센의 동화 「물방울」로 돌아가, 크래블과 다른 마법사가 나눈 대화를 살펴보아야 한다. 이 두 번째 마법사는 이름이 없었다. "그거야말로 그에게서 가장 좋은 부분이다"라고 안데르센은 말했다. 이 문장은 하위징아의 마음속에 깊이 각인된 듯하다. 가령 『호모 루덴스』에서 그는 놀이와 전례를 설명하는 플라톤의 문장을 인용하면서 인간은 하느님의 놀이를 놀아 주는 노리개라고 말한다. 그러면서 "그거야말로 그에게서 가장 좋은 부분이다"라고 하위징아는 말했다.[3]

이름은 하위징아의 저작에서 특별한 역할을 한다. 비두샤카를 다룬 초창기 논문에서, 그는 이 인물이 실명을 사용하지 않음으로써 희극 배우라는 고정된 특성을 살려나간다고 말했다. 『중세의 가을』에서 그는 "모든 것에 이름을 붙이고 심지어 비활성 물질에도 이름을 붙이는" 인간의 신인동형론에 대하여 길게 설명했다. 반에이크의 이름에 대한 설명도 암시하는 바가 많다. 반에이크는 한편으로는 자신의 온전한 이름을 사용하여 자신의 개성을 드러내는가 하면, 다른 한편에서는 편지에다 서명하는 "흔한 세례명"인 요하네스로 널리 알려져 있다고 말했다.

하위징아는 가끔 자신의 이름을 가지고 농담하기를 즐긴 듯하다. 그의 집에서 발견된 노트 쪽지에서 우리는 이런 논평을 발견한다. "헤르트헨의 요하네스. 꽃밭에서 깊은 생각에 잠긴 회색 머리의 키 작은 친구. 그는 북네덜란드의 르네상스를 대표한다." 흐로닝언 일대가 프리지아 주州의 특성을 잃어버린 현상을 다룬 주요 저작에서,[4] 그는 요한이라는 기독교식 이름이 공식 문서들에 아주 자주 나온다고 말했다. 『중세의 가을』

에서 그는 "얀 뭐시기라고 하는 명예로운 별명을 가진" 빈데스하임 공동체 수도회의 한 수도사를 언급했다.(얀은 요한의 네덜란드식 발음—옮긴이)[5]

하위징아는 이름과 개성의 연결 관계를 날카롭게 의식했다. 그는 어떤 때, "이름을 붙이기 전까지는 사물에 본질을 부여하지 않으려는 인간의 오래된 습관"을 지적했다. 그는 또 인간의 개성에 대하여 명확한 견해를 갖고 있었다. 그는 불교와 신비주의가 인간의 개성을 부정하는 것을 못마땅하게 여겼다. 불교는 자아의 본질을 부정하고, 또 개인이 갖고 있는 영혼을 부정하는데, 이것은 그의 기질에 맞지 않는 원칙이었다. 그는 중세의 신비주의도 "개성을 완전히 부정하기 때문에" 거부했다.

동시에 그는 현대의 과장된 자아의식, 즉 낭만주의 시기에 절정에 달한 자아의식도 거부했다. "우리는 개인의 독창성에 대하여 너무 관심이 많은 게 탈이다"라고 그는 「낭만주의의 주제에 관한 대화」에서 말했다.[6] 네덜란드 문학회를 위해 행한 연설에서 독창과 파생을 대조시키면서 그는 하위헌스와 도로테아 반 도르프 사이의 편지 교환을 언급했다. 그들은 "노래"라는 동일한 애칭으로 서로를 불렀다. "그녀는 노래였고, 그도 노래였다. 그녀는 그 말을 애무하듯이 쓰다듬었다. 하위징아는 이처럼 동일한 별명을 사용하는 그 이전의 사례들, 가령 12세기 음유시인 등 많은 사례들을 인용했다. 하지만 도로테아Dorothea와 콘스탄테인Constantijn이 "노래"라는 별명을 사용하는 방식은 아주 개성적인 부드러움을 보여 준다고 말했다.[7]

이와 마찬가지로, 그는 전기 속에서 자세히 다루어진 개성도 높이 평가했다. 그는 두 권의 전기를 집필했고, 또 하위징아 전집 제6권에 수록된 많은 전기적 글들을 썼다. 이런 자료들을 읽어보면 그가 전기 작가의 책무를 아주 직접적이고 단순명료하게 이해했음을 알 수 있다. 그는 얀 베트의 전기에서, "그의 조국과 그의 시대를 위해 그의 한 몸을 바친 전인全人"을 묘사하려고 했다. 에라스뮈스의 경우에는, 종교개혁의 시대라는 맥락 속에서 망설이거나 회피하지 않는 전인을 묘사하려 했다.

하위징아는 그런 개인주의의 본질이 장대한 제스처에는 없다고 보았다. 이것은 "겸손한" 개성을 좋아하는 그의 기질에도 맞는 것이었다. "위대한 사람들은 화려하게 빛나면서 규범을 제시하지만, 겸손한 사람들은 그 규범의 검증을 가능하게 해준다." 그는 낭만주의에 관한 대화에서 이렇게 말했다. 또 『중세의 가을』에서는 이런 말도 했다. "때때로 양식樣式 비평이 무명에서 건져 올린 이름 없는 인물들, 가령 1440년대의 대가(반에이크와 동일한 시대에 활동했던 이름 없는 세밀화가를 가리킴─옮긴이)도 당대의 위인들 못지않게 우리를 매혹시킨다." 바로 이 때문에 그가 다루는 많은 인물들은 개인인가 하면 타입인 것이다.[8]

또한 하위징아는 어떤 특정 인물들에 대하여 깊은 친화감을 느꼈다. 실제로 그는 자신이 공감을 느끼는 주제나 인물에 대해서만 글을 썼다. 그는 고딕 전기前期의 사상가들에 대하여 깊은 애착을 느꼈다. 특히 대중적인 인물(homo plebius)이요 "진지한 미소를 짓는" 존 오브 솔즈버리를 좋아했다. 『중세의 가을』은 장 제르송을 이렇게 묘사한다. "제르송은 신중하고 양심적이고 학구적이었으며, 정직하고 순수한 선의를 지닌 인물이었다. 그는 올바른 관례에 지나치게 얽매이는 구석도 있지만, 그것은 서민 출신에서 사실상 귀족에 준하는 지위까지 오른 섬세한 사람에게는 종종 있는 일이었다." 콘스탄테인 하위헌스의 전기를 작성할 때, 하위징아는 "그가 죽은 아내 스테레를 깊이 애도했으며, 그녀를 잊지 않았다"라고 적었다. 이 글을 쓸 때 하위징아는 아마도 자신의 죽은 아내 마리아를 생각했으리라. 그는 에라스뮈스를 많이 비판했지만 그래도 이 인물에게 친화감을 느꼈다. 가령 에라스뮈스의 사실주의와 생생한 세부사항을 칭찬했던 것이다. "에라스뮈스는 사물들과 그것들의 이름을 알고 싶어 했다."[9]

보편적 인간성과 개별적 인간성, 즉 타입과 개인이 서로 일치하는 그런 역사적 인물들을 하위징아는 적극적으로 옹호했다. 존 오브 솔즈버리는 "늘 봉사하고, 열심이고, 용감하고, 성실하고, 충실한" 사람이라고 묘사했다. 제르송은 비난받는 자와 가난한 자들을 동정했고, 어린아이와 여자들에게 부드럽게 대했다고 적었다. 하위징아는 자신의 영웅들이 스스로를 낮출 때 그들을 포용했다. 1915년 그는 인생의 밑바닥에 있었다. 그의 아내는 죽었고, 그가 사랑했던 유럽 문화는 제1차 세계대전으로 파괴가 되었다. 그래도 이 해에 행한 연설에서 아직도 남아 있는 이상에 대해 말했다. "자기 자신을 내어놓는 것은 인생의 모든 교리의 시작이요 끝이다. 문화의 포기가 아니라 자아의 포기 속에서 해방이 얻어질 수 있다."[10]

여기에서도, 이름 붙이기와 마찬가지로, 에고(자아)의 포기는 개인의 윤리적 선택에 그치는 것이 아니라, 문학적-역사적 비유이다. 즉 영웅의 감추어진 정체성을 말하는 것이다. 『호모 루덴스』 중 놀이와 시를 다룬 챕터에서 하위징아는 이름 없는 영웅에 대하여 길게 논평한다. "또 다른 긴장을 형성하는 주제는 영웅의 숨겨진 정체성이다. 영웅은 고의적으로 신분을 감추거나 자신에 대해 알지 못하거나 자신의 모습을 마음대로 바꿀 수 있기 때문에 신분이 자연스럽게 감춰진다. 환언하면 영웅은 가면을 쓰고 있거나 가장을 한 채 나타나거나 비밀을 가지고 있다. 여기서 우리는 감추어진 존재라는 고대의 신성한 게임을 만나게 된다. 그 영웅은 오로지 성년식에 입회한 자에게만 자신의 모습을 드러낸다."

그리고 영웅은 기사騎士라는 외양에서 가장 멋진 모습을 드러낸다. 역사는 이름 없는 기사를 통하여 동화와 만난다. 기사는 본명을 내세우지 않는 것이 표준 절차이다. 그래서 그는 "하얀 기사", "이름 없는 기사", "망토를 두른 기사" 등으로 불린다. 또는 장편소설에서 나온 주인공으로 등장할 수도 있고 백조의 기사라고 불릴 수도 있다. 또는 랜슬롯, 트리스탄, 팔라메데스의 무기를 들고 나올 수도 있다. [11]

두 번째 아내 구스테에게, 하위징아는 자신을 이름 없는 기사라고 소개했다. "나는 당신이 나를 위해 또 다른 이름을 생각해냈으면 아주 행복하겠소." 그는 1937년 7월 파리에서 구스테에게 보낸 편지에서 그렇게 썼다. 그것은 그의 구애 행위를 보여 주는 멋진 문서이다. "나는 아주 오랫동안 그 이름(요한)에 대하여 별 애정을 느끼지 못해 왔소." 그는 새로운 이름을 기대하면서 물음표와 함께 편지에 서명했다. 그는 다음 편지에서도 계속하여 요청했다. "나는 아직도 이름을 받지 못했소!" 이번에 그는 "다리와 귀가 달린" 에이치(H) 자로 편지에 서명했다. 구스테가 에이치 자를 그런 식으로 그려 왔기 때문이었다. 후에 그는 자신의 이름 없는 상태를 체념했다. "나는 서명을 할 수가 없어요. 나는 당신을 위한 이름을 갖고 있지 않고, 당신도 나를 위한 이름을 갖고 있지 않군요." 그 무렵에 그는 진정 "이름 없는 기사(le chevalier mesconnu)"가 되었다. [12]

그의 조국 네덜란드도 실제로 이런 이름 없는 '기사'였다. 이름이 안 알려진 기사와 달리, 이 나라는 실제로 이름이 없었다. 나중에 네덜란드로 알려지는 지역은 "저기 저 너머의 땅들(les pays de par deca)", 저지대 지방들, 낮은 곳의 땅들, 움푹 들어간 부분들, 17개 주 등 다양한 이름으로 불렸다. 이런 여러 가지 이름은 결국 이 나라에 이름이 없다는 얘기나 마찬가지였다. 그 17이라는 숫자는 무엇인가? 하위징아는 동화와 동요에서 그 숫자는 무한을 의미한다는 것을 배우지 않았던가? "야경꾼이여, 당신은 도둑들을 보았는가? 예, 열일곱 명이었습니다." 17은 "말할 수 없는" 숫자, 혹은 이름 없는 수량인 것이다.[13]

그가 생전에 집에 남겨둔 쪽지들 중에는 17세기 네덜란드 문명사의 개요를 적어놓은 것들이 있었다. 우리는 거기서 낙담하는 탄식을 발견한다. "나는 역사에 너무 깊이 함몰되어 있다. 나는 그것을 하나의 학문으로 보는 것이 아니라 인생 그 자체로 본다." 내가 알기로, 이와 비슷한 하위징아의 발언이 한 군데 더 있는데, 『안내』지에 게재한 잔 다르크 관련 논문이다. 이 논문에서 그는 동레미 출신의 자그마한 어린 소녀에 대해서 이렇게 말한다. "사람들은 그녀를 어떻게 다루어야 할지 알지 못한다. 그녀는 너무나 리얼하다." 그가 잔 다르크를 경배한 것과 네덜란드를 사랑한 것 사이에는 기질적으로 기이한 유사성이 있다. 중세학자들은 왜 『중세의 가을』에서 네덜란드가 이처럼 소홀하게 다루어져 있는가, 하고 의문을 표시했다. 나는 그 대답을 하위징아 자신의 발언에서 찾아볼 수 있다고 생각한다. 그는 「버나드 쇼의 성인」이라는 논문에서 이렇게 말했다. "잔 다르크의 개성은 너무나 어마어마하다. 우리가 그녀의 역사를 다루기 시작하면 그녀는 곧 중심의 지위를 차지해 버린다." 이 때문에 그는 잔 다르크를 『중세의 가을』에서 제외했다. "잔 다르크의 등장은 내가 구상한 책의 맥락을 완전히 왜곡시키라는 것을 알았다." 같은 이유로, 네덜란드 또한 아주 적은 지면밖에 배정받지 못했다.[14]

이름 없는 기사의 방식을 취하면서, 하위징아는 "메마른 마음과 뻣뻣한 펜을 가진 잔 다르크의 심판관들"로부터 그녀의 사후 명성을 옹호했다. 마찬가지로 그는 네덜란드의 명성을 열렬하게 옹호했다. 1920년대와 1930년대에 그는 반 데어 렘이 말한 것처럼 네덜란드의 "대사"로 나섰다. 그는 주변 국가들의 영향권 속에서 네덜란드 문명이 중개자의 역할을 할 수 있다고 역설했고, 작은 나라들의 존재 이유를 열렬하게 옹호했다. 하위징아의 절친한 친구인 법학자 코르넬리스 반 볼렌호벤은 그런 역할을 위한 구체적 방식을 제시했다. 반 볼렌호벤의 유명한 팸플릿 『국가들의 단일성』은 네덜란드의 해군 선단을 국제 개입군의 지휘 아래 두자고 제안했다. 그는 네덜란드가 "국가들 사이에서 잔 다르크의 역할"을 맡아야 한다고 제안했다.

1940년, "역사적 위대성"을 다룬 논문에서 하위징아는 칼라일과 부르크하르트를 비교했다. 이 두 역사가의 저서 『영웅 숭배론』과 『힘과 자유: 역사에 대한 반성』을 상호 대조하면서 하위징아는 자신의 입장을 정립했다. "바젤 대학 소강당의 사적이고 외딴 세계가 칼라일 강연의 코스모폴리턴 환경과 대비된다. 스위스 현자는 냉정한 절제심을 보인다. 부르크하르트의 모든 말은 일정한 가치를 지니고 있다. 그런 부르크하르트와 종말론적 스코틀랜드인의 무제한적인 맹렬함이 상호 대비된다. 칼라일의 말들은 창공을 박차고 나가지만, 부르크하르트의 말들은 30년 이상 감추어져 있었다."[15]

하위징아는 자신이 어느 역사가에게 더 공감하는지 명백하게 밝혀 놓았다. 그는 칼라일의 열정을 존경했지만, 『힘과 자유: 역사에 대한 반성』은 그의 영원한 반려였고, 침대 옆 서책이었으며, 역사에 대한 통찰을 도와준 책이었다. 그러나 역사적 위대함의 관점에서 본다면, 칼라일은 말할 것도 없도 부르크하르트조차도 본질적 요소가 결여되어 있었다. 칼라일의 "영웅(hero)"도 부르크하르트의 "위대한 인물(grosse Individuum)"도 실제적인 역사적 생활의 윤곽을 갖고 있지 않았다. 두 역사가는 유일무이(唯一無二: 하나뿐 둘은 없다) 혹은 대체불가능(대체가 불가능)

같은, "없다"나 "불가능"이 들어가는 부정적인 용어로 영웅을 규정했다. 두 역사가(칼라일과 부르크하르트)는 역사적 위대함을 원론적으로는 하나의 실체로 인정했으나, 각론에 들어가면 하나의 미스터리, 혹은 알 수 없는 어떤 것으로 규정했다. "그리하여 유일한 결론은 이러하다. 어쩌면 인간의 위대함은 그저 수사修辭에 불과한 것일지도 모른다."[16]

하위징아는 이러한 결론에 반대하지는 않았으나, 그래도 뭔가 좀 더 있어야 한다고 생각했다. 그는 과거에도 그렇게 했던 것처럼, 자신의 관찰사항을 다음과 같이 세 개의 대조적 관점으로 표현했다.

첫째, 논리적 필연성과 윤리적 책임의 대조이다. 역사적 위인은 윤리적 차원을 뛰어넘는다고 널리 믿어지고 있다. 마치 위대한 인물은 선악의 문제와 무관하다고 보는 것이다. 하위징아는 이런 개념을 전적으로 거부했다.

둘째, 위대한 것과 사소한 것은 대조이다. "인간의 마음은 규모가 거대할수록 외경, 숭배, 찬탄을 표시하는 경향이 있다." 하지만 하위징아는 이런 경향도 거부했다.

셋째, 남자와 여자의 대조이다. "위대함 및 영웅과 관련하여 일반 대중들은 그런 인물이 반드시 남자일 것이라는 망상을 품고 있다." 하위징아는 이것도 거부했다.

이런 세 가지 오류들은 다음과 같은 잘못된 암시를 내포한다. 역사적 위대함의 개념은 "연극적 갑옷에서 나오는 쇠붙이의 찰랑거리는 소리"를 동반한다는 엉뚱한 암시가 그것이다. 하위징아는 이런 사항들을 깊이 명상하면서 나름대로 해결안을 제시했다. 그는 잔 다르크에게서 그 위대함의 본질을 보았다.

위대함이 너무 장대하고, 영웅주의가 너무 연극적이고, 천재가 너무 문학적이라고 해도 이 세 가지 특징은 인간적 위대함의 전모를 모두 포섭하지는 못한다. 그리하여 성스러움이 남게 된다. 그리고 보라. 여기에 남과 여의 완강한 구분이 저절로 해소되어 버린 사례가 있다. 여기에는 음과 양의 구분이 없다. 탁월함과 수량 사이의 구분 또한 해소되었다. 성스러움을 잴 수 있는 지상의 척도는 없다…… "진정한 위대함"은 부르크하르트 생각처럼 하나의 신비가 아니라 하나의 단어, 역사가 부여한 사후死後의 기사도적 질서에 지나지 않는다. 그 어떤 개인도 그의 조국만큼 위대할 수는 없다. 가끔 진정한 위인의 업적은 조국이라는 광대무변한 공간의 이미지로 가장 잘 묘사된다. 위대함의 본질은 그런 단어, 그런 질서를 뛰어넘는 곳에 있는 것이다."[17]

참고 문헌

Johan Huizinga, *Verzamelde Werken*('Collected works'). Nine vols.(Haarlem 1948-
1953)

——, *Briefwisseling*('Correspondence'). Three vols., eds. Léon Hanssen, W. E.
Krul, Anton van der Lem(Utrecht 1989-1991)

——, *Amerika Dagboek*('American Diary') 14 April-19 June 1926. ed. Anton van
der Lem(Amsterdam, Antwerp 1993)

——, *Inleiding en Opzet voor Studie over Licht en Geluid*('Introduction and
Proposal for a Study of Light and Sound'), ed. Jan Noordegraaf, Esther
Tros(Amsterdam 1996)

Léon Hanssen, *Huizinga en de troost van de geschiedenis. Verbeelding en
rede*(Amsterdam 1996)

W. R. H. Koops, E. H. Kossman, Gees van der Plaat(ed.), *Johan Huizinga 1872-
1972*(The Hague 1973)

W. E. Krul, *Historicus tegen de tijd. Opstellen over leven & werk van J.
Huizinga*(Groningen 1990)

Anton van der Lem, *Johan Huizinga. Leven en werk in beelden &
documenten*(Amsterdam 1993)

——, *Het eeuwige verbeeld in een afgehaald bed. Huizinga en de Nederlandse beschaving*(Amsterdam 1997)

——, *Inventaris van het archief van Johan Huizinga. Bibliografie 1897-1997*(Leiden 1998)

Christoph Strupp, *Johan Huizinga. Geschichtswissenschaft als Kulturgeschichte* (Göttingen 2000)

For a virtually complete bibliography of the secondary literature until 2000, readers are referred to Strupp.

주석

[이하 역주는 영역자 Beverley Jackson의 주석임]

극소수의 예외를 빼놓고 나는 하위징아의 저작들만 인용하거나 언급했다. 전거 표시는 그의 전집(네덜란드어 판)에 의거한 것인데, 로마 숫자는 권수를, 아리비아 숫자는 페이지를 뜻한다. 하위징아의 편지들에 대해서도 이와 같이 표시했는데 편지는 여기서 L이라고 표기했다.[빌렘 오터스페어]

하위징아의 저서들 중 일부는 영역본이 나와 있다. 가령 『중세의 가을The Autumn of the Middle Ages』, 『호모 루덴스Homo Ludens』, 『미국의 개인과 대중Man and Masses in America』, 『내일의 그림자 속에서In the Shadow of Tomorrow』, 『에라스뮈스Erasmus』, 『17세기의 네덜란드 문명Dutch Civilization in the Seventeenth Century』 등이 그러하다. 좀 더 자세한 정보를 얻고자 한다면 다음 자료 참조. Van der Lem's bibliography: Inventaris van het archief van Johan Huizinga, Bibliografie 1897-1997(Leiden 1998). 영역본이 있는 것은 여기에서 영역본의 제목을 따랐다. 네덜란드 판본만 있는 것은 네덜란드어 제목을 적고 괄호를 쳐서 그 안에 번역을 넣었다. 예) Cultuurhistorische verkenningen(문화사의 탐구).[역주]

저자 서문

1. VII, 245.
2. Jan Romein, 'Huizinga als historicus,' in Tussen vrees en vrijheid(Amsterdam 1950), 223.
3. VII, 244.
4. 'Würde das nicht ein Conzert seyn in den schönsten Harmonie, ein Ton, ein Hauch, ein einziges Wort!'
5. VII, 246-7.

제1장

1. VI, 301.

2. I, 465.

3. I, 522.

4. 여기에 제시된 거의 모든 전기적 정보는 Krul(1990)과 Van der Lem(1993)에게서 나온 것임.

5. VWII, 428.

6. I, 12.

7. D. Schouten, 'Huizinga's jeugdjaren,' in *De Gids* III(1948) IV, 192; I, 13.

8. I, 13-4.

9. I, 15.

10. I, 19.

11. 정기 간행물 『새로운 안내*De Nieuwe Gids*』는 1880년 운동의 대변지였다.

12. VI, 482.

13. VI, 372-3.

14. 헨리에트 롤란드 홀스트는 19세기 후반의 사회주의 시인.

15. Leonhard Huizinga, *Herinneringen aan mijn vader*(The Hague 1963) 34-5.

16. II, 553.

17. L. I, 163.

18. Leonhard Huizinga, *Herinneringen aan mujn vader*(The Hague 1963), 68, 83-9.

19. Leonhard Huizinga, *Herinneringen aan mujn vader*(The Hague 1963), 98.

20. L. III, 193.

제2장

1. Jorn Rüsen, *Konfigurationen des Historismus. Studien zur deutschen Wissenschaftkultur*(Frankfurt am Main 1993) 278(with tanks to Eelco Runia).

2. 'Inleiding en Opzet voor Studie over Licht en Geluid.'

3. 'Inleiding en Opzet voor Studie over Licht en Geluid,' 51.

4. I, III-2.

5. I, 285, 385.

6. VIII, 343-4.

7. I, 39.

8. III, 330.

9. V, 408, 388, 351, 310, 327, 335.

10. V, 290-1, 329.

11. VI, 181.

12. VII, 410.

13. II, 82.

14. I, 148-9.

15. I, 157.

16. I, 167.

17. I, 163-4.

18. IV, 242.

19. V, 274.

20. IV, 265.

21. IV, 104-5.

22. IV, 417.

23. IV, 412, 420.

24. IV, 425.

25. IV, 262-3; III, 251.

제3장

1. III, 44.

2. 'Het would der symbolen.'

3. 네덜란드어 lezen은 "읽다" 이외에 "선별하다", "수집하다"의 뜻을 갖고 있다.[역주]

4. VIII, 495-500; VII, 56, 131.

5. VII, 72.

6. IV, 141.

7. Hans Christian Andersen, 'The Goblin and the Grocer,' from *The Complete Andersen*(six volumes, New York 1949), translation by Jean Hersholt.

8. Kurt Ranke, 'Betachtungen zum Wesen und zur Funktion des Märchens,' in Ranke, *Die Welt der Einfachen Formen. Studien zur Motiv-, Wort-und*

Quellenkunde(Berlin, New York 1978) 1-31; Marina Warner, *From the Beast to the Blonde. On Fairy Tales and Their Tellers*(New York 1994); Marina Warner, *Fantastic Metamorphoses, Other Worlds. Ways of Telling the Self*(Oxford, New York 2002).

9. I, 99; VII, 23-4.
10. II, 52-3, 263, 355, 473, 501; VIIII, 524; III, 63, 386, 112.
11. III, 15, 39, 166, 96, 264.
12. III, 5, 26, 36, 112, 157, 466; IV, 112.
13. IV, 122.
14. VI, 157.
15. III, 92; IV, 293.
16. VI, 109; IV, 296.
17. IV, 110.
18. IV, 357, 558; V, 410, 408.
19. IV, 286.
20. V, 25.
21. VII, 219.
22. V, 437.
23. VI1, 38.
24. L. III, 269; III, 246.
25. II, 487.
26. V, 280-1, 289.
27. V, 408.
28. IV, 142-3.
29. IV, 283; Dante Alighieri, *The Divine Comedy*, translation by Henry Wadsworth Longfellow(Chartwell 2006).
30. IV, 287-81, 291, 327.
31. IV, 142.

제4장

1. 'Remember that within us often slumbers / A poet ever vibrant, ever young.'

2. IV, 402.

3. 대부분의 하위징아 용어는 여기에 영어로 번역되었다. 그러나 bont와 innig의 경우는 하위징아가 다양한 의미로 사용하고 있기 때문에 네덜란드 단어를 그대로 사용했다[역주]

4. 원래의 네덜란드어 문장은 다음과 같다.

   'bont van keur van fraaien dos' ; 'een bonten schat van de meest uiteenlopende vormen en kleuren' ; and 'tegelijk binnen zoo geringe afmetingen beperkt en toch zoo rijk en bont, zoo intensief ontwikkeld.'

5. I, 63, 107, 167, 255.

6. I, 96, 140.

7. I, 405; VIII, 147; I, 126.

8. III, 6, 29, 57, 135, 139, 176, 198, 214, 297, 306, 332, 363.

9. III, 6, 34, 181, 200, 213, 244, 231, 250, 186, 271-2, 275, 305, 330.

10. II, 446, 466, 465, 475, 477, 500.

11. I, 67, 160, 475.

12. V, 488, 253; VIII, 253; IV, 296, 399.

13. III, 219, 348, 325-7.

14. II, 467; VII, 222; III, 402; V, 272, 283, 383; IV, 85, 90, 390; VIII, 496, IV, 391; V, 210; II, 443; IV, 425.

15. III, 328, 448; VI, 419, 436; III 267, 351, 375, 436; IV, 425.

16. III, 212, 259, 275, 338, 90, 132-3, 571, 136, 366, 372.

17. V, 260, 257, 339.

18. II, 536; V, 156-7; IV, 231, 240.

19. I, 365; III, 5, 322, 55, 64, 75.

20. I, 100; III, 110, 281.

21. I, 100; III, 110, 281.

22. VI, 96; IV, 265; V, 107-9, 149, 151, 172, 190, 201.

23. I, 71, 73, 151, 144, 169, 219, 270, 365-6; IV, 327.

24. V, 267, 288, 409; III, 8, 17, 30, 67, 199, 266, 372, 389, 98, 144, 338, 375, 389.

25. IV, 105, 107, 115, 544, 412, 425; III, 451; IV, 341; V, 38.

26. II, 531; V, 374; III, 34.

27. VIII, 90, 532.

28. II, 97; III, 6.

29. VI, 102; III, 28; VII, 412.

30. V, 255; III, 131-2, 90, 206, 330, 312, 345, 234.

31. VI, 40, 42; V, 384; III, 247, 293; V, 40, 79; II, 528, 530.

32. VI, 68, 224; I, 91, 96, 98; IV, 352, 293; V, 7.

제5장

1. V, 251-2, 378.

2. VII, 137; IV, 397.

3. III, 19, 26.

4. III, 28, 345.

5. III, 78.

6. III, 152.

7. III, 161, 252.

8. 'Inleiding en Opzet voor Studie over Licht en Geluid,' 57.

9. I, 57.

10. 'Hoe verloren de Groningsche Ommelanden hun oorspronkelijk Friesch karakter.'

12. VI, 117, 125.

13. 'Patrottisme en nationalisme in de Europeesche geschiedenist tot het einde der 19e eeuw.'

14. 'Twee worstelaars met den engel.'

15. 'Denkbeelden en stemmingen van voor honderd jaar.'

16. IV, 397.

17. II, 469.

18. II, 416-7.

19. V, 34, 81-2.

20. V, 103.

21. VII, 340-1.

22. VII, 358-9.

23. III, 44.

24. IV, 274.

25. IV, 275.

26. V, 211.

27. I, 144, 147.

28. II, 242-3.

제6장

1. VII, 21.

2. 'Kleine samenspraak over de thema's der Romantiek.'

3. IV, 385.

4. VII, 273, 375; V, 221-3; VII, 434.

5. IV, 385.

6. 이러한 언급은 네덜란드어 stemming에 더 적합하다. 이 단어는 여기에서 영어의 mood 로 번역되었다. stemming은 stem이라는 어근을 갖고 있는데 이는 "목소리"라는 뜻이 다.[역주]

7. I, 89; Krul(1990) 133ff.

8. Bernlef는 8세기에 활약한 프리지아의 눈먼 시인으로서, 저지 국가에서 최초로 알려져 있는 시인이다.

9. I, 405, 522; VIII, 85.

10. VIII, 73, 83-4.

11. IV, 406; III, 246.

12. V, 409.

13. III, 324-5, 453.

14. III, 231, 278.

15. Vi,67, 100. *Hofwijck*는 하위헌스의 시이다.

16. II, 465, 485.

17. II, 474, 492.

18. II, 441.

19. II, 441-2.

20. V, 41-2, 118.

21. V, 190.

22. III, 5.

23. III, 279.

24. V, 5, 7.

25. III, 64, 361, 384, 60; V, 38.

26. III, 278, 366.

27. VII, 329.

28. V, 7.

29. *Nederlands geestesmerk.*

30. II, 445-7.

31. III, 74-5; VII, 35.

32. 'Die Mittlerstellung der Niederlande zwischen West-und Mitteleuropa.'

33. II, 302; VIII, 13.

34. VII, 40, 44.

제7장

1. VII, 17.

2. I, 107; III, 131.

3. 'Uit de voorgeschiedenis van ons nationaal besef.'

4. II, 104.

5. III, 26.

6. V, 288.

7. 'Over het aesthetisch bestanddeel van geschiedkundige voorstellingen.'

8. VII, 14, 23, 21.

9. III, 19, 26.

10. III, 534.

11. VII, 23-4.

12. III, 89, 360, 374, 10, 39, 54, 60.

13. II, 428, 441-2.

14. II, 566.

15. I, 135.

16. III, 57.

17. III, 11, 134, 127.

18. V, 386, 30.

19. I, 196, 152.

20. IV, 113; V, 162.

21. VII, 196-7.

22. VII, 197-8.

23. VII, 201.

24. II, 537.

25. II, 538, 551.

26. VII, 299.

27. III, 128-9; IV, 36.

28. IV, 113-4.

29. II, 391.

30. III, 147-8.

31. L. III, 201, 213, 208, 193; III, 134.

32. Marina Tsvetaeva, *Earthly Signs. Moscow Diaries, 1917-1922*(New Haven, London 2002) 87.

제8장

1. Herodotus, *The Histories*, translation by Aubrey de Sélincourt, Penguin Classics 1954.

2. VII, 25.

3. I, 35; VII, 76.

4. I, 60-1, 132-3, 236.

5. I, 281.

6. III, 48; IV, 466-7.

7. III, 357.

8. VI, 109-10; I, 412; II, 75, 84.

9. II, 391, 529, 86-7.

10. Goethe, *Faust* II: 'Born to look, pre-ordained to see.'

11. III, 12, 62, 144, 58, 337-339.

12. III, 216, 348, 459, 338, 30, 216, 3; II, 101.

13. II, 74, 84.

14. II, 389; VIII, 85; II, 458, 487, III, 537.

15. IV, 19, 38; III, 77; IV, 231, 240, 248, 383.

16. II, 507; III, 342-3; I, 412; VI, 439, 429.

17. IV, 319, 105; III, 12, 31, 128, 389.

18. IV, 242, 247, 271.

19. II, 455, 389, 381, 549; VII, 316.

20. III, 19-20, 54, 250-1; IV, 231, 240; VI, 243, 245; V, 409; VI, 446, 430; V, 49.

21. II, III, 390.

22. III, 312; IV, 385; III, 531.

23. II, 395, 528, 542.

24. III, 28, 345.

25. James A. W. Heffernan, *Museum of Words. The Poetics of Ekphrasis from Homer to Ashbery*(Chicago, London 1993); Roberto E. Campo, *Ronsard's Contentious Sisters: The Paragone between Poetry and Painting in the Works of Pierre Ronsard*(Chapel Hill 1998).

26. Hopman의 영역본에서, 이들 챕터는 "Verbal and Plastic Expression Compared" (I and II)라고 되어 있다.[역주]

27. III, 343.

28. III, 330.

29. III, 358-9.

30. II, 470, 472, 486.

31. II, 501.

32. 'Inleiding en Opzet voor Studie over Licht en Geluid,' 56.

33. See chapter 6, note 6 on the Dutch word stemming[transl]

34. Fritz Bechtel, *Über die Beziehungen der sinnlichen Wahrnehmungen in den indogermanischen Sprachen. Ein Beitrag zur Bedeutungsgeschichte*(Weimar 1879) 94; John Locke, *Philosophical Works, II*(London 1875) 26; Henry Fielding, *Tom Jones*(Penguin 1966) 152; Mme de Stael, *Corinne*(Paris 1807) 36; Erica von Erhardt-Siebold, 'Harmony of the Senses in English, German, and French Romanticism' , in *Publications of the Modern Language Association of America* XLVII(1932) 577-592.

35. Huizinga refers to the *ahnen of geheime bezüge.*

36. Joseph Brodsky, *Less Than One*(New York 1986) 35.

제9장

1. I, 35.

2. VII, 143.

3. VII, 144.

4. VII, 25.

5. IV, 553-4.

6. *De Gids*, 89(1925) II, 120.

7. *De Gids*, 89(1925) III, 386-400.

8. VII, 29.

9. VII, 30.

10. VII, 193.

11. VII, 73, 40.

12. V, 251.

13. See Chapter 3, note 2 on the meanings of *lezen.*

14. *De wetenschap der geschiedenis.*

15. VII, 137.

16. I, 210, 241.

17. VII, 450; IV, 486; V, 218.

18. IV, 509, 415, 543.

19. VII, 128; IV, 525; VI, 479; II, 97.

20. II, 139, 240.

21. II, 537-8.

22. II, 401-2; VI, 331, 113; II, 391; VI, 42.

23. I, 212, 216, 370-1, 238, 427-8.

24. VI, 291-2.

25. I, 381.

26. III, 362.

27. III, 324-5.

28. III, 13-4.

29. 'De taak der cultuurgeschiedenis.'

30. VII, 76.

31. VII, 83-4.

32. IVm 384.

33. 'Over vormverandering der geschiedenis.'

34. VII, 192-206.

35. 'Over historische levensidealen.'

36. IV, 431.

제10장

1. VI, 319-20.

2. III, 269.

3. Gott ist ein lauter Nichts, ihn rührt kein Nun noch Hier Je mehr du nach ihm greifst, je mehr entwird er dir.

4. 'Wilt ende woeste, alse een verdolen,' ... 'want daer en is wise, noch wech, noch pat, noch zate, noch mate.' 'Daer in selen wi sijn ons selven onthoecht, ontsonken, ontbreit ende ontlangt in ene ewighe verlorenheit sonder wederkeer.'

5. III, 272-3.

6. III, 276-7.

7. I, 18-9.

8. Van der Lem(1993) 34; I, 31.

9. I, 44, 130.

10. VI, 337, 499-500.

11. Huizinga, *Amerika Dagboek*('American Diary'), 48-9.

12. Krul(1990) 100; Van der Lem(1993) 30-34; Van der Lem(1997) 197-8.

13. I, 39; VI, 59, 65.

14. 'Natuurbeeld en historiebeeld in de achttiende eeuw.'

15. IV, 356.

16. IV, 356-7.

17. IV, 105; III, 157-8.

18. III, 391, 86, 369; I, 184.

19. IV, 327-9.

20. VIII, 488.

21. V, 409, 414, 417.

22. VIII, 490.

23. II, 487.

24. III, 246.

25. III, 247.

26. III, 248.

27. III, 250-1.

28. 'Het historisch museum.'

29. 'De taak der cultuurgeschiedenis.'

30. VII, 146; III, 264.

31. George Steiner, 'Real presences,' in Steiner, *No Passion Spent*(London Boston 1996) 20-40; George Steiner, *Real Presences. Is there anything in what we say?*(London, Boston 1989).

32. Van der Lem(1997) 76.

제11장

1. Hans Andersen, 'the Drop of Water,' *in Complete Andersen's Fairy Tales*, Wordsworth Library Collection.

2. 'Denkbeelden en stemmingen van voor honderd jaar' ; IV, 393.

3. 'Des waterdruppels helderte doorturend/ besefte ik den wereldoceaan/ en zonnestofjes in hun spel beglurend/ heb ik het wezen van de zon verstaan.' J.H. Leopold, *Verzen*(Amsterdam 1967) 200, 116; English translation by David McKay.

4. '...daar kleurt de druppel uit de kelk gevloten den Oceaan; een enkle pereling doordringt de gansche helderheid en deelt haar wezen mede aan de verste standen, den diepsten bodem;...' English translation by David McKay.

5. 'Ego tamquam centrum circuli, cui simili modo se habent circumferentiae partes; tu autem non sic' (나는 원의 중심과 같아요. 원주의 모든 부분은 이 중심과 동일한 관계를 맺고 있지요. 하지만 당신의 경우에는 이렇지 않아요). Dante, *La Vita Nuova*, 37, English translation by Dante Gabriel Rossetti.

6. 'Deus est sphaera intelligibilis cuis centrum ubique circumferentia nusquam' (하느님은 이해 가능한 동그라미이다. 그분의 중심은 어디에나 있지만 그 둘레는 어디에도 없다). *La vita nuova*, 53; Dietrich Mahnke, *Unendliche Sphäre und Allmittelpunt. Beiträge zur Genealogie der mathematischen Mystik*(Halle, Saale 1937); IV, 10.

7. VII, 90-1; Mahnke, 173.

8. VI, 436; V, 163.

9. I, 420.

10. I, 164, 285; II, 110.

11. IV, 99, 261-2.

12. V, 24.

13. I, 161.

14. VIII, 60, 134, 187.

15. III, 15, 70, 123.

16. III, 15; see also II, 226.

17. VI, 33.

18. VI, 111; II, 464.

19. III, 262, 14; Borges, *A History of Eternity*.

20. I, 57, 203; VIII, 87-8, 91.

21. V, 385.

22. VI, 181; II, 386, 437, 441, 434, 453.

23. II, 99; III, 84-7; IV, 85; VIII, 103.

24. I, 159.

25. V, 246; II, 414.

26. II, 414; I, 264-270, 375.

27. 'De taak der cultuurgeschiedenis.'

28. VII, 37; V, 418.

29. I, 134; III, 350.

30. VI, 25, 171-2, 179, 497, 479.

31. I, 203, 204, 337, 368, 206, 367; VI, 5-6.

32. 다미아트제스는 성 바보 교회의 종탑에 있는 자그마한 종이다. 이 교회는 십자군 운동에 나선 홀란트의 백작 빌렘 1세가 기증한 것이다.

33. I, 373, 369, 366.

34. I, 476; II, 50.

35. VII, 509.

제12장

1. III, 86, 374.

2. IV, 384.

3. III, 162, 46.

4. III, 157; 217.

5. I, 160; II, 105.

6. III, 290, 296-6.

7. II, 131.

8. III, 202; VII, 410; III, 203, 258.

9. III, 130, 56; V, 39, 80.

10. III, 13.

11. III, 248.

12. 'Twee worstelaars met den engel.'

13. IV, 446.

14. V, 148, 53-4.

15. III, 5, 12, 21, 96, 57, 59, 249, 266; IV, 289, 296.

16. V, 415, 408-9; VI, 397.

17. V, 133; III, 127.

18. III, 87.

19. VI, 302.

20. III, 112; see also IV, 422.

21. IV, 72, 86; VI, 327.

22. II, 81; V, 7.

23. V, 133.

24. Erich Auerbach, 'Passio als Leidenschaft,' In Auerbach, *Gesammelte Aufsätze zur romanischen Philologie*(Bern, Munich 1967) 161-176; Thomas Dixon, *From Passions to Emotions. The Creation of a Secular Psychological Category* (Cambridge 2003).

25. VII, 24; III, 111.

26. VII, 574.

27. Helmuth Plessner, 'Die kategorische Konjunktive. Ein Versuch über die Leidenschaft' and 'Trieb und Leidenschaft,' in Plessner, *Die Frage nach der Conditio Humana. Aufsätze zur philosophischen Anthropologie*(1976) 124-138 and 159-170.

제13장

1. Johan, Johannes, Han 등은 영어 이름 John의 네덜란드 식 표기임.[역주]

2. Letters II, 158; Léon Hanssen(1996) 23ff.

3. V, 46.

4. 'Hoe verloren de Groningsche Omelanden hun oorspronkelijk Friesch karakter.'

5. Van der Lem(1997) 113; I, 496, 111, 232.

6. 'Kleine samenspraak over de thema's der Romantiek.'

7. IV, 383; VIII, 482-3.

8. IV, 383; III, 516-7.

9. VI, 110.

10. IV, 431.

11. V, 162; III, 96-7.

12. Letters III, 189(and 209-10 and 224), 203, 208, 212, 258.

13. II, 125, 141.

14. III, 562.

15. VII, 212.

16. VII, 214.

17. VII, 217 .

요한 하위징아 연보

1872년(출생)　12월 7일, 네덜란드 북부의 소도시인 흐로닝언에서 태어남. 위로 두 살 터울의 형 야콥이 있었음. 아버지는 흐로닝언 대학의 생리학 교수인 디르크 하위징아.

1874년(2세)　생모가 사망하고 아버지가 재혼하여 새 어머니가 들어옴.

1885년(13세)　이복동생 헤르만 태어남. 이 동생은 자신이 아버지에게서 물려받았을 지도 모르는 매독의 질병을 두려워하여 훗날 18세의 나이로 자살함. 이 무렵 흐로닝언에 들어온 카니발 행렬을 보고서 그 광경에 매혹되었으며 평생 카니발과 관련된 것, 가령 의례, 축제, 놀이를 사랑하게 되었다.

1887년(15세)　흐로닝언 고등학교에 들어가 형 야콥과 함께 중세 귀족 가문의 문장을 열심히 수집하고 또 문학 서적을 많이 읽었다. 하위징아가 귀족 가문에 이처럼 몰두한 것은 그의 가문이 침례교 목사와 시골 농사꾼 출신이 많은 평범한 집안이었기 때문이었다.

언어학에 관심이 많았으며 장래 언어학자가 될 생각으로 그리스어와 라틴어 이외에 히브리어와 아랍어를 공부했다. 다른 학생들은 아랍어 알파벳의 철자가 로마자와는 너무 달라서 고생을 했으나 하위징아는 타고난 언어 재능 덕분에 별 어려움 없이 아랍어를 익혔다.

1891년(19세)　9월, 흐로닝언 대학의 네덜란드어문학과에 입학. 당시 네덜란드어문학은 그리스-라틴 고전학과 동양학을 제외한 모든 어문학을 통칭하는 말이었다. 대학을 다닐 때에는 언어, 문학, 음악, 미술 등에 심취했다.

우울하고 감상적인데다 조울증의 기질이 있어서 흐로닝언 교외를 몽상에 빠져 산책하기를 좋아했다.

1892년(20세) 새어머니의 소개로 새어머니 친구의 딸인 마리아를 소개받았다. 5세 연하인 마리아는 미델뷔르흐 시장의 딸이었고 음악과 미술에 조예가 깊었다.

1893년(21세) 10월, 대학을 졸업. 대학 시절 산스크리트어를 공부하여 곧 불교 경전인 『자타카』와 힌두교 텍스트인 『우파니샤드』를 원어로 읽게 되었고 그 덕분에 인도의 종교와 신비주의에 관심을 갖게 되었다. 그 외에 중세 고지 독일어와 고대 노스(노르웨이)어도 함께 공부했다.

1895년(23세) 석사 자격시험을 통과하고 10월에 독일의 라이프치히 대학으로 유학을 떠났으나 그리 성공을 거두지 못하고 네덜란드로 돌아왔다.

1897년(25세) 산스크리트어 드라마인 『비슈다카』를 연구한 논문으로 5월에 흐로닝언 대학에서 문학박사 학위를 받았다. 아버지의 도움으로 하를렘 고등학교에 국어(네덜란드어) 교사가 아닌 역사 교사로 부임했다.

1899년(27세) 하를렘 고등학교로부터 2주간 특별 휴가를 얻어 로마에서 개최된 동양학자 대회에 참석했고 이때 알게 된 J. P. 보겔과 안드레 졸레스와는 그 후 오랫동안 친구로 지냈다.

1902년(30세) 마리아와 결혼하여 슬하에 다섯 자녀를 두었다. 마리아의 극진한 보살핌으로 조울증 기질이 많이 완화되었다.

1903년(31세) 고대 인도의 문화와 문학을 가르치는 암스테르담 대학의 무급 강사가 되었다.
1903-4년 학기에는 베다-브라만 종교를 가르쳤고, 1904-5년에는 불교를 강의했다.

1905년(32세) 봉직 중인 고등학교는 절반 봉급에 절반 근무하기로 하고 집필에 몰두하여 『하를렘의 기원들』(1905)을 발간했다. 흐로닝언 대학의 역사학 교수가 레이던 대학으로 옮겨가면서 자리가 비자, 은사 J. P. 블로크 교수의 도움으로 이 대학의 역사학 교수 자리에 취임. 이 대학에서 1915년까지 10년을 근무했다.

1907년(34세) 어느 일요일, 흐로닝언 교외의 딤스테르디에프 강을 따라 산책을 하다가 석양이 짙어지는 가을 하늘을 쳐다보면서 문득 중세의 후기가 저런 색깔이 아니었을까 하는 생각을 떠올리고 네덜란드를 지배했던 부르고뉴 공국의 역사를 써보면 어떨까 하는 생각을 했다.

1911년(39세) 이 무렵부터 『중세의 가을』의 집필을 본격적으로 구상하게 되었다.

1913년(41세) 4월 아내 마리아가 암 진단을 받았다.

1914년(42세) 7월 21일, 아내 마리아가 38세의 나이로 사망했다.
『흐로닝언 대학의 역사』 출간.

1915년(43세) 흐로닝언 대학에서 레이던 대학의 역사학 교수로 자리를 옮겼다.

1916년(44세) 『중세의 가을』 12장과 13장의 저본이 된 논문 「그 시대를 충실히 살았던 반에이크의 예술」을 종합 문화잡지 『De Gids(안내)』 제6호와 7호에 나누어 발표.

1918년(46세) 레이던 대학에서 네 번에 걸쳐서 행한 미국 관련 강의를 묶은 『미국의 개인과 대중』 출간.

1919년(47세) 『중세의 가을』 발표. 네덜란드 내에서는 이 책이 너무 문학적 취향이 강하여 본격적인 역사책이 되지 못한다고 보았고, 또 중세 후기의 역사에 대한 접근이 너무 이야기 중심이라는 잘못된 평가가 내려졌다. 그러나 독일의 학자들은 이 책의 이런 서술 방식을 혁신적이라고 평가하여 독일어 번역이 추진되었다.

1920년(48세) 장남 디르크가 18세의 어린 나이로 사망.

1923년(51세) 『중세의 가을』 독일어 번역본이 나오면서 유럽 전역에서 새로운 목소리를 가진 독창적인 역사학자라는 명성을 얻었다. 하위징아는 이 독일어본 서문에서 중세의 분위기를 한 해의 어떤 계절에 비유한 것에 대하여 유보적인 태도를 취하면서 그것을 그냥 비유적 표현으로 보아달라고 말했다. 또 네덜란드어 판 서문에서 중세의 아름다움을 진홍색 석양에 비유한 문장을 독일어본 서문에서는 삭제했다. 이렇게 한 것은 너무 문학적이고 이야기 취향이 강하다는 본국 네덜란드의 비판을 의식한 것이었는데, 실은 이런 취향이 『중세의 가을』을 세계적 명저로 만드는 바탕이었다.

1924년(52세) 평전 『에라스뮈스』를 발간했다. 이 책은 '위대한 네덜란드 사람들' 시리즈의 한 권이었는데 이 저작을 집필할 때에도 은사 P. J. 블로크는 많은 지원을 했다. 『중세의 가을』 영역본 출간.

1925년(53세) 은사 블로크 교수의 후임자 문제를 놓고 심하게 다툰 끝에 서로 말을 하지 않는 사이가 되었다.

1926년(54세) 미국을 여행하여 미국의 북동부, 중서부, 서부, 남부 등의 여러 지역을 둘러보았다. 하위징아는 미국인의 생활에는 사회적 형식들이 결핍되어 있다고 생각했다. 그는 미국인이 너무 물질주의적이고 그런 쪽의 이득을 너무 서둘러 추구한다고 보았다. 이런 서두름의 특징에 대하여 하위징아는 "여기로, 어서 빨리"라는 모토로 요약했다.

1927년(55세) 미국을 여행한 인상을 기록한 책, 『미국의 생활과 사상: 산만한 논평』을 발간했다.
『얀 베트의 생애와 저작』 출간.

1929년(56세) 10월, 은사 블로크 교수가 사망하자 교수의 학은을 생각하며 심한 양심의 가책을 느꼈다.

1930년(58세) 『중세의 가을』 스페인어 판이 마드리드에서 출판되었다.

1932년(60세) 『중세의 가을』 프랑스어 판이 파리에서 출판되었다.

1933년(61세) 레이던 대학의 학장 시절, 학회에 참석한 독일 대표단의 단장이 유대인 차별주의자임을 알고 독일 대표단을 학교 구내에서 철수시켰다. 10월, 이 사건으로 인해 30년 지기이며 친 나치주의자인 안드레 졸레스와 영영 헤어졌다.

1935년(63세) 『내일의 그림자 속에서』를 출간했다.

1937년(65세) 암스테르담 상인의 딸이고 가톨릭 신자인 아우구스테 쉴빙크와 재혼했다. 당시 구스테(아우구스테의 애칭)는 젊고 상냥한 28세의 처녀였다.

1938년(66세) 『호모 루덴스』를 출판했다.

1939년(67세) 제2차 세계대전 발발, 딸 라우라 출생.

1940년(68세) 5월, 나치가 네덜란드를 침공. 11월 레이던 대학이 폐쇄됨.

1941년(69세) 『17세기의 네덜란드 문명』 출간.

1942년(70세) 8월, 평소 나치에 반항적이었던 하위징아는 강제수용소에 감금되었다. 10월, 하위징아 부부는 암스테르담 근처의 작은 마을인 데스테흐로 격리 조치되었고 그는 그곳에서 남은 생애 18개월을 보냈다.

1945년(73세) 2월 1일, 유배지 데스테흐에서 숨을 거두었다.

역자 후기

이 책은 네덜란드의 레이던 대학에서 '대학의 역사' 교수로 재직 중인 빌렘 오터스페어의 *Reading Huizinga*(2010)를 완역한 것이다. 이 책은 하위징아를 보다 널리 알린다는 취지에서 처음부터 영어로 발간되었고 출판도 레이던 대학이 아니라 국제적 지명도가 더 높은 암스테르담 대학 출판부에서 담당했다. 이 때문에 연구서임에도 불구하고 제1장에서 하위징아의 생애를 간단히 다룬다. 저자는 2003년 하버드 대학에 건너가서 에라스뮈스 교환교수로 1년간 강의했는데, 그때 에라스뮈스와 하위징아 등 네덜란드 태생 저자들의 작품을 가르치면서 이 책을 본격적으로 구상했다. 실제로 이 책에서 에라스뮈스는 양극단의 대조를 절충한 학자라는 얘기가 나오는데, 오터스페어는 이 얘기를 하위징아에게도 그대로 적용할 수 있다고 말한다.

오터스페어 교수는 책의 서두에서 역사가 하위징아보다는 작가 하위징아에 맞추어서 이 책을 집필했다고 밝힌다. 실제로 하위징아가 1920년대에 노벨 문학상 최종 후보로 올라갔고, 또 하위징아 자신이 어떤 나라의 역사를 이해하기 위해서는 그 나라의 문학, 음악, 미술, 종교, 사상, 학문 등 문화 전반을 잘 알아야 한다는 생각을 갖고 있었던 만큼 이런 접근 방식은 적절해 보인다. 오터스페어는 "읽기"와 "쓰기"와 "공감각"이라는 장에서 하위징아 문장의 아름다움을 집중적으로 조명하면서 하위징아의 작가적 측면이 어떻게 전개되는지 보여 준다.

중세의 연구에 많은 시간을 바친 하위징아는 그 시대의 작가들 중에서 단테를 가장 존경했다. 지옥과 천국의 대조를 조화시키는 원숙한 방식 때문이라 하는데, 대조와 조화는 역사를 바라보는 하위징아의 주요한 시각이었다. "대조"와 "조화"를 다룬 장에서 역사를 바라보는 여러 가지 형식이 자세히 소개된다. 그러면서 저자는 하위징아가 단순한 사실을 기술하는 역사가라기보다 자신의 비전을 제시하는 작가에 더 가깝다고 말한다. 여기서 우리는 역사가와 작가의 상관관계, 나아가 역사가의 역사 기술 형식에 대하여 생각하게 된다.

E. H. 카는 "소설은 상상으로 쓰는 사실이고 역사는 사실로 쓰는 허구"라고 말한 바 있는데, 이것은 역사가 허구라는 얘기가 아니고, 역사의 해석에는 어느 정도 역사가의 허구적 상상력이 가미된다는 뜻이다. 파편적이거나 모순적인 정보에 둘러싸인 역사가는 자료를 수집하고 비교하는 과정에서 나름대로 추측을 하게 된다. 그 추측을 객관적 사실과 혼동해서는 안 되겠지만, 그런 추측이 없거나, 그 추측을 진실에 가장 가까이 다가간 것이라고 확신하지 못한다면 역사적 글쓰기는 불가능하다.

역사가와 과거의 관계는, 어떻게 보면 독자와 저자의 관계와 유사하다. 어떤 텍스트를 읽는다는 행위에는 선택과 수집이 따르는 것처럼, 역사는 역사가가 어떻게 과거의 사실들을 선택하고 수집하는가에 따라 그 모습이 달라진다. 그런데 역사적 사건의 밑바탕을 이루는 인간의 생활은 형식적 규칙 없이는 존재하지 못한다. 그런 규칙들은 인간 생활을 규제하지만 동시에 순조롭게 영위되도록 도와준다. 그리하여 인생을 묘사하는 문학 텍스트가 시, 소설, 드라마 등의 형식을 갖춘 것처럼, 역사 또한 기술의 형식을 갖추게 되었다. 가령 역사가가 과거를 접촉하는 데는 노벨라novella(중세의 작은 이야기들), 사례사(case history), 비망록(memorabilia), 신화(myth), 동화(fairy tale) 등 다양한 형식이 있다. 역사가는 이런 형식들을 통하여 과거의 사건들과 소통하지만 동시에 그 자신이 새로운 형식을 창조하기도 한다.

좀 더 구체적으로 말해서 하위징아는 놀이라는 형식으로 역사를 파악하려 했다. 가령 문화는 놀이에서 시작되었다, 라는 역사적 주장은 처음엔 하위징아의 머리에 떠오른 자그마한 생각이었다. 그러나 놀이에 관한 여러 논문을 집필하고, 『중세의 가을』을 써내고, 이어 만년의 대작 『호모 루덴스』를 펴내기까지 하위징아는 그 자신의 추측을 입증하기 위해 역사의 갈피에서 많은 자료를 수집하여 자신의 역사관에 구체적 외형을 부여했다. 그리하여 문화는 곧 놀이라는 명제는 이제 많은 사람들 사이에서 역사적 진실로 받아들여지게 되었다.

위에서 하위징아는 역사가라기보다 작가에 더 가깝다는 말이 나왔는데, 작가 하위징아가 가장 관심이 많았던 것은 전체 혹은 영원을 알려주는 어떤 순간들이었다. 그것을 파악하기 위해 그는 공감각을 동원했다. 즉 언어의 소리 감각 이외에도 회화의 시각, 음악의 청각 등 모든 감각을 동원하여 글을 썼다. 특히 그에게 호소하는 감각은 시각이었다. 그는 "역사적 관찰은 어떤 이미지들을 보는 것 혹은 그런 이미지들을 환기시키는 것"이라고 말했다. 하위징아는 이런 극적, 결정적, 영원의 순간들을 다양하게 포착하면 어떤 시대 혹은 어떤 인물의 전체를 더 잘 보여줄 수 있다고 믿었다. 그는 물 한 방울의 스토리가 역사의 바다를 충분히 채색할 수 있다고 생각했다.

가령 프리슬란트가 에노와 홀란트의 공격을 받았을 때 그곳 사람들의 생각을 이런 사소한 동작으로 보여 준다. "알브레히트 드 바바리아가 1396년에 프리슬란트를 공격하기 위해 상륙했을 때, 푸른 옷을 입은 어떤 여인이 적의 공격에 대비하여 제방 둑에 줄지어 선 프리시아 사람들 사이를 뚫고서 '화가 난 미친 여자'처럼 달려갔다. 그녀는 에노와 홀란트에서 온 배들을 향해 미친 듯이 뛰었다. 그녀는 적군들이 환히 보는 데서 치마와 블라우스를 걷어 올리고 그들에게 맨살 엉덩이를 내보였다. 그러자 화살이 소낙비처럼 그녀를 향해 쏟아졌고, 배에서 뛰어내려 상륙한 전사들이 그녀를 살해했다."

영원의 순간에 대해서 하위징아는 회화에서 많은 영감을 얻었다. 가령 반에이크의 〈아르놀피니의 결혼〉과 〈어린 양에 대한 경배〉에 대해서 "여기에, 이 조용한 광경 속에, 세속의 신비가 꽃피어나는구나"라고 말했는데 이 신비는 영원과 같은 개념이다. 그는 또 네덜란드 화가 에사이아스 부르세의 네덜란드 실내 그림에 대해서 이렇게 논평했다. "우리는 벽난로 옆에 있는 한 여자를 본다. 그녀의 뒤에는 상자형의 침대가 있는데 시트와 담요가 밖으로 흘러내리고 있다. 화가는 벗겨진 침대로 영원을 묘사했다."

하위징아는 이처럼 부분이 전체를 말해 주는 어떤 분위기를 『중세의 가을』에서 아주 아름답게 설명해 놓았다. "나뭇잎에 떨어지는 빗소리나 탁자 위에 비치는 등불이 실용적인 생각과 행동에 봉사한다기보다 마음속 깊은 곳의 인식에 도달하게 해준다. 그런 통찰은 우리 자신의 삶이 이 세상의 신비한 의미에 동참한다는 느낌을 준다." 그러니까 어떤 사소한 순간의 깨달음이 세상의 신비에 동참하게 해준다는 것인데, 이런 순간들의 관찰이 곧 역사적 관찰이요, 그것이 일정한 형식(가령 중세의 기사도나 궁정연애)으로 서술되면 훌륭한 역사서가 된다는 얘기이다. 하위징아는 이런 역사적 글쓰기를 가리켜 사물을 서로 엮어 주는 비밀스러운 관계를 추측하여 겉으로 드러내기라고 말했다. 이렇게 볼 때 하위징아를 작가로 보는 오터스페어의 주장은 상당히 타당성이 있다고 생각된다.

연암서가에서 완전 새롭게 번역한 『호모 루덴스』와 『중세의 가을』을 발간하면서 하위징아는 국내 독자들 사이에서 클래식 작가로 널리 알려지게 되었다. 오터스페어의 『요한 하위징아』는 하위징아의 인간과 저작을 전반적으로 잘 해설한 책이다. 이 책의 출간을 계기로 하위징아의 다른 대표작들, 가령 『에라스뮈스』, 『미국의 개인과 대중』, 『내일의 그림자 속에서』, 『17세기의 네덜란드 문명』 같은 책들이 국내에 소개되기를 기대한다. 이것은 빌렘 오터스페어 교수가 『요한 하위징아』를 집필한 의도 중의 하나이기도 하다.

찾아보기